JN410278

안영수 수필집

이렇게 좋은 날에

이렇게 좋은 날에

안영수 수필집

1판 1쇄 인쇄/ 2021년 9월 16일
1판 1쇄 발행/ 2021년 9월 21일

지은이 / 안 영 수
펴낸이 / 우 희 정
펴낸곳 / 도서출판 소소리

등록 / 제300-2007-21호
주소 03073 서울 종로구 성균관로 5길 39-16
전화 / 765-5663, 010-4265-5663
e-mail: sosori39@hanmail.net
www.sosori.net

값 13,000 원

*잘못된 책은 바꿔드립니다.

ISBN 979-11-5891-163-8 03810

이렇게 좋은 날에

안영수 수필집

책을 내면서

이번 여름은 기후 관측 사상 가장 더웠다. 지구 전체가 펄펄 끓다 못해 대형 산불과 홍수가 세계 곳곳을 휩쓸고 있다. 기후 위기임에 틀림없다.

폭염과 더불어 남편의 건강이 나날이 나빠지는 것을 지켜보는 내 마음도 산불처럼 타들어갔다. 먹을 수도, 잘 수도 없는 나날들이었다. 내 딸은 엄마가 먼저 어떻게 될까봐 매일 출근하다시피 한다.

영원히 계속될 것 같았던 폭염이 9월이 되니 언제 그랬었느냐는 듯이 새벽 공기가 달라졌다. 인간의 참을성을 시험해본 것이었나 싶게. 이제 나도 기운을 차려야겠다.

문학에 무모하게 한 발을 들여놓고 2017년에 첫 수필집을 출간했을 때는 나름대로 글쓰기를 계속할 수 있을 것 같았다. 그러나

지금은 자신이 없다. 기억의 창고가 텅 비고 에너지도 고갈된 느낌이다.

코로나19로 연락이 두절된 친구들과 제자들이 그립다.

언제쯤이나 자유롭게 만나 소주잔을 부딪치며 파안대소할 수 있을까?

이번 수필집을 내도록 격려하고 독려해주신 우희정 선생님에게 진심으로 감사를 드린다.

2021년 9월

석관동 서재에서 **안 영 수**

▷ 차 례

2. 이렇게 좋은 날에

3. 행운목 향기가

4. 기다리는 마음

1.

그땐 그랬지

고전수필 읽기

- '모단'과 '모던' 사이

지난봄에 책방에 가서 제목이 흥미로워서 구입한 산문 선집이 『모단 에쎄이』이다.

서울대 방민호 교수가 1920년대부터 30년대에 이르는 43명의 문인들의 글을 모은 책이었다. 방 교수는 왜 산문집의 제목을 '모던'이라고 하지 않고 '모단'이라고 했는지에 관해서는 부연 설명이 없었다. 그는 산문 선정의 기준을 '영원한 현재성을 꼽고자' 하여 '오늘을 살아가는 우리의 막막한 심정을 위로해주고 스스로 자기의 삶을 구성할 여유와 지혜를 주는' 글들이라 했다.

우선 이 산문집을 읽고 느낀 것은 언어(한국어)는 살아 있는 생물이라는 것이다. 20~30년대에 쓰이던 어휘들이 많이 사라지고 변했다는 사실에 놀랐다. 하기야 나도 요즘 사용되는 20대의 비속어와 줄임말을 거의 알아듣지 못하고 있지 않은가. 당시의 풍속도 현대와 다른 점이 많았다. 그 시대가 일제 강점기였고 유교문화가 지배했던 농경시대였다면 2018년은 공상 과학영화에서나 보던 인공지능이 우리의 일상을 지배하는 세상으로 변했으니 옛날의 전통과 관습이 사라진 것은 당연하리라.

한반도에 사는 같은 국민이면서도 1920~30년대의 생활습관과 의식의 변화가 확연히 드러나는가 하면 변하지 않은 것들도 많았다. 예컨대 이 책에 수록된 수필에서도 세대 간의 갈등과 빈부 격차를 다룬 것과 당시의 부동산 투기와 사기꾼, 그리고 유행했던 헤어스타일과 건축에 관한 것들은 그때나 지금이나 다름이 없어 보인다.

무엇보다도 내 관심을 끄는 수필들은 일제 식민지에서 신음하던 지식인들의 자조적인 글이었다. 일제 강점기에 외세의 영향을 한탄한 최독견의 「조선(情調)」에서는 경성의 가게마다 걸린 간판에 그려진 인물들이 '어느 외국 사람에게 조선 옷을 입힌 사이비 조선 사람' 같고, 문인의 작품에서, 취객의 흥얼거리는 노래에서 외국의 영향을 너무나 많이 발견한다.

그는 심지어 『화장과 위생』이라는 잡지의 표지를 볼 때마다 걷잡을 수 없는 불쾌를 느낀다고 고백한다. 잡지 표지의 인물이 어느 나라 사람인지 정체 모를 여자가 밉살스럽게 꿇어앉아 있기 때문이란다. 필자는 불쾌한 감정을 잊기 위하여 육당 선생의 시조집 「백팔번뇌」를 연거푸 읽으면서 비분강개한다. 그는 "모든 것을 다 빼앗기고라도 다만 조선의 정조(情調)만이라도 우리 것을 품고 살 수 없을까."고 한탄한다.(조선문단, 1927. 2)

외세를 비판하는 또 다른 소재는 첨단을 걷는 '모던 걸'의 속은 비고 겉만 화려한 이중생활을 희화한 글이다. 안석영의 「모던 걸」에는 당시의 남자들도 여자의 외모만을 중시했던 현상을 꼬집고 있다. "찌부러진 초가삼간에서도 길 나올 때에는 불란서 파리나 뉴욕의 맨해튼에서 부침하는 여성들의 옷을 걸치고 나와야만 하고 여자들은 전문학교를 나와도 거들떠보지 않는 세상. 다만 얼굴이 예쁘고 살결만 윤택하면 그만인 세상을 원망한다."고 지적하고 더 나아가 지식 여성의 탄식을 전한다.

> 지식 여성에게는 미인이 어디 있어요. 우리는 얼마나 고민하는 줄 아세요? 결혼하기 어렵고 다만 갈 길은…." 결국 돈 많은 남자의 첩, 허영의 도시의 시민이 된다. 이것이 모던 걸이다. 가장 깨이고 가장 세계인의 호흡을 먼저 호흡하는 여성이 모던 걸이다. 집에 들어가면 벌써 빈대 껍질들이 살아서 크림인가 무언가로 곱게 다스린 로댕의 대리석 조각품 같다고 생각할 육체를 기어 다니면서 몇 세기를 먼저 산 그 여자의 피를 뺀다. 얼마나 잔인무도한 미물이랴.(조광. 1937. 5)

박팔양의 「진실한 의미의 모던이 되자」라는 글에서는 '모던'이라는 말이 유행하고 있음을 전제하고 '모던'이라는 영어가 원래는 '근대, 현대, 현대풍'이라는 결코 나쁜 의미가 아닌데 '모던 보이', '모던 걸', '모더니스트'라는 말을 나쁜 의미로 쓰이게 된 이유가 '소위 시체(時體) 신식 남녀들의 표면 생활이 너무나 착실치 못한 부화경조(浮華經兆)한 것'이기 때문에 세상 사람들의 반감이 마침내는 '못된 보이', '못된 걸'이라 지어 부르게 된 것이라 했다.

1920년대와 2018년 사이에 약 100년의 차이에도 불구하고 외래어가 많이 사용되고 있다는 사실이 놀랍다. 1946년에 쓴 채만식의 수필 제목이 '우울한 해방'이라는 뜻의 「글루미 이맨시페이션(Gloomy Emancipation)」이다. '글루미 선데이'라는 제목의 레코드를 틀어 놓고 노래를 들으면 무슨 소리인지 모르면서도 필자는 당시 지식인들의 마음이 저절로 침울해지는 곡조라고 했다. 제1차 세계대전 후 헝가리에서는 그 노래로 인하여 소시민층에 자살하는 사람이 열여덟 명이나 있었다는 사실을 거론하며 전쟁에 진 후 생활이 괴롭고 암담한 미래에 절망한 사람들을 빗대어 일본의 식민지로부터 해방이 되었으나 "시인들은 예민하여 벌써 '우울한 해방'을 읊는 이가 있다."고 해방이 되었어도 혼란한 당시의 사회상에 대한 작가의 단상을 적고 있다. 그 외에도 안회남의 「의복미」라는 수필에도 '스프링코트,' '브로마이드,' '에로틱'이라는 단어가 심심치 않게 등장한다.

그러나 가장 감동적인 수필들은 이광수, 김유정, 이상과 같은 천재 작가들이 쓴 글이다. 이들 천재 작가들의 궁핍한 생활상과 끈끈한 우정을 담담히 기록한 글을 읽으면 가슴이 뭉클하다.

당시의 열악한 의료 현실 때문에 영아의 사망률이 높았는데 이광수는 「참회」라는 수필에서 아내가 난산으로 생명이 위태로웠을 때와 어린 아들이 이질에 걸려 아흐레째가 되어도 낫지 않아 너무 괴로운 나머지 자기가 너무 많은 잘못을 저질러서 그런 것 같아 "나의 가장 심각한 참회는 어린 자식이 앓는 것을 볼 때에 온다."

고 고백한다.

요절한 김유정의 수필 「길」에서는 폐결핵으로 가을을 넘기기 어렵다는 의사의 예언을 무시하고 술을 맘껏 마시며 매일 철야하며 원고와 다투었지만 그 가을을 무사히 넘기고 그 가을, 즉 올가을을 앞에 두고 과학도 얼마만치 농담임을 알았다고 능치며 자기 몸을 좌우하는 것은 그 '길', 즉 죽음의 길이어서 온순히 그 앞에 머리를 숙일 것이라고 담담히 고백한다. 유정은 수필의 말미에 "그 길이 얼마나 멀지 나는 그걸 모른다. 다만 한 가지 내가 그 길을 완전히 걷는 그날까지는 나의 몸과 생명이 결코 꺾임이 없을 걸 굳게 믿는 바이다."라고 작가로서의 숙명을 예감한다. 그리고 김유정의 죽음을 추억하는 이석훈의 「유정의 면모 편편」에서는 유정과의 오랜 우정을 회고하며 '고결하고 순진하고 겸허한 인간 유정'은 친구인 자기에게까지 죽음에 대해 알리지 않았음을 슬퍼한다.

또 다른 천재 작가인 이상에 대해서는 김기림이 「고 이상의 추억」이라는 수필을 남겼다. 그는 이상(李箱)의 천재성을 아래와 같이 기술하였다.

> 상(箱)은 필시 죽음에게 진 것은 아니리라. 箱은 제 육체의 마지막 조각까지라도 손수 길러서 없애고 사라진 것이리라. 箱은 오늘의 환경과 종족과 무지 속에 두기에는 너무나 아까운 천재였다. 그는 스스로 제 혈관을 짜서 시대의 혈서를 쓴 것이다. 그는 현대라는 커다란 파선(簸船)에서 떨어져 표항하던, 너무나 처참한 선체 조각이었다. 箱의 죽음은 한 개인의 생리의

비극이 아니다. 축쇄된 한 시대의 비극이다. 나는 믿는다. 상은 갔지만 그가 남긴 예술은 오늘도 내일도 새 시대와 함께 동행하리라고. (조광,1937. 6월)

수필은 시대의 기록인 동시에 변하지 않는 인간성의 기록이라는 사실을 『모단 에쎄이』를 읽고 다시 한 번 깨닫는다. 소설과 달리 사실에 입각해서 시대를 조명하고 인간관계에서 일어나는 소소한 일상을 통해서 사랑, 우정, 참회 그리고 시대적 아픔을 묘사하고 있다. 불멸의 한국 작가들의 보편적 가치를 지닌 수필이 한 세기가 지난 현대 독자에게도 주는 감동이 참으로 크다.

(2018 문학시대 동인사화집 30집)

진정한 가황에게

5일 간의 긴 연휴가 시작된 추석 전날 밤 우연히 텔레비전에서 본 '2020 한가위 대기획 대한민국 어게인 나훈아' 콘서트는 그동안 나훈아라는 가수에 대해 갖고 있던 나의 선입견이 잘못되었다는 사실을 깨우쳐주었다. 다음날 집에 모인 식구들에게 나훈아 콘서트에 꽂혔다고 말했더니 딸이 한마디 했다.

"엄마가 나훈아를 덕질해?"

"덕질이 뭔데?"

"좋아하는 사람이나 분야에 심취하여 그와 관련된 것들을 모으거나 찾아보는 행위를 뜻하는 말이래요."

딸의 말대로 나는 다음날부터 나훈아에 덕질을 하게 되었다. 인터넷과 유튜브에서 그의 신상에 관한 정보를 검색하고 노래도 듣고 있다. 나는 70년대부터 가수 남진과 더불어 대중가요의 쌍두마차라고 불린 나훈아에 대한 관심이 없었다. 사람들이 그를 신비주의자라면서 어쩌다 콘서트를 하면 금세 표가 매진될 만큼 극성팬들이 있다는 얘기를 듣기도 하고 이러저러한 스캔들 때문에 오래 전에는 무대에서 바지를 내리는 시늉까지 했다는 소문을 듣기도 했지만 모두가 나의 관심 밖이었다.

그런 그가 15년의 잠적 끝에 출연료도 받지 않고 1,400명의 랜선(인터넷) 관객들 앞에서 공연을 했다. 그도 세월을 비켜가지 못해 머리가 하얗게 센 노인으로 변해 있었다. 그러나 내가 놀란 것은 화려하고 엄청난 스케일의 무대뿐만 아니라 사방에서 번쩍이는 화면과 바닥에 깔린 현란한 LED 조명 가운데서 부리부리한 눈과 큰 코와 입을 가진 70대의 노가수가 두루마기 한복 차림부터 민소매 티셔츠, 찢어진 청바지까지 다양한 의상을 입고 합창단과 무용수들과 함께 2시간 40분 동안 쉬지 않고 극한(?)의 퍼포먼스까지 하면서 열창하는 에너지였다.

나만 그의 공연에 감동한 게 아니었다. 연휴가 끝난 뒤부터 신문과 인터넷에는 그의 공연과 소신 발언에 관한 기사와 칼럼들이 많이 있었다. 특히 '테스 형'이라는 신곡에서 고대 철학자 소크라테스에게 인생이 왜 이러냐고 묻는 노랫말에는 중장년층뿐 아니라 젊은 세대도 큰 관심을 보여 스트리밍이 폭발적으로 증가했고 주요 포털사이트 실시간 검색어에도 상위권에 올랐다고 한다. 이러한 나훈아 신드롬의 이유에 대해 서울대 곽금주 교수는 '어른'에 대한 그리움 때문이라고 진단했다. 곽 교수는 '나훈아가 화제가 된 것은 소신 발언을 했다는 점'이라면서 '사회가 양극화되면서 갈등이 첨예해지니까 모두가 자기만 옳다고 한다. 그러다보니 과거 김

수환 전 추기경처럼 모두가 존경하고 말씀을 귀 기울일 만한 어른에 대한 그리움이 더 강해지고 있는데, 나훈아라는 존재가 바로 그 지점을 파고들었다'고 말했다.(중앙일보: 2020. 10. 04)

나훈아는 코로나19로 심신이 지친 국민을 위로하기 위해 이번 공연을 기획했다.

처음에는 매머드 야외공연을 목표로 기획했는데 코로나19의 장기화로 고심 끝에 비대면 공연으로 바꾸어 준비를 시작했다고 한다. 출연료를 받지 않는 대신에 무대 장치에는 돈을 아끼지 않는다는 조건으로 석 달 동안 아침부터 저녁까지 공연의 완성도를 높이기 위해 피나는 연습을 하는 노가수의 모습은 제작자를 감동시켰다는 후일담이다.

시청자들은 노래 중간 중간에 던진 그의 사이다 발언에 열광했다. "우리는 지금 힘듭니다. 우리는 많이 지쳐 있습니다. 저는 옛날 역사책을 보든, 제가 살아있는 동안에 왕이나 대통령이 국민 때문에 목숨을 걸었다는 사람을 한 사람도 본 적이 없습니다. 이 나라를 누가 지켰냐하면 바로 여러분들입니다…. 국민이 힘이 있으면 위정자들이 생길 수 없습니다."라고 말하는가 하면 '의사, 간호사 등 우리 의료진은 영웅'이라며 코로나19와 싸우는 "우리 모두 긍지를 가지셔도 됩니다. 대한민국 어게인입니다."라고 시청자들을 격려했다.

그의 촌철살인 멘트는 막힌 가슴을 뚫는 듯 시원했다. 언론이 자기가 뇌경색으로 쓰러져 걷지도 못한다던데 이렇게 걸어 다녀서 미안해 죽겠다든가 왜 정부가 주려는 훈장을 거절했냐는 김동건 아나운서의 질문에 "세월의 무게도 무겁고, 가수라는 직업의 무게도 엄청나게 무거운데 훈장을 달면 그 무게까지 어떻게 견딥니까? 노랫말을 쓰고 곡을 만들고 여러분 앞에서 노래하는 사람들은 영혼이 자유로워야 한다고 생각합니다."라고 대답하는 그는 세인들의 관심과 비판에 초연한 소신 있는 예술인이었다.

나는 그의 말과 노래에 점점 빠져들었다. 3부에서 그가 작사 작곡하여 지난 8월에 발표한 신곡이라는 '테스 형'을 불렀다.

어쩌다가 한바탕 턱 빠지게 웃는다
그리고는 아픔을 그 웃음에 묻는다
그저 와 준 오늘이 고맙기는 하여도
죽어도 오고 마는 또 내일이 두렵다
아! 테스 형 세상이 왜 이래 왜 이렇게 힘들어
아! 테스 형 소크라테스 형 사랑은 또 왜 이래
너 자신을 알라며 툭 내뱉고 간 말을
내가 어찌 알겠소 모르겠소 테스 형.

그의 노랫말에 순간 멍해졌다. 고대 그리스 철학자 소크라테스(BC470~BC399)를 노랫말에 소환하다니! "아! 테스 형 아프다. 눈물 많은 나에게/ 아! 소크라테스 형 세월은 또 왜 저래/ 먼저 가 본 저 세상 어떤가요, 테스 형/ 가보니까 천국은 있던가요. 테스 형"이라며 2,500년 전의 철학자를 마치 이웃집 형처럼 부르며 현실의 고단한 일상을 하소연하는 그의 노래를 들으니 머리를 한 대

얻어맞은 기분이었다. 그동안 내가 그를 그저 느끼하고 평범한 대중가수라고 생각했다는 사실이 죄스러울 지경이었다.

19세기 영국의 워즈워스(William Wordsworth)와 콜리지(Samuel T. Coleridge)같은 낭만주의 시인들은 귀족의 전유물이었던 시를 평민들도 즐길 수 있게 문어체가 아닌 구어체로 쓰고 불란서 혁명에 환호한 개혁주의자들이었다. 동시에 그들은 도시보다는 자연에서 영혼의 치유를 위해 도보 여행을 하며 자연을 의인화한 시를 많이 썼다. '테스 형'에서 나훈아도 돈호법(頓呼法)이라는 시 형식을 빌려 작사했다. 그리고 꿈이 고갈될 것 같아 지구촌을 11년 동안 떠돌아다녔다고 했다. 그는 시청자들에게 테스 형에게 세상이 왜 이러냐, 세월은 왜 흐르냐고 물어봤는데 모른다더라. 이왕 세월이 흐르는 거, 우리가 끌려가면 안 된다. 우리가 하고 싶은 것을 하고 살아야 한다. 우리는 세월에 끌려 다니지 말고 모가지를 비틀어 끌고 가야한다고 말했다. 세월을 모가지로 비하하여 의인화(擬人化)시킨 그의 배짱과 기개(氣槪)는 세월의 무게로 쪼그라질 대로 쪼그라든 나에게도 전염되어 세월이 시시하게 느껴질 정도였다. 그는 작고한 부친의 무덤에서 '테스 형'을 작사하면서 아버지라는 표현이 너무 무거운 것 같아 '너 자신을 알라'고 경고한 고대 그리스의 철학자 이름을 차용했다는 것이다. 그의 상상력이 놀라울 따름이다.

나훈아는 낭만주의 시인들처럼 영감을 얻기 위하여 방랑을 하고 현실 정치를 비판하고 대중의 심금을 울리는 노래를 헤아릴 수 없이 많이 작사, 작곡했다. 평생 직업이 가수 하나뿐이었다고 말하는 나훈아는 어떤 가수로 남고 싶으냐는 질문에 "우린 흐를 유(流)에 행할 행(行), 노래 가(歌), 유행가 가수다. 남는 게 웃기는 거다. '잡초'를 부른 가수, '사랑은 눈물의 씨앗'을 부른 가수, 흘러가는 가수다. 뭘로 남는다는 말 자체가 웃긴다. 그런 거 묻지 마소." 라고 단호하게 대답했다.

곽금주 교수의 진단처럼 아무리 둘러봐도 존경할 만한 인물을 찾기 힘든 시절이다. 국회와 사법부까지 장악하려는 촛불 정권의 횡포, 부동산 정책의 실패로 인한 전세난민들, 가뜩이나 힘든 취업 전선에 코로나19로 일자리 찾기가 더욱 힘들어진 취준생들의 절망의 한숨소리가 하늘을 찌르는 이때 산신령처럼 나타나 국민을 위로해주고 홀연히 사라진 '유행가 가수' 나훈아는 이 시대의 진정한 가황(歌皇)이다. 그에게 경의를 표한다.

(2021 문학시대수필가회 동인집)

질투는 나의 힘

그림에는 문외한인 내가 왜 반 고흐를 좋아하게 되었는지 모르겠다.

유럽 여행 중에도 일정에 포함된 미술관과 박물관을 들르긴 했지만 그 분야에 관심과 지식이 없어 주마간산 격으로 스쳐 지나기만 했다. 그런데 반 고흐에게 관심을 갖게 된 것은 그를 주제로 한 노래 'Starry, Starry Night'과 함께 그의 명화들을 인터넷으로 보게 된 이후부터다. 고흐가 아우 테오에게 보낸 편지를 묶은 책을 사서 읽고 퇴직한 남동생이 그림 그리기를 시작했을 때 그 책을 읽어보라고 보내주었을 정도로 나는 고흐와 테오 형제간의 우애가 진하게 배어있는 그 서간집에 매료되었다. 그의 불행한 인생만큼 치열했던 짧은 화가로서의 생애와 정식으로 배우지도 않은 그림을 자신만의 화법으로 그려서 생전에는 하나 밖에 팔지 못했다지만 사후에는 미술 경매에서 최고로 높은 가격으로 거래되는 그의 천재성이 어디서 비롯된 것인지 알고 싶었다.

그래서 영화관 출입이 거의 없는 내가 일부러 시간을 내서 '러빙 빈센트(Loving Vincent)'라는 영화를 보러 갔다. 세계적인 107명의 아티스트들이 2년 동안 62,450점의 유화로 완성한 애니메이션 영화라는 점에서 더 관심을 갖게 되었다. 내용이 파격적이었다.

고흐가 사망한 1년 후 고흐와 동생 테오 사이의 편지를 배달하던 우편배달부의 아들인 아르망이 아버지의 부탁으로 고흐가 마지막으로 살았던 곳을 찾아갔는데 고흐의 죽음이 자살이 아니라는 주변의 이야기를 듣고 미스터리를 추적해간다는 내용이다. 영화의 말미에 아르망은 고흐를 치료했던 닥터 폴 가셰가 고흐의 천재성을 질투한 나머지 들판에서 그림을 그리고 있는 고흐를 향해 총을 쏘았고 집에 데리고 와서도 복부의 총알을 제거하지 않았다는 고백을 듣는다.

뜻밖의 결말을 보고 문득 모차르트와 살리에르의 관계를 그린 영화 '아마데우스'의 내용과 비슷하다고 생각했다. '아마데우스'에서도 모차르트의 천재성을 질투한 궁정 음악가인 살리에리가 간접적으로 모차르트를 죽음으로 몰아갔다는 내용이었던 것으로 기억하는데 음악과 미술의 독보적인 두 예술가의 죽음의 원인을 결국 그들의 천재성을 시기 질투한 주변의 지인들이라는 것이 흥미롭다.

영화를 보고 밖으로 나오니 현실감을 일깨워주려는 듯 12월의 찬바람이 뺨을 사정없이 때렸다. '너 자신을 알라'고 바람이 나를 질책하는 듯했다. 요즘 나는 30여 년 동안 직장과 가정을 오가며 치열한 생활인으로 살다가 정년퇴직을 하고 컴퓨터 자판을 두드리며 유년 시절부터 키워온 꿈을 좇아 글쓰기를 시작했지만 완전 초보수준이라는 좌절감 때문에 많이 힘들다. 어휘와 문체도 내가 젊었을 때와 많이 달라져 있어 혼란스러웠다.

그러나 마땅한 취미도 없어서 시간 보내는 유일한 방법이 자판을 두드려 생각나는 대로 과거를 회상하는 글을 썼다. 그러다가 전문직에 종사하는 가까운 지인이 직업과 상관없이 시인과 수필가로서 왕성한 작품 활동을 하는 모습을 보니 몹시 부러웠다.

막상 써놓은 내 글을 보면 어휘는 물론 기승전결의 체계적인 작법이 미숙했다. 스스로 읽어봐도 형편없어 누구에게 보여줄 용기가 없었다. 그런데 지인의 왕성한 작품 활동을 보니 어느 순간 부러움을 넘어 질투심이 생겼다. 그래서 우발적(?)으로 신인상에 도전하려면 추천 절차를 거쳐야 한다는 사실도 모른 채 문예지에 수필 세 편을 우편으로 발송했다. 몇 달 동안 소식이 없어 "그럼 그렇지. 네가 무슨 글재주가 있냐?"며 자책하고 잊고 있던 어느 날 편집자가 전화로 다른 데 투고한 적이 없느냐고 물었다. 그렇게 얼떨결에 수필가로 등단했지만 글쓰기에 관한 열등감이 여전히 나를 주눅 들게 한다.

문학, 음악, 미술 등 예술 분야에서 독보적인 작가들은 천재적인 재능을 타고 난다.

허구인지 모르지만 고흐를 질투해서 총을 쏜 닥터 사세나 모차르트를 질투한 살리에르는 그들이 백번 죽었다 살아나도 고흐나 모차르트의 천재성을 따라가지 못한다는 사실 때문에 괴로워했을 것이다. 영문학의 금자탑이라 할 수 있는 셰익스피어(William Shakespeare 1564~1616)도 생전에 많은 극작가들의 시기와 질투의 대상이었다. 단역 배우로 활동하면서 극본을 쓰는 셰익스피어를 동료들은 경멸했다. 그러나 그는 결국 400여 년이 지난 금세기까지 영문학 사상 가장 찬란한 지존으로 남아 있다.

16세기 당시에는 셰익스피어보다 훨씬 더 유명했던 '벤 사단(Ben Tribes)'이라는 문학 단체의 우두머리였던 극작가 벤 존슨(Ben Jonson,1573-1637)이 셰익스피어의 사후(死後)에 그의 극을 모아 최초로 출판된 책의 서문에 추모시(To the Memory of My Beloved The Author, Mr. William Shakespeare)를 발표했는데 지금까지도 셰익스피어의 문학적 위상을 잘 표현한 비평시(critical poem)로 평가 받고 있다.

존슨은 셰익스피어를 가리켜 '한 시대의 시인이 아닌 영원한 시인(He was not of an age, but for all time)'이라고 선언하고 그의 예술성은 천재성과 각고의 노력의 결과라고 단언한다(For a good poet's made as well as born). 그렇다면 영화 '아마데우스'에서의 모차르트와 살리에르의 관계나 '러빙 빈센트'에서의 고흐와 닥터 사셰의 관계는 후세 사람들이 흥미 위주로 만든 게 아닐까? 26세에 요절한 낭만주의 시인 키츠(John Keats 1795~1821)는 학교 문턱에도 간 적이 없었지만 24세였던 1819년 한 해에만 그의 대부분의 명시들을 남긴 것을 보면 정말 시의 뮤즈(Muse)가 그에게 강림한 것 같다. 그럼에도 불구하고 대부분의 예술가들은 각고의 노력으로 훌륭한 성과를 내는 경우가 많다.

유명한 작가들의 글을 부러워한다고 글이 잘 써지는 것이 아닐 것이다.

그들의 훌륭한 작품을 많이 읽고 습작을 계속하여야 글을 잘 쓸 수 있으리라. 그러나 내 경우에는 질투심이 글쓰기 욕망에 불을 지피는 불쏘시개 역할을 한 것은 사실이다. 나 같이 재능이 없는 사람이 문학적 글쓰기를 하겠다는 용기가 질투심으로부터 비롯되었다 해도 용서받을 수 있지 않을까. 왜냐하면 예술의 장르는 누구에게나 열려있으니까.

(2017. 12)

자식 사랑도 변하는가

올여름에는 기상관측 사상 가장 긴 53일 간이나 장마가 계속되었다. 가뜩이나 코로나19 확진자 수가 세 자리로 늘어나 '사회적 거리두기' 2.5단계가 시행되어 숨이 막힐 지경인데 매일 비까지 쏟아지니 울적한 마음이 젖은 행주처럼 후줄근하다 못해 퀴퀴한 냄새가 진동한다.

그러나 집에서 편히 TV나 보는 노인네가 불평하기에는 장맛비로 인한 피해가 너무나 엄청나다. 강과 댐을 끼고 있는 지역마다 산사태와 홍수로 인해 집들이 파묻히고 비닐하우스들이 쓸려갔다. 미국 칼리포니아의 산불이나 우리나라의 홍수 같이 엄청난 자연재해가 인간들의 마구잡이식 환경 파괴로 인해 지구의 온도가 올라가 생기는 기상 이변 탓이라니 신이 노하시어 벌을 내리셨나 보다. 졸지에 삶의 터전을 잃어버린 사람들의 망연자실한 표정을 텔레비전 화면으로 볼 때 아무리 자업자득이라 해도 무심한 하늘이 원망스럽다.

무분별한 자연 파괴로 인한 피해를 사람들만 입는 게 아니라는 사실을 텔레비전 화면을 통해 보았다. 댐이 붕괴되어 마을 전체가 물에 잠기자 닭, 돼지, 소 등 수많은 가축들이 죽었다. 그런 와중에도 홍수에 떠내려가던 소들이 필사적으로 탈출하여 열세 마리가 3㎞나 떨어져있는 산 위 절로 피신했는가 하면 집 지붕 위에도 올라가 있는 장면을 보며 동물들의 삶의 의지에 감탄하고 있는데 암소 한 마리가 구조대의 신호에도 꿈쩍도 하지 않고 버티고 있어 마취제 두 발을 쏘아 밧줄로 끌어내려 구출하였다는데 다음날 그 암소가 두 마리의 송아지를 출산했다는 보도를 읽었다. 뱃속에 있는 새끼들을 보호하기 위해 사흘 동안이나 꼼짝도 않고 지붕 위에서 있었다는 것이다.

또 다른 동물의 새끼 사랑 얘기도 감동적이다. 경기도 이천에서 산사태로 무너진 건물 잔해 속에서 어미 개가 구출되었지만 계속 울부짖으며 땅을 파는 특이한 행동을 보고 구조대가 파보니 일주일 동안이나 건물더미에 갇혀 있던 강아지 네 마리를 차례로 구해냈다는 것이다. 어미 개가 자기 새끼들을 살리려는 모성애를 발휘한 것이다. 코로나 바이러스와 수해로 마음이 울적하면서도 동물들의 새끼 사랑은 마음을 훈훈하게 해준다. 갑자기 닥친 죽음 앞에서도 새끼들을 지키려는 그 모습은 얼마나 아름다운가!

자식 사랑을 얘기할 때면 우리는 어머니들을 떠올린다. 많은 작가들이나 유명 인사들이 남긴 글 중에는 아버지에 대한 기억보다 어머니의 사랑과 희생에 관한 것들이 많다. 작고한 최인호의 소설

『어머니는 죽지 않는다』는 작가가 어머니와의 소중한 추억을 그린 가족소설이라고 고백하였고 신경숙의 소설 『엄마를 부탁해』가 베스트셀러가 되었던 것은 독자들에게 어머니의 희생적인 사랑을 회상하게 했기 때문일 것이다.

내가 수필집을 내게 된 동기도 나의 어머니에 관한 기억들을 잊지 않기 위해서였다.

서른 살에 청상이 되어 연년생으로 낳은 여섯 남매를 부양해야 할 책임을 혼자 감당해야 했던 나의 어머니! 어머니는 10년간의 결혼생활을 하는 동안에 오로지 자식들을 낳고 기르느라고 바깥 구경 한 번 못하고 사시다가 졸지에 남편을 6·25전쟁 통에 잃었다. 그 통한과 두려움이 얼마나 컸을지 상상이 되지 않는다. 그러나 남편을 잃은 설움에 젖어 있을 여유조차 없었다고 훗날 어머니는 말씀하셨다. 어린 자식들이 초가집 쪽마루에 걸터앉아 있는 모습이 제비 새끼들이 어미 제비가 물고 올 먹이를 기다리는 것과 흡사해서 삯바느질, 세탁부, 남의 집 도우미 등 온갖 허드렛일을 하며 우리를 키우셨다.

옛날 어른들은 여자가 자식을 낳아봐야 비로소 어른이 되는 거라고 말했다.

출산과 육아의 고통을 혹독하게 치른 엄마가 되어야 인생의 쓰고 단맛을 다 경험하게 되니까 그런 말을 한 게 아닐까. 작고한 이병철 회장이 생전에 자기 마음대로 안 되는 게 골프와 자식 교육이라고 말했다는 일화가 전해지는 걸 보면 자식을 키우는 일이 얼마나 어려운지 부모들이면 다 공감하는 사실이다.

내가 결혼한 1960년대에도 여자들은 스무 살 전후에 결혼하는 게 보통이었다.

게다가 대를 이어줄 아들을 출산하지 못하면 불효로 알고 어떻게 해서라도 아들을 낳으려고 했다. 나도 결혼 후 난임 치료를 하며 노력한 끝에 5년 만에 딸을 출산하고 사글세방으로 돌아왔을 때가 내 인생에서 가장 행복했던 때로 기억에 남아 있을 정도이다. 몇 년 후에 아들까지 낳자 마침내 시어머니께서 대를 이어줘서 고맙다고 칭찬을 해주셨다. 나 또한 며느리의 의무를 다 한 것에 한시름 놓았다.

이런 얘기를 하면 요즘 젊은이들은 '꼰대 라떼'라고 한다던가.

며칠 전 친구를 만났더니 결혼하지도 않은 손녀가 미리 불임 수술을 할 거라고 말해서 기절할 뻔했다고 말했다. 믿기지 않는, 아니 믿고 싶지 않은 현상이다. 맞벌이 시대에 일과 육아를 병행하는 것은 극한의 노동이지만 어떻게 결혼도 하기 전에 불임수술부터 한다는지 도무지 이해할 수가 없다. 이런 풍조는 이미 출산 통계 수치로 나타나고 있다. 우리나라는 세계에서 합계 출산율이 한 명도 되지 않는 '초저출산 국가(0.84명)'로 시간이 갈수록 출산율이 더 낮아져 미구에 인구절벽에 직면할 것이라고 한다.

더구나 요즘 짐승보다도 못한 엄마들이 있다는 뉴스를 보면 개탄스럽다.

아기를 집에 두고 술 마시느라고, 혹은 PC방에 가서 게임하느라고 며칠씩 방치해서 굶어 죽인 철없는 엄마가 체포되고 계모가 어린이를 가방에 넣어 무참히 죽인 기사를 보면 입을 다물지 못하겠다. 동물의 세계에서도 있을 수 없는 일이다. 만물의 영장이라는 인간이 자신이 낳은 아이를 죽이거나 아예 출산을 하지 않으려고 불임 수술까지 한다니 이런 재앙이 세상에 또 어디 있을까!

어제 오후에 적막강산 같은 집에 손주들이 와서 북적거렸다.

여섯 살짜리 손녀는 낯가림이 심해서 여간해서는 잘 놀아주지 않는데 어제는 기분이 좋은지 춤추고, 노래하고, 내 볼에 뽀뽀도 해주었다. 손녀의 재롱잔치에 식구들이 즐거운 한때를 보냈다. 바깥에는 동남아의 스콜처럼 소나기가 퍼붓고 있었지만 집안에서는 웃음꽃이 피었다.

(2021 문학시대수필가회동인집)

동부간선도로의 사계절

나는 6년째 동부간선도로를 거쳐 출근하고 있다. 야외로 나갈 일이 거의 없는 내게는 출퇴근 시간이 사계절의 변화를 볼 수 있는 기회이다. 동부간선도로는 서울의 두 도시(강북의 구도시와 강남의 신도시)를 잇는 자동차 전용도로이다 보니 항상 차가 많다. 1990년대 초에 자동차 전용 고속도로가 만들어졌을 때 어쩌다 강남에 갈 때면 교통신호의 제지를 받지 않고 신나게 달려서 일행들과 환호했던 기억이 난다.

내가 부임하던 첫 해에는 올림픽공원 앞 직장까지 40여 분 걸리던 출근길이 요즘은 한 시간 이상 걸린다. 그만큼 자동차가 많아졌기 때문이다. 러시아워를 피해 아침 9시쯤 차가 오면 나는 뒷좌석에 앉아 해가림 막을 걷어 올리고 바깥 풍경 보는 걸 즐긴다. 이른 봄이면 중랑천을 따라 있는 나무들이 연초록 잎을 틔워 날마다 조금씩 색이 짙어지고 4월이 오면 개나리와 진달래가 피어 회색 도시는 색칠을 한 듯 생기를 띤다. 5월 중순이 되면 간선도로를 따라 장미들이 화려한 자태를 뽐낸다. 이때가 가장 아름답다. 차가 장미꽃 길을 따라 달리노라면 마음이 들뜬다. 퇴근길에는 해마다 장미축제가 열리는 도로를 지나게 되는데 갖가지 색깔의 장미꽃들이 고개를 내밀어 손을 흔들어준다. 아스팔트가 녹아버릴 것 같은 여름에는 강변북로를 따라 잠실대교로 향하는 길옆에 생뚱맞게 핀 능소화 무리가 더위에 지친 눈을 위로해주고 강북과 강남을 이어주는 수많은 다리를 머리에 이고 있는 한강은 세상만사는 물같이 아래로 흐르는 거라고 침묵으로 말해준다.

9월이면 간선도로 옆 둑 위에는 각가지 나팔꽃들이 군락을 이루고 핀다. 진보라, 연보라, 진홍색 꽃들이 언제나 색깔 별로 옹기종기 모여 아침 이슬을 머금고 햇살을 받아 반짝이면 나도 모르게 "아침에 피었다가 저녁에 지고 마는 나팔꽃보다 짧은 사랑아…"를 입 속으로 흥얼거린다. 나팔꽃밭을 지나면 들국화와 쑥부쟁이 군락이 나타난다. 이처럼 가을에는 다채로운 꽃들이 피어 내 눈이 호강을 한다.

성수대교와 강변북로로 갈라지는 지점에 이르면 어김없이 정체가 시작된다. 이곳은 병목 현상이 심해서 십 여분 이상 차 안에서 바깥 풍경을 즐긴다. 중랑천 깊이가 낮은 돌무더기 위에는 사철 작은 새들이 모여 몇 마리씩 짝을 이루어 하늘로 비상한다. 추운 겨울에도 새들은 추위를 녹이려는 듯 개울 한가운데 옹기종기 모여 있다.

건너편 둑은 어린 시절에 살던 고향의 개울을 연상시킨다. 버드

나무 가지들이 빗은 머리칼처럼 가지런하고 풀이 우거져 도시의 먼지를 걸러주는 것 같아 나는 하염없이 목가적인 풍경을 바라보곤 했다. 그런 나의 즐거움이 금년 봄부터 사라지기 시작했다. 나무들이 뽑히고 풀밭을 트랙터가 무자비하게 갈아엎었다. 토목공사가 시작되자 목가적인 시골 풍경은 사라지고 서울 어디서나 볼 수 있는 밋밋하고 특징 없는 서울 변두리의 모습으로 변했다. 자전거 도로가 만들어진 걸 보면 아마도 사람들을 위한 운동 시설을 설치할지도 모른다.

왜 자연 그대로의 모습을 보존하지 못하고 자꾸만 뜯어 고치는지 모르겠다. 해마다 연말이 되면 멀쩡한 인도를 갈아엎고 보도블록을 갈아치우는 공사가 진행되는 걸 보면 지자체마다 예산이 남아돌아 회기 내에 소비하려고 안간힘을 쓰는 것 같다. 유럽이나 미국에 가보면 옛 집이나 건물을 그대로 보존하여 불편을 감수하며 사는 것을 보았다. 런던의 술집에는 18○○년부터 있었다는 간판이 자랑스럽게 걸려있다. 1996년 10월 미국을 방문하였을 때 나를 초청했던 교수가 백년 된 집에 산다고 초대하여 하룻밤을 묵은 적이 있었다. 나는 창문이 닫히지 않아 바람이 들어오고 문짝이 뒤틀려 삐걱거리는 소리에 잠을 이루지 못했다. 그리고 세면대 바닥이 녹이 슬어 갈색으로 변했는데도 바꾸지 않고 있는 것을 보고 놀란 적이 있었다.

나무들과 풀밭이 없어지자 한가하게 물가를 거닐던 다리가 긴 흰 새도, 얕은 물의 돌무덤에 옹이종기 앉아 있던 작은 새들도 사라졌다. 나를 위해 존재했던 것들을 잃어버린 듯한 허전함을 느낀다.

시월이 오면 눈 호강으로 즐겁다. 노란 옷으로 갈아입은 은행나무 가로수로 이어진 산책로는 장관이다. 강변북로와 성수대로의 갈림길 왼쪽에 있는데 병목현상으로 주차장처럼 변하여도 짜증이 나지 않는다. 클림트의 그림을 감상하는 기분으로 언제까지나 산책로를 바라보며 나도 저 길을 걷고 싶다는 생각을 한다.

나뭇잎들이 거의 다 떨어질 11월 하순이 되면 도시는 다시 회색으로 변한다.

게다가 미세먼지로 인해 시야가 뿌옇게 흐려져 서울의 랜드 마크인 롯데월드타워의 위용마저 잘 보이지 않는다. 강 건너 성냥갑을 엎어놓은 듯한 아파트들도 미세먼지 속에서는 싸구려 장난감처럼 초라해진다. 나태주 시인은 「11월」이라는 시에서 '돌아가기엔 이미 너무 많이 와버렸고/ 버리기에는 차마 아까운 시간'이라고 했지만 나는 가을도, 겨울도 아닌 11월이 싫다. 아마도 아무것도 이룬 것 없이 또 한 해가 가버린다는 무력감 때문인지도 모르겠다. 그러나 11월에 애착이 가는 것들도 있다. 중랑천 변에 지천인 억새들이다. 억새들이 바람에 온몸을 맡긴 채 은빛 머리칼이 햇빛에 반사할 때는 무희들의 군무를 보는 듯하다. 또 11월 말인데도 꽃을 피우는 장미들이 있다. 추운 줄도 모르고 내복바람으로 바깥으로 나와 볼이 빨개진 개구쟁이 소년 같아 애처롭다.

지구 온난화 때문에 요즘에는 겨울에 눈 내리는 모습을 보기가 드물다.

이 길을 다니면서 눈 내리는 모습을 본 것은 두 번쯤인가. 운전자는 길이 미끄러워 싫겠지만 뒷좌석에 앉은 나는 마치 로또라도 터트린 듯이 기분이 좋아진다. 차창에 부딪힌 눈송이들은 덧없는 인생의 단면을 보여주듯이 속절없이 녹아내린다. 굵은 눈송이가 길에 제법 쌓이면 로버트 프로스트(Robert Frost)의 시 「눈 오는 저녁 숲가에 서서(Stopping By Woods on a Snowy Evening)」의 한 구절이 생각난다.

"숲은 아름답고, 어둡고 깊다/ 그러나 나는 약속한 일을 지켜야겠고, 자기 전에 몇 마일을 가야겠다/ 자기 전에 몇 마일을 가야겠다."

나도 인생을 마감하기 전에 아직 할 일이 남아서 이 길을 다니는 건가.

내게 주어진 임무가 피할 수 없는 숙명인지도 모르겠다. 첫해에는 정체가 심해 짜증이 나던 동부간선도로를 즐기게 된 것은 사계절의 변화를 볼 수 있어서이다. 내 시야에 들어오는 나무와 잡초와 야생화들이 순명을 다 하고 내년을 기약하는 자연의 섭리를 배우며 오늘도 출근 차에 오른다.

(2021 문학시대수필가회동인집)

그땐 그랬지

코로나19가 우리의 일상을 지배한 지가 일 년 가까이 되어온다.

마스크가 몸의 일부가 되고 사람이 가까이 오면 나도 모르게 비킨다. 코로나 사태 이전에는 적어도 한 달에 두 번 이상 사람들과 어울려 식사와 담소를 하는 '소확행'으로 무미건조한 일상에 생기를 불어넣곤 했는데 금년 초부터는 외출하는 게 오히려 두려워진다.

그러나 지난 시월 말 회의에는 빠질 수가 없었다. 원치 않는 감투를 쓴 탓이기도 하고 오후에는 인터뷰가 잡혀 있었기 때문이다. 오랜만의 시내 외출이어서 지하철 타고 내리는데 허둥거렸다. 종로3가에서 내려 창덕궁 방향으로 가는 출구를 찾아 헤매느라고 바깥 날씨가 쌀쌀했는데도 땀에 흠뻑 젖어버렸다. 이제는 지하철 타는 것도 쉽지 않구나! 혼자 구시렁거리며 출구 밖으로 나오니 쪽빛 하늘이 허둥대던 마음을 진정시켜주었다. 걷기 운동을 위해서라도 나오기를 잘한 거라고 생각하며 창덕궁 건너편에 있는 회의 장소를 향해 걸었다.

열 시부터 시작한 회의를 끝내고 참석자들에게 미리 예고한 대로 점심 식사 전에 한 시간 동안 창덕궁 산책을 위해 나섰다. 솔직히 나는 회의 자체보다는 창덕궁 산책에 더 흥미가 있어 참석하였다고 고백해야겠다.

'도대체 얼마 만에 창덕궁을 가보는 건가?'

마음속으로 햇수를 헤아려 보니 54년 만이다. 그동안 무엇이 그리 바빠서 시내 한복판에 있는 고궁을 와 보지 못하고 살았는지 모르겠다.

미리 예매를 해서 우리는 바로 입장을 했다. 몇 십 년 만에 가본 고궁의 단풍은 아름다웠다. 그런데 창덕궁으로 들어가니 해설사가 사람들 앞에서 설명하고 있었다. 그들의 뒤를 따라가면 오후 일정에 차질이 생긴다고 일행들은 창경궁으로 발길을 돌렸다. 아쉬운 마음이 들었지만 할 수 없이 그들의 뒤를 따라갔다. 내가 나이 먹은 만큼 수백 년 묵은 나무들이 더 늙어버렸는지 몇몇 고목들은 죽은 부분을 도려내고 시멘트로 봉합을 했다. 그런데도 고목의 윗부분은 아직 살아있다는 증거로 나뭇잎들이 바람에 나부끼고 있었다. 고목의 생명력이 감탄스러웠다.

일행을 뒤따르며 나는 풋풋했던 대학 3학년 때 미군 병사와의 창덕궁 데이트를 떠올렸다. 두더지가 습관적으로 땅속을 파고들 듯이 사람도 늙으면 습관적으로 기억의 창고 속을 뒤지게 되나 보다.

1966년 대학은 미2사단과 자매결연을 맺어 봄과 가을 주말이면 미군병사들이 버스를 타고 캠퍼스에 내려 학교 측에서 마련한 행사에 참여했다. 통역하는 학생들이 차출되었고 그중에 나도 끼었다. 내가 안내를 맡은 미국인 병사는 제임스 존스(James Jones)였다. 우락부락한 군인과는 정반대로 키도 자그마하고 눈이 호수처럼 파란 곱상하게 생긴 앳된 병사였다. 그는 의정부에 배치되기 전에 베트남에서 복무했다며 영문과 학생이니까 헤밍웨이의 『무기여 잘 있거라』를 읽었느냐고 물었다. 월남전에서 지뢰 폭발로 자기 옆에 있던 전우가 전사한 이후 트라우마에 시달리고 있다고 말해서 연민의 정을 느끼게 되었다. 게다가 그 당시에 나는 헤밍웨이의 소설에 푹 빠져 닥치는 대로 읽고 있었다.

헤밍웨이에 대한 공통적인 관심 때문에 짐(Jim)과 나는 가끔 주말에 데이트를 하였다. 나는 영어회화를 연습할 목적이었고 그는 영어로 소통이 가능한 한국인 친구가 없었기 때문이었다. 그와 내가 만나 처음 간 곳이 창덕궁이다. 늦가을의 고궁을 보여줄 목적으로 그곳을 택했을 것이다. 그날따라 날씨가 흐리고 낙엽들이 바람에 흩날리는 고궁에는 사람들도 별로 없었다. 이곳저곳을 거닐다가 다리가 아파 벤치인지 바위인지에 앉으려는데 그가 "잠깐만" 하더니 다림질해서 네모로 반듯하게 접힌 흰 손수건을 주머니에서 꺼내 깔아주었다. 문화 충격이었다. 남존여비의 사상이 강했던 한국에서는 어림도 없었던, 서양영화에서나 보던 장면이 내 앞에서 펼쳐지다니!

집에 돌아와 서랍 깊숙이 두었던 묵은 일기장을 꺼냈다. 갈색

대학노트 한 권을 빼곡하게 채운 내 젊은 날들을 기록한 표지에는 '변모(變貌 1966. 10-)'라고 씌어 있다. 일기장의 종이는 누렇게 변색되고 노트를 묶은 철사도 뒤틀려 있다. 나는 주말에 까맣게 잊고 있었던 옛날의 기록들을 읽었다.

아! 나도 질풍노도의 시대를 살았구나! 남학생들과 어울려 학교 근처의 파전집에서 막걸리를 마시고 밀당을 하며 요즘 젊은이들의 신종 연애용어인 '어장관리(漁場管理)'를 하고 있었던 것 같다. 미군 병사에 관한 구절을 읽고는 웃음이 났다.

> 아침 열시 반에는 우스운 소동이 있었다. Jim이 일본에서 돌아와 의정부에서 택시를 타고 세 시간을 우리 집을 찾아 헤매었다. 드디어 운전수(운전기사)가 우리 집을 찾아주었고 그때까지 나는 세수도 하지 않은 채 누워있었다. 나를 보자 행복해 하는 모습이 낯설었다.(1967. 1. 29)

대학 4학년 1학기 교생 실습이 끝나고 본관 앞에서 여학생들끼리 나눈 대화를 기록한 일기에는 당시 여대생들의 주요 관심사가 적혀있었다. 그때는 결혼과 출산은 여자의 의무라는 유교적 관념이 대세여서 젊은 여자들이 혼기를 놓치면 본인뿐만 아니라 집안의 근심거리가 되었다. 그래서 졸업을 앞둔 우리들의 대화는 취직보다는 결혼에 관한 것이었다. 남자친구가 없는 여학생들은 안절부절못하였다. 그러나 나는 그들과 달리 결혼보다는 취업이 절박했다. 1960년대의 우리나라 국민소득이 80불 안팎의 최빈국이었으니 일자리가 많을 리 없었다. 나는 여섯 식구를 부양해야할 의

무로 괴로워했다. 그래서 취업과 결혼 문제로 갈등하며 불안과 좌절이 점철된 푸념으로 낡은 일기장을 채웠다.

50여 년이 지난 지금은 세상이 변해도 너무 변했다. 요즘 세대는 네 명 중 한 명은 '결혼 안 한다'는 설문 조사가 발표되었다. KB경영연구소가 발간한 '2020년 한국인 1인 가구 보고서'에 따르면 전체 가구의 30.3%가 1인 가구로 그중 23.4%가 결혼할 생각이 없다고 한다. 특히 20대 여자들의 비혼 선호도가 15.5%로 1년새 4배 껑충 뛰었는데 그들은 혼자 사는 이유가 "그저 편해서, 직장 때문에…."라고 한다. 그들은 남의 간섭을 받지 않는 '혼밥'과 '혼술'에도 익숙하다.(2020.11.08. 조선비즈)

위의 설문 조사 결과를 읽으면서 만약에 내가 지금 20대라면 어떨까 하는 상상을 해본다. 아마 나도 비혼주의를 택할 것 같다. 결혼 후에 겪어야 했던 경제적, 정신적인 갈등을 되풀이하지 않고 싶기 때문이다. 그러나 순간적으로 갈등이 생긴다. 결혼하지 않았더라면 현재 나의 보물 1호인 네 명의 손주들이 세상이 태어나지 못했을 것 아닌가?

그런 생각이 드니 나도 모르게 도리질을 한다. 그럴 수는 없지. 내가 다시 질풍노도의 20대를 보낸다고 해도 결혼이라는 가시밭길(?)을 택하여 출산의 기쁨과 손주들의 재롱을 맛볼 것이다. 고진감래(苦盡甘來)라는 고사성어가 결혼 생활의 대미가 아닐까!

(2021. 문학시대 봄호)

남동생의 진돗개 사랑

늦가을과 초겨울 사이의 산책로는 하늘에서 떨어지는 것들뿐이다.

길가에 늘어선 나무들마다 잎사귀들이 비처럼 흩날린다. 은행나무 아래에 서면 노란비가 내리고 갈색나무에서는 갈색비가 내린다. 금년에는 유난히 나뭇잎들이 노란색이 많아 마치 피카소 그림의 진한 색깔 노랑과 갈색 바탕처럼 아름답다. 매일 오후 눈부신 햇살을 받으며 산책로를 왕복하다보면 등에 땀이 배고 이마에서도 땀이 흐른다.

날씨 탓인지 유난히 개들과 산책하는 사람들이 눈에 많이 뜨인다. 주인들은 개들의 움직임에 따라 걸었다 멈추었다 한다. 주인은 개가 사랑스러워 어쩔 줄을 모르는 표정으로 개가 이끄는 대로 따라간다. 개가 주인이고 사람이 시중꾼이 된 듯하다. 나이든 여자들 중에는 애완견을 안는 것도 모자라 유모차에 태우고 가는 이가 있는가 하면 아기처럼 포대기에 싸서 가슴에 안고 산책하는 이들도 있다. 개를 키워보지 않은 내게는 그들의 유별난 사랑이 낯섰다.

그런데 반려견과는 거리가 멀던 남동생이 요즘 진돗개와 사랑에 빠졌다.

생전 동물이나 식물에 관심을 보이지 않던 남동생이 퇴직 후에 생후 3개월 된 진돗개를 지인에게서 얻은 게 5년 전이었다. 처음에는 아파트에서 길렀는데 남동생만 졸졸 따르고 그 외의 식구들에게는 사납게 짖어서 아무도 얼씬하지 못했단다. 심지어 안주인에게까지 적개심을 드러내자 올케는 별장에 갖다 놓으라고 남편에게 화를 내는 바람에 할 수 없이 별장에 데려다 놓았다. 문제는 그 후에 발생했다. 진돗개가 남동생이 있을 때만 배변을 하는 바람에 동생은 개의 배변 때문에 가기 싫어도 별장에 가게 되었다. 일이 생겨 이틀을 가지 않으면 이틀 동안 배변을 하지 않더란다. 남동생은 투덜대면서도 진돗개의 충성에 감동해서 도시락을 싸갖고 가서 개와 시간을 보내기 시작했다.

한 달 전에 미국에서 여동생이 방문하여 자매들이 모두 모여 전화를 했더니 서울대 동물병원에 있다는 것이었다. 청계산 밑에 있는 별장은 숲이 우거졌는데 개가 나뭇가지에 찔려 안에서 곪고 있는 것을 몰랐단다. 개가 절뚝거리기에 동네 수의사한테 데리고 갔더니 아무 이상 없다고 하였지만 며칠 후 곪은 부위가 저절로 터져서 방 안에 피를 많이 쏟아 놀란 동생이 서울대 동물병원에 데리고 가서 수술을 하는 바람에 일주일 째 병원으로 출근을 하고 있다는 것이었다.

우리 자매들은 동생의 변화에 놀랐다. 대기업에서 30여 년 근무하고 퇴직한 후에도 빈틈이라고는 찾아볼 수 없을 정도로 깔끔하고 엄격하기만한 남동생이 진돗개 때문에 동물병원에 쭈그리고 앉아 개 간호를 한다고? 점심도 라면을 먹는다고? 우리는 돌아가신 엄마가 무덤에서 나와서 우리를 야단치시겠다고 말하며 웃었다. 왜냐하면 남동생은 생전의 어머니에게는 전부였으니까. 아들이 아무리 늦게 들어와도 며느리 대신에 손수 찌개를 끓여 더운밥을 해 먹일 정도로 지극정성이셨다. 그런 아들이 그까짓(?) 진돗개 때문에 점심도 거르고 동물병원에서 며칠을 보내고 있으니 기가 찰 노릇일 것이다.

남동생은 결벽증이 심한 편이다. 십여 년 이상 CEO를 하는 동안에 아무도 집에 오지 못하게 했다. 회사에 부임하면 제일 먼저 하는 일이 명절 때 선물을 보내면 좌천시킨다는 메일을 보냈다고 한다. 패거리 문화를 만들까봐 동문회도 결성하지 못하게 했다는 후일담도 있다. 그런데 경영 능력이 탁월해서 그룹 회장은 그를 고속 승진시키고 적자가 나는 회사에 구원투수로 보내면 구조조정을 통해 흑자로 전환시키곤 했다. 퇴임 후에는 여러 회사에서 러브콜을 받았지만 모두 거절하고 별장에 들어앉아 그림그리기를 시작하여 지금은 아마추어 수준을 넘어섰다.

참, 별난 동생이다. 그의 퇴직 후 생활은 '까마귀 싸우는 곳에 백로야 가지마라'는 옛 말이 생각날 만큼 세상사와 담을 쌓고 살고 있다. 권력욕과 명예욕은 남자들의 본능에 가깝다고 하던데 남동생은 마치 옛 선비처럼 초야에 묻혀 혼자만의 시간을 보내며 책 읽고, 그림을 그리고, 때로는 기타를 친다. 가끔씩 친구들을 불러 점심을 먹지만 거의 혼자 집에서 가져간 도시락을 먹는다고 한다. 그런 그에게 진돗개 '마시'는 없어서는 안 되는 존재가 되었다. 현직에 있을 때와 너무 달라진 동생의 모습에 누이들은 안쓰럽다 못해 가엾기까지 하다. 좋아하던 골프도 가지 않고 여행도 즐기지 않는 동생은 오로지 진돗개와 하루를 보내다가 집으로 돌아온다.

남동생은 그가 모셨던 기업 총수에게 충성했듯이 진돗개가 주인에게 충성하는 것에 감동하는 것 같다. 어머니가 딸 다섯을 낳고 막내로 낳은 유일한 아들이 돌도 되기 전에 아버지가 돌아가셨기 때문에 남동생은 어머니 삶의 전부였다. 어렸을 때는 여리고 내성적이어서 누나인 내가 보호자 노릇을 하였다. 그런 동생이 경영 능력을 인정받아 기업의 CEO가 되어 성공의 가도를 달릴 때 어머니는 청와대 안주인보다 당신이 더 행복한 사람이라고 좋아하셨다.

일 밖에 모르던 동생이 퇴직 후에는 한동안 우울감에 빠져 올케가 내게 전화로 도움을 청했을 정도였다. 나는 과거의 일중독에서 벗어나 노는 연습을 하라고 조언했다. 골프는 프로급이니까 운동 열심히 하고 서예나 그림을 배우는 게 어떻겠느냐고 제안했다. 남의 시선을 의식하지 말고 자유롭게 살라고 권했다. 그 후부터 그림에 몰두하더니 작년에 자신의 고희 잔치에서 그동안에 그린 그림 200여 점을 표구까지 해서 하객들에게 일일이 선물했다. 어딘가 몰두하면 끝을 보는 성격 때문에 일탈이란 단어는 그에게 어울리지 않는다. 여전히 아침이면 정시에 식사하고 마치 출근하는 것처럼 정장에 중절모를 쓰고 꼭 같은 시간에 집을 나가 별장으로 가서 진돗개를 보살핀다. 그리고 내가 전화할 때마다 "우리 '마시'는 내가 없으면 배변을 절대 안 해. '마시'는 내 딸이야. 무슨 일이 있어도 별장에 가야해, 하하."라며 웃는다.

누이들과 만났을 때도 개가 입원한 병원에 간다며 서둘러 떠났다. 오랜만에 미국에서 온 막내 여동생은 서운해서 "언니, 동생이 변했어."라고 말했다. 우리 식구는 개를 키워본 적이 없다. 어렸을 때 셋방살이를 전전하였으니 언감생심 생각도 못했거니와 어머니가 개를 무척 싫어하셨다. 어쩌다 동네 개가 얼씬거려도 부지깽이를 들고 쫓아내셨다. 자연히 우리도 개를 좋아하지 않게 되었다. 그래서 개를 안고, 업고 다니는 사람들이 정상으로 보이지 않았는데 찬바람이 날 정도로 이성적이고 냉정했던 남동생이 진돗개한테 정을 주고 노년을 보내는 모습을 보면서 반려견의 순기능을 이해할 것도 같다. 자신의 유불리(有不利)에 따라 배신을 밥 먹듯 하는 사람들과 달리 개는 주인에게 절대 충성을 한다는 사실에 감동해서 동생은 정(情)을 전부 주고 있을 게다.

반려견에게 마음을 나누어줄 여유가 없는 내가 잘 못 살고 있는 건가? 아직 할 일이 있고, 읽어야할 책이 있고, 사람들과의 관계에 더 비중을 두고 살기 때문인가. 언젠가 나도 그 어느 것도 가능하지 않을 때 남동생처럼 반려견과 사랑에 빠지게 될지도 모르겠다.

(2020 문학시대수필가회동인지)

예이츠가 AI시대에 환생한다면?

저곳은 늙은이들이 살 나라가 못된다
서로 껴안고 있는 젊은이들, 숲속의 새들
—저 죽음의 세대들 —은 노래 부르며
연어가 튀는 폭포, 고등어 우글거리는 바다
물고기, 짐승, 혹은 새들은 온 여름 내 찬미한다
태어나고 죽는 온갖 것들은
관능의 음악에 사로잡혀, 모두가
늙지 않는 지성(智性)의 기념비를 소홀히 한다
늙은이는 정말 보잘것없는 것
막대기에 걸친 누더기 등거리….

오늘 아침 예이츠(W. B. Yeats 1865-1939)가 노년에 쓴 「비잔티움으로의 항해(Sailing to Byzantium)」라는 시가 생각난 이유는 인터넷에서 두 개의 칼럼을 읽은 까닭이다. 김미령 교수가 쓴 「고령사회, 신노년 문화의 등장(데일리안. 2019. 2. 18)」과 전상범 논설위원이 쓴 「글쓰는 AI(서울경제. 2019. 2. 20)」이다. 예이츠는 위의 시에서 생로병사로 이어지는 인생의 종점에 있는 노인을 '막대기에 걸친 누더기 등거리'라고 비하(?)하며 젊음을 구가하던 관능의 세계를 떠나 영원한 예술 세계를 상징하는 비잔티움으로의 항해를 꿈꾼다. 그곳에서는 예술가인 자신의 작품이 영원히 살아남을 것을 소망하기 때문이다.

예이츠(1865~1939)는 아일랜드에서 태어나 노벨문학상까지 수상한 20세기 위대한 시인이다. 그는 많은 시집을 남겼을 뿐만 아니라 아일랜드의 독립운동에도 참여하고 말년에는 상원의원으로 활약하며 조국의 문예부흥을 위해 일했던 경력이 다채로운 시인이다. 그의 전기에 의하면 인간적인 약점도 많아서 여성 편력을 비롯하여 신비주의적 주술(呪術)을 신봉하고 당시로서는 드물게 성형 수술을 받았다고 전해진다. 그리고 스스로 창조한 원뿔 모양의 상징 체계를 만들어 문명의 흥망성쇠와 인간의 운명을 해석하였다.

영문학전집에 수록된 작품들은 모두 작가와 시인들의 인고(忍苦)의 소산이다. 키츠(John Keats)같은 천재 시인을 제외하고는 거의 모두 창작의 어려움을 토로하였다. 특히 19세기 이전의 시인들은 시신(Muse)의 도움이 있어야 시를 쓴다고 고백하였을 만큼 시 쓰기는 노력만으로 가능하지 않음을 시사한다.

그런데 예외도 있는 모양이다. 며칠 전 KBS아침마당이라는 프로그램에 곡성에 사는 80세가 넘은 할머니들이 한글을 깨우친 뒤 시집을 펴냈고 또 할머니들에 관한 다큐영화도 만들어졌다고 소개하였다. 그들은 가난한 집에 태어나 이른 나이에 결혼한 후 고된

시집살이와 자식들 키우느라고 한글을 배우지 못한 한을 풀었다며 '글자를 아니께 사는 기 더 재미지다'며 맞춤법은 무시한 채 사투리 문장을 그대로 시로 표현했다. 워즈워드(William Wordsworth)가 시는 '강력한 정서의 자연스러운 발로(spontaneous overflowing of powerful feeling)'라고 했듯이 할머니들은 맞춤법이나 표준어에 얽매이지 않고 자신들의 경험과 생각을 자연스럽게 표현했다.

그 할머니들과 달리 나는 시를 전공하고 평생 교단에 섰는데도 시 한 줄 쓰고 싶어도 쓰지 못하고 있다. 왜 나는 시 쓰기를 두려워하는가? 잘 쓰고 싶다는 욕심 때문에? 아니면 자의식 과잉 탓? 이런 생각을 하면서 출근을 했다. 그날따라 겨울가뭄을 적시는 눈이 내렸다. 내린 눈이 회색빛 도시를 잠시 낭만이 깃든 곳으로 만드는 착시 현상을 가져왔다. 문득 고등학교 졸업하던 해에 발등을 덮는 눈길을 친구들과 헤매다 찍은 작은 흑백 사진이 생각났다. 운동화가 새서 양말이 젖는 줄도 모르고 쏘다니며 볼이 빨갛던 스무 살의 내 모습이다. 그때는 겁 없이 시인이 되겠다고 떠들고 다녔었는데…. 그 시절의 치기와 감수성은 어디로 사라졌단 말인가?

인간의 생로병사는 문학의 영원한 주제이다. 사랑에 관한 시 못지않게 죽음에 관한 시도 많다. 예이츠도 예외가 아니었다. 그래서 그는 '욕망으로 병들고 죽어가는 동물에 얽매인/ 심장은 스스로가 뭔지 알지 못하니… 나를 영원한 예술품 속에 넣어다오'라고 절규한다. 이처럼 우리는 상상력의 집합체인 예술이 인간의 전유물이라고 믿었다. 그런데 자신의 작품의 영원성을 갈망하는 예이츠가 21세기에 되살아나서 인간이 발명한 인공지능 AI가 시를 쓰고 소설을 쓴다는 사실을 안다면 어떤 반응을 보일까?

전상범 논설위원의 칼럼에 의하면 MS가 개발한 AI로봇 '샤오이스'는 현대 시인 519명의 작품 수천 편을 100시간 동안 스스로 학습해 1만여 편의 시를 쏟아냈는데 그중 작품성이 뛰어난 139편을 엄선해 『햇살은 유리창을 잃고』라는 시집을 출간했다는 것이다. 일본에서도 2016년 AI가 쓴 단편소설이 니혼게이자이 신문의 공모전에서 1차 예심을 통과하는 이변을 연출하였다니 인간의 고유 영역이었던 창작활동마저 AI의 도전에 직면했다는 사실은 대중은 물론 글을 써서 먹고 사는 문인들에게는 충격을 넘어 도전이다.

오랜 인생 경험과 문학 이론을 알고 있는데도 시를 쓰지 못하는 나와 달리 AI는 글을 쓰기 위해 고민할 필요도 없이 축적된 정보를 바탕으로 조립하고 짜깁기를 해서 작품을 쓴다. 인간은 창작을 위해 얼마나 길고 긴 인고(忍苦)의 과정을 거쳐야 하는가. 시인은 모래알처럼 많은 시어들 속에서 적합한 단어를 고르는 작업부터 운율과 라임(rhyme) 형식을 결정하고 온갖 비유법과 공감각적인 이미지들을 동원하여 독자로 하여금 어려운 게임을 풀듯이 의미를 도출하도록 한다. 다시 말하면 말놀이(word game)에 의미까지 담아내는 게 시 쓰기이다.

이런 지난(至難)한 과정을 감히 AI가 한다는 것은 인간의 상상력에 대한 도전이다. 아날로그 세대에 속하는 나는 이 사실을 받아들일 수가 없다. 메리 셸리(Mary Shelley)의 소설에 나오는 과학자 프랑켄스타인이 자기가 만들어낸 괴물에 의해 죽임을 당하듯이 언젠가 우리도 AI에 의해 정복당할지도 모른다. 그래서 오늘 아침 자신의 작품이 영원히 남기를 바라서 '비잔티움'으로 가기를 원했던 예이츠를 환생시켜 그의 의견을 묻고 싶다. 아마도 예이츠는 21세기에 태어나지 않아 다행이라며 다시 무덤으로 되돌아가지 않을까?

(2020 문학시대수필가회 동인지)

상상과 실제

- 크루즈여행 낙수(落穗)

동남아 크루즈에서 돌아와 호되게 앓고 일어나 5박 8일을 되짚어보니 내가 꿈꾸고 상상하던 여행과는 너무 달라서 심신이 지쳐버린 것 같다.

금년은 남편이 팔순인 데다 결혼 50주년이었다. 두 달 전 신문을 읽던 남편이 느닷없이 우리 크루즈 여행갈까? 하며 신문광고를 내밀었다. *선착순 6명 20만원 할인 *콴텀호 *태양아래 마주하는 푸른 물결 *동남아 3개국 크루즈 8일 '쿠알라룸푸르/ 페낭/ 푸껫' 광고 문구 아래에는 푸른 바다 위에 떠 있는 커다란 유람선과 싱가포르의 마리나 베이 샌즈 스카이파크 사진이 있었다. 내가 일본 온천 여행이라도 가자고 몇 번이나 말해도 꿈쩍도 하지 않던 남편이 무슨 바람이 불었는지 크루즈 여행을 제안해서 놀랍기도 하고 기쁘기도 했다. 나도 앞집 부부가 지중해 크루즈 여행을 다녀왔다고 해서 은근히 부러웠던 차에 냉큼 여행사에 전화로 예약을 해버렸다.

로얄 캐리비안 퀀텀호! 16만 8천 톤의 유람선으로 길이가 347m, 폭이 41m, 최대 탑승객이 4,900명, 승무원 수도 1500명, 객실 수 2,090개, 층수가 16층이나 된다니 커다란 아파트 단지가 물 위에 떠다니는 것과 같지 않은가! 나는 1912년에 세계 최고의 여객선으로 침몰한 타이타닉호보다도 월등하게 큰 배의 규모에 압도되어 여행 떠나기 전 두 달 동안은 달콤한 상상에 젖어들곤 하였다. 여행사에서 보내온 홍보 책자에 실린 사진과 설명으로 내 상상력은 더 부풀려졌다. 걷기를 싫어하던 남편도 여행을 위해 매일 30분 이상 산책을 하였다. 그러나 딸은 노부부의 여행이 불안한지 싱가포르 왕복 비행기를 업그레이드해주었다.

여행 일정은 싱가포르까지 비행기로 가서 일박하고 승선하여 각각 하루씩 말레이시아 쿠알라룸푸르, 페낭, 그리고 태국의 푸껫을 관광하고 마지막 날은 선상에서 보내고 싱가포르로 돌아와 밤 비행기로 귀국하는 것이었다. 크루즈의 장점은 여행 내내 짐 가방들을 갖고 다니지 않아도 된다는 것이라니 얼마나 편한가! 우리는 생애 마지막일지도 모르는 크루즈 생각에 들떠 있었다.

11월 29일. 서울은 영하의 날씨라 다운파카를 입고 딸이 운전해서 인천국제공항 제2터미널에 도착했다. 딸은 마치 어린애들을 떠나보내는 것처럼 잔소리(?)를 하며 이것저것 챙겨주었다. 자동출국 수속을 하는데 남편의 지문이 나오지 않아서 애를 먹었다. 그의 지문이 가는 곳마다 문제가 될 줄은 미처 몰랐다. 체크인을 하고 대한항공의 라운지에서 탑승 시간을 기다리며 호사스러운 여행을 기대했다. 자본주의 사회에서 돈의 위력을 느끼는 건 비행기 좌석인 것 같다. 비즈니스석은 버튼의 조종에 따라 누울 수 있을 만큼 넓은 공간이었다. 딸의 배려가 새삼스럽게 고마웠다.

그러나 밤 10시 싱가포르 창이공항에 내린 순간부터 내 상상에 금이 가기 시작했다. 일행이 많아야 20여 명 정도라더니 자그마치 35명이나 되었다. 갑자기 단체 여행객 15명이 늘었다는 것이었다. 버스 탈 때도, 짐 찾을 때도 이리 우르르, 저리 우르르 몰려서 난장판이었다. 밤 11시에 겨우 호텔 방 키를 받아 방에 들어가 짐 속에 몰래 숨겨온 팩 소주를 나누어 마시고 잠자리에 들었다.

다음날은 30도가 넘는 더위 속에 보타닉 가든, 멀라이언 공원 등을 둘러보는 일정이었다. 식물원에 도착해서 가이드가 한 번 들어가면 끝까지 따라다녀야 한다는 말에 남편은 벌써 지쳤는지 관광버스 앞에서 기다리겠단다. 나는 진기한 식물들로 가득한 식물원을 돌면서도 혼자 동그마니 남아 있는 남편 때문에 제대로 구경하지 못했다. 점심 먹는 식당에서도 최고령인 우리 부부는 웃고 떠드는 일행과 어울릴 수가 없었다. 오후 관광이 끝나자마자 승선하러 항구로 갔다. 퀀텀호는 어마어마하게 컸다. 한꺼번에 승선하러 몰려든 인파 때문에 우왕좌왕했다. 이번에도 남편의 지문이 나오지 않아 시간이 많이 지체되었다. 수속은 그게 끝이 아니었다. 공항 검색대처럼 만든 곳에서 일일이 사진을 찍고 여행 가방들도 검색대를 통과해야 했다. 승객들의 짐 속에 있던 술과 전기 기구 등은 압수당했다. 두 시간 이상 걸린 승선 수속으로 남편은 기진맥진해서 일행을 따라 계단을 올라가고 내려가는 것조차 힘겨워했다.

가이드가 방 키를 주면서 30분 후에 4층 로비에서 만나 유람선 구내를 구경시켜주겠다고 했다. 우리는 아무리 헤매도 우리에게 배당된 9층 517호를 찾을 수가 없었다. 미로처럼 좁고 긴 복도를 왼쪽, 오른쪽으로 우왕좌왕해도 방은 나오지 않았다. 다행히 청소부를 만나 겨우 방으로 들어갔지만 쉴 새도 없었다. 지쳐서 걸을 기운도 없었지만 식사하는 곳 등을 알아야 하기에 일어나 4층 로비로 갔지만 일행이 많아 가이드의 설명이 잘 들리지도 않았다. 선내에는 수영장과 스파가 있고 암벽 등반과 헬스장, 일광욕을 하는 간이침대들이 있어 호화롭게 보였다. 16층에 올라가서 바다를 보니 아득히 수평선만 보이는 망망대해였다. 선내에서 아침 식사를 하는 곳은 14층에 있는 축구장만한 크기의 뷔페식당이었고 저녁 식사는 3층에서 정찬을 하게 되어 있었다.

우리는 대충 저녁식사를 하고 방에 들어와 뻗었지만 잠이 오지 않았다. 탈진한 데다 술까지 없으니 난감했다. 우리 부부는 과민성 체질이어서 장소가 바뀌면 불면증과 배변 문제로 곤욕을 치르곤 하기 때문이다. 4층 면세점에 가서 양주 한 병을 샀으나 하선하는 날 찾아가란다. 점점 짜증이 났다. 할 수 없이 바에 가서 양주를 시켜서 한 모금씩 마시고 돌아와 수면 유도제를 먹었다. 나는 9시쯤 잠자리에 들어서 금방 잠이 들었지만 새벽 2시에 눈을 떴다. 그리고는 다시 자지 못했다. 어둠 속에 가만히 앉아 있으니 배가 조금씩 흔들렸다. 문득 침몰한 타이타닉호가 생각났다. 이 배도 침몰한다면? 나는 자포자기 심정으로 살 만큼 살았으니 죽어도 그만이라는 생각이 들었다. 첫날부터의 강행군에 심신이 지쳤던 것이다.

다음날부터 사흘 동안 새벽 6시 반 조식을 하고 8시에 하선하는 일정을 소화했다. 첫날은 쿠알라룸푸르, 둘째 날은 페낭, 셋째 날은 푸껫 관광이었는데 우리는 모든 게 심드렁했다. 가는 곳마다 화장실 찾는 게 급선무였고, 더위 피할 곳을 찾아다녔다. 마음 놓고 볼일을 볼 수 있는 곳은 점심 먹으러 간 식당뿐이었다. 이번 여행의 수확(?)은 여행자들에게 우리나라 화장실 문화는 세계 최고라는 사실이다. 오후 승선 과정은 여전히 수색당하는 듯해서 불쾌했다. 무엇보다도 유람선에서 부부가 같이 할 오락거리가 없었다. 스파? 카지노? 아니면 수영? 아니 없는 게 아니라 참여할 기력이 없었다. 저녁식사 후에 극장에서 쇼를 보거나 산책할 여력이 남아 있지 않아서 좁은 방에서 둘이 멀거니 TV화면을 보다가 술이 고파 쩔쩔매며 수면제를 삼키고 잠자리에 들었다.

이럴 줄 알았다면 크루즈 여행을 오지 않았을 것이다. 홍보 책자에는 온갖 화려한 시설과 놀이가 천연색으로 도배되어 있었지만 그것들은 젊은이들을 위한 것이지 노인들에게는 모두 무용지물이라는 사실을 간과하였던 건 내 허영심 탓이다. 새벽 2~3시면 잠이 깨어 다시 잠들지 못해 배의 흔들림을 몸으로 느끼며 내가 공부했던 시인들의 바다와 관련된 작품을 생각하며 시간을 보냈다. 하디(Thomas Hardy)가 빙하에 부딪혀 침몰한 타이타닉 호에 관해 쓴 「두 개의 집중(The Convergence of the Twain)」이라든가 현대인의 고독을 노래한 아놀드(Matthew Arnold)의 「도버 해협(Dover Beach)」을 떠올렸다. 특히 테니슨(Alfred, Lord Tennyson)이 쓴 「율리시즈(Ulysses)」의 화자가 노인이라서 공감이 갔다.

단테의 『신곡』에 의하면 율리시즈(오디세우스의 로마 명칭)는 바다의 신 포세이돈의 노여움을 사서 10년 동안 표류하다가 고향 이타카(Ithaca)로 귀향했지만 노인이 되어 집안에서 화롯불이나 쬐고 있는 자신이 싫어져서 다시 항해를 떠나기로 결심하고 자기의 옛 부하들을 설득시키는 내용이 시의 줄거리다. 시인은 시의 말미에 "내 목표는 저 해지는 곳, 서녘 별들이 미역 감는 곳 너머로 노 저어 가는 것이야 — 죽는 날까지./ 항해가 우리를 저 수평선 밑으로 휩쓸어 버릴지도 모르지…/ 지금 우리에게 많은 것이 사라졌지만 아직도 많은 것이 남아 있어/ 이제 우린 옛날 천하를 호령하던 그 힘이 사라졌지만/ 그래도 역시 우린 우리야."라며 역경에 굴복하지 않는 정신을 노래하였다. 율리시즈와 달리 나는 크루즈 여행의 불편함도 못견뎌하는 지극히 평범한 노인에 불과하다는 것을 인정하면서 새벽을 맞았다.

집에 돌아와 읽은 책이 김영하 작가의 『여행의 이유』다. 내가 서점에서 굳이 이 책을 산 이유는 크루즈 여행이 왜 내게 그토록 실망스러웠는지 알고 싶어서였다. 이 책을 통해 여행에 관한 나의 이해의 폭이 넓어진 것 같다. 우선 그는 '파리 증후군'에 대해서 설명을 했다.(35쪽) 파리에 대한 환상으로 여행을 떠난 일본 여행객들이 파리가 자신들이 상상하던 것과 매우 다르다는 데 심한 충격을 받았다고 한다. 나도 오래전 파리에 갔었지만 주민들의 불친절 등 나쁜 기억이 있다. "오랫동안 품어왔던 멋진 환상과 그와 일치하지 않는 현실. 여행의 경험이 일천한 이들은 마치 멀미를 하듯 혼란을 겪는다."(36쪽)

그리고 김영하 작가는 호메로스의 서사시 「오디세이아」의 주인공 오디세우스(율리시즈)가 귀향하는 여행의 초반에 외눈박이 괴물 키클롭스의 복수를 받게 된 것은 그의 허영과 자만심으로 키클롭스를 함부로 대했기 때문이라고 했다. 그는 썸바디(somebody)라는 환상에 사로잡혀 있었고 이에 분노한 키클롭스가 아버지인 바다의 신 포세이돈에게 귀향하는 오디세우스에게 온갖 시련을 줄 것을 간청했기 때문에 10년 동안이나 고초를 당했다는 것이다. 여행자는 여행을 떠나는 순간부터 노바디(nobody), '아무것도 아닌 자'가 되어야 한다. 여행자는 나라마다 입국할 때 검색대에서 지문이 나오지 않아 검시관이 죄수 끌고 가듯 해도 순순히 따라가야 한다. 그런데 나는 그걸 못견뎌했다. 흡사 죄수가 된 듯 기분이 나빠져서 '내가 지금 무슨 짓을 하는 거지?'라는 의문이 떠나지 않았다. 나도 '썸바디'라는 환상에 젖어 있었기 때문이었는지 모른다.

그나마 크루스 여행 중에 가장 인상 깊게 남는 장면은 하선 마지막 날 유람선에서 혼자 배 안을 여기저기 돌아다니다 6층 배의 후미에서 물보라를 일으키며 가던 모습이다. 물보라는 흰 거품을 일으키다가 금세 사라졌다. 마치 크루즈에 대한 나의 헛된 희망처럼. 크루즈 여행을 한 어느 교수는 '선수의 바다는 희망에 부풀고 진취적인 바다이지만 배의 뒤쪽에서 포말의 자국을 바라다보는 바다는 지난 삶을 회고하게 만드는 풍경'(조선일보, 조용헌 살롱, 2019. 12.16)이라고 묘사했다.

바로 같은 층에 도서실이 있었다. 서가에는 영어 서적들이 꽂혀 있고 나이든 서양인들 몇이 독서 삼매경에 빠져 있었다. 바로 이거야! 나는 지난 며칠 동안 무더위 속에서 사람들 꽁무니를 따라다니며 자괴감을 느꼈던 사실을 회상하며 크루즈를 즐기는 진정한 방법은 정말 하고 싶었던 것을 미리 알았어야 한다는 후회가 밀려왔다.

"엄마, 아빠는 다니는 걸 싫어하잖아."라고 딸이 말하지 않았던가!

우리는 하선하지 말고 유람선에서 유유자적하며 망망대해를 가르며 전진하는 배가 만들어내는 선미의 포말을 보았어야 하는 거야! 그러면서 우리의 지난 인생 역정을 영화 장면을 되돌려보듯이 느리게 되새김질을 했어야 하는 거였어!

(2020 문학시대수필가회 동인지)

1분 차이

초등학교 5학년에 다니는 쌍둥이 외손녀들 중 둘째 별명은 종달새다. 밥상머리에서 그 애 혼자 떠든다. 하루에 있었던 일들을 미주알고주알 손짓까지 하며 제 엄마한테 보고한다. 어쩌다 그 애가 감기가 들어 말을 하지 못할 때는 모두 싸운 사람들처럼 밥그릇만 내려다보고 먹는다. 반면에 큰손녀는 도통 말이 없다. 나를 봐도 그냥 배시시 웃을 뿐이다. 밥상에 앉으면 '잘 먹겠습니다'라고 말하라고 해도 큰손녀는 그냥 말없이 수저를 든다. 제 어미는 큰손녀가 벌써 사춘기에 접어 들었나보다고 걱정한다. 옆에 앉아 밥을 먹던 둘째가 말했다.

"할머니, 오늘 국어시간에 시를 썼어요."

"어머, 네가 시를 다 썼니? 시 제목이 뭔데?"

"'일 분 차이' 무슨 뜻인지 아세요?"

"무슨 제목이 그러냐? 뭐에 대해 쓴 건데?"

"쌍둥이에 대해서예요. 채원이와 나는 태어난 게 1분 차이 밖에 안 되잖아요. 그런데도 채원이는 지가 언니 노릇을 하려고 해요. 그래서 쓴 거예요."

딸이 중간에 끼어든다.

"그래도 언니 대접을 해주어야지. 1분 차이라도 분명히 언니잖니."

"그렇긴 해도 어떨 때는 억울해요. 그까짓 일분 먼저 나왔다고 꼭 언니라고 부르는 건 억울하잖아요." 하며 토라진다. 밥을 먹고 난 둘째는 언제 그랬느냐는 듯이 금세 헤헤거리며 큰손녀와 어깨동무를 하고 저희들 방으로 들어가 버린다.

'1분 차이'라는 제목의 시를 쓴 걸 보면 제 딴에는 1분 차이로 늦게 태어난 것이 억울한 모양이다. 그럴 만도 한 게 일분이 하루 24시간을 분 단위로 나누면 1,440분의 1에 불과하다. 아주 잠깐 동안의 시간이다. 그런데 지극히 짧은 시간을 뜻하는 단어들이 '찰나', '경각', '순식간', '삽시간' 등과 같이 많은데 이것은 인간의 운명을 결정하는 사건들이 순간적으로 일어나기 때문이 아닐까?

몇 년 전 초겨울 새벽 체육관에서 사람들이 눈이 부시다고 일부러 전등을 꺼서 어둡게 만든 러닝머신에 올랐다가 곤두박질을 친 사건이 있었다. 순식간이었다. 먼저 기계를 작동시킨 남자가 창문을 닫는다고 정지 버튼을 누르지 않고 자리를 떴는데 내가 빈자리인 줄 알고 무심코 올라섰던 것이다. 오른쪽 얼굴과 무릎에 심한 찰과상을 입었다. 사람들이 우르르 몰려왔고 119를 부르라고 외쳤다. 그러면서 모서리에 부딪혔다면 큰일 날 뻔했다며 나름대로 위로를 건넸다. 나는 얼굴에 흉터가 남을까봐 조바심을 내며 한 달 가까이 피부과에 다녔지만 무릎에는 아직도 상처의 흔적이 남아 있다.

2018년 이상문학상 수상자인 손홍규의 문학적 자서전 『절망한 사람』에는 유년 시절에 아버지의 손가락이 탈곡기에 빨려 들어가 손가락이 잘려진 사건이 아버지, 아니 가족들의 불행의 시작이 되었으며, 그 사건으로 인한 가족의 절망이 그를 작가로 키웠는지도 모른다고 말했다. 운전하다가 혹은 지하철을 기다리다가 심정지로 사망하는가 하면 공사장에서 순간의 실수로 목숨을 잃는 경우도 많다.

미국의 시인 로버트 프러스트(Robert Frost)의 「꺼져라, 꺼져라(Out, Out)」라는 시는 순간적인 방심으로 손목이 잘려 죽은 어린 소년에 관한 것이다. 미국의 버몬트(Vermont)주의 첩첩 산골에 사는 소년이 아침부터 해가 저물 때까지 생나무를 전기톱으로 자른다. 어른도 하기 힘든 일을 하면서 지친 그는 누군가 그만두라고 말하기를 고대하고 있던 찰나 누이가 '밥 먹자'고 소리친다. 그 소리에 소년은 순간적인 실수로 팔이 잘려나갔다. 그를 둘러싼 어른들은 망연자실하여 출혈을 막아 보려 하였지만 소년은 결국 과다출혈로 사망하고 만다. 프러스트가 어린 소년의 급작스러운 죽음을 묘사하면서 왜 제목을 셰익스피어의 비극 「맥배드(Macbeth)」에서 인용하였을까? 왕의 자리가 탐이 난 맥배드 장군은 많은 사람을 죽이고 왕이 되었지만 죄의식에 사로잡혀 점점 광폭해진다. 그는 마침내 정적들과의 마지막 전투에서 자신의 죽음을 예견하고 혼자 독백을 한다.

내일, 그리고 내일, 또 내일이
살금살금 인류 역사의 마지막까지 기어가고 있고
어제라는 날들은 다 바보들에게 죽음으로 가는 길을 비쳐준다
꺼져라, 꺼져라, 꺼져, 짧은 촛불아
인생이란 한낱 걸어가는 그림자
가련한 배우….

요즘에는 평균 수명이 늘어 장수하는 사람들이 많다. 오늘 아침 신문에서는 105세 되는 할머니가 국민연금을 받고 있다는 기사를 읽었다. 평균 수명이 여든을 거의 넘기고 있으니 분 단위로 치면 4천 2백 4만 8천 분을 사는 셈이다. 엄청난 시간이다. 그 엄청난 시간의 인생을 아일랜드 시인 예이츠(William Butler Yeats)는 「인생의 네 단계」라는 네 줄의 짧은 시를 썼다.

태어나서는 몸을 버둥대다가 마침내 두 발로 걷게 되고
사춘기가 되면 심장이 두근거려 순수와 평화가 사라진다
장년이 되면 이성의 시비로 청년의 열정이 자취를 감추고
마침내 신과의 전쟁이 시작되어 자정이 되면 신이 승리하리라.

첫 단계는 육체, 두 번째는 감성, 세 번째는 이성, 그리고 마지막 단계는 위의 세 가지가 모두 사라지는 죽음이다. 아장아장 걷던 유아기에서 순수와 평화를 잃게 되는 사춘기를 거쳐서 이성적인 시비의 단계로 간다. 마지막에는 신이 부르는 임종이다. 이처

럼 인간의 일생은 짧건, 길건 태어나고 죽는 사이의 시간을 말한다. 하여 인생무상이라 하지 않던가.

요즘처럼 벚꽃이 팝콘처럼 활짝 터트릴 때에 생각나는 시가 하우스만(A.E. Housman)의 「가장 아름다운 벚나무(Loveliest of Trees, the Cherry Now)」이다. 화자는 스무 살 밖에 안 된 청년이지만 가지마다 꽃이 흐드러지게 핀 벚나무를 보며 예수님의 부활을 생각한다. 나무는 겨울에 죽은 듯하다가 봄이 되면 다시 잎이 돋아나고 꽃을 피우니까. 그러나 시인은 50번의 봄이 지나면 벚나무가 눈으로 덮일 것이라고 상상한다. 즉 하얀 벚꽃이 죽음을 상징하는 눈으로 바뀌고 만다.

'1분 차이'라는 시를 쓴 손녀는 인간에게 시간이 어떤 의미인지 알고 있을까? 행복한 결혼을 앞둔 이들에게는 기다리는 마음이 간절하여 '일각이 삼추(三秋) 같다'고 조바심을 하고 나처럼 나이든 사람들에게는 시간이 화살처럼 날아가는 것 같으니 우리는 시간의 노예로 살다가 사라지는 존재인 것 같다.

(2019 문학시대수필집 동인지)

갈색 신(神)의 분노

중랑천의 범람으로 동부간선도로의 차량이 통제되고 있다는 텔레비전 뉴스를 전날 밤 늦게까지 보고 잔 뒤 새벽에 눈을 뜨자마자 다시 텔레비전을 켰다. 도로는 여전히 전면 통제되고 있다. 동부간선도로를 통해 출근하는데 난감하다. 더구나 중요한 약속이 잡혀 있는데… 더 이상 잠이 오지 않아 서성이다가 밝아오는 새벽 너머로 중랑천을 바라보니 누런 흙탕물이다. 아침 7시가 되자 출근은 무리라고 판단하고 재택 근무하겠노라는 문자를 보냈다. 약속도 다른 날로 미루어달라고 부탁을 했다.

이 아파트로 이사 온 지 20년째인데 이번처럼 중랑천이 범람하여 사람이 죽고 동부간선도로가 이틀이나 통제된 것은 처음이다. 1998년 여름 미국 출장을 마치고 공항에서 돌아오는데 아파트 입구 굴다리가 물에 잠겨 애를 먹은 적은 있었다. 지하 주차장에도 물이 차서 곤욕을 치렀다고 했다. 그 후로 빗물 펌프장을 확장하고 중랑천 바닥에 쌓인 모래를 퍼내는 준설 작업을 꾸준히 하고 울퉁불퉁했던 둑을 돌로 쌓아 정비하였다. 산책길도 우레탄으로 바꾸고 나무를 심고 철마다 다른 꽃들을 심어 삶의 질이 좋아진 것 같아 산책하는 기쁨이 컸다. 그 후로는 폭우가 와도 오늘같이 통제된 일은 없었다.

궁금해서 아침 8시 반에 둑길로 나가 보았다. 서울의 북쪽과 남쪽을 잇는 사람의 대동맥 같은 간선도로가 통제되니 이면도로가 주차장으로 변해 있었다. 이화교를 건너 동일로를 경유해서 강남으로 통하는 길이다. 동부간선도로가 막히면 나도 가끔 이용하는 길인데 1㎞도 넘는 도로에 갇힌 차들이 꼼짝을 못하고 있었다. 출근하지 않기를 잘했다는 안도의 한숨을 쉬었다. 그리고 둑길을 따라 이화교를 지나 이문동 빗물 펌프장까지 걸으며 중랑천을 살폈다.

한마디로 쑥대밭이었다. 사람들이 그늘에서 쉬도록 설치한 천막 위에도 떠내려 온 쓰레기가 덮여 있고 곧게 뻗었던 나무들이 거의 다 쓰러져버렸다. 장미 축제 때면 사람들이 건너다니는 돌다리에서 내려다보면 물속에 고기떼들이 노는 것이 보일 정도로 맑았던 중랑천은 흙탕물로 변해 무서운 속도로 흐른다. 반면에 오랜 가뭄과 40도를 육박하는 111년 만의 폭염으로 시들시들 말라가던 산책로의 나무와 풀들은 생기를 찾아 살맛난다는 듯이 짙은 숲 향기를 뿜어냈다.

21세기는 4차 산업혁명시대에 인공지능의 개발로 인간이 할 수 있는 고차원적인 작업까지 할 수 있는 세상이 되었다고는 하나 자연 재해 앞에서는 인간은 여전히 무기력할 수밖에 없다는 것을 실감한다. 오랫동안 비가 오지 않아 농작물이 말라 죽어 천 원짜리 시금치 한 단이 만원을 하고 배추와 무 등 우리들 밥상에 없어서는 안 되는 채소 값이 천정부지로 올라 제발 태풍이라도 오게 해 달라고 기도하기도 했었다. 그러나 기다리던 태풍 '솔릭'은 얌전한 태풍으로 끝나 농민과 어민들을 실망시켰다.

그런데 폭염이 폭우로 변해 며칠 전부터 수도권을 비롯하여 중북부부터 남부를 오가며 하늘이 뚫린 듯이 비를 퍼부었다. 엊그제 저녁 동네 모임이 있어 저녁 식사를 하고 8시쯤 돌아오는데 우비를 입었는데도 바지와 신발이 흠뻑 젖어버렸다. 우르릉 쾅쾅 천둥소리와 함께 번개가 쉴 새 없이 번쩍거리는 길을 뛰어 오며 무자비하게 자연환경을 파괴한 인간들에게 하늘이 노해서 벌을 주는 건 아닌가 하는 두려움에 떨었다. 북태평양 고기압과 북쪽의 찬 공기가 부딪혀 한반도에 골짜기를 만들어 폭우가 내리게 되었다는 기상청의 설명이지만 이번 폭우로 인해서 인명 피해는 물론 수십 채의 가옥이 침수되고 그동안 애써 가꾼 농산물이 물에 잠겨 많은 사람들은 하늘을 원망하고 있다. 그러나 이런 자연재해는 인간이 자초한 것이라고 어떤 기상학자가 텔레비전에 나와 선언했다. 수백만 대의 자동차가 뿜어내는 매연과 공장굴뚝에서 나오는 검은 연기가 이산화탄소로 변해 지구의 온난화가 진행되어 북극의 빙하가 급속도로 녹는 바람에 바다의 수온이 급상승하고 있다고 한다. 결국 올여름의 폭염과 폭우는 인간의 자업자득인 것이다.

폭우로 처참하게 변한 중랑천을 보니 생각나는 시가 있다. 엘리엇의 장시(長詩) 「사중주(The Four Quartets)」의 3부 「드라이 셀비지(The Dry Salvages)」에서 시인은 물과 인간과의 관계를 집중적으로 다루었는데 그 첫 부분에서 물의 유용성과 파괴성을 말하고 있다.

> 나는 신들에 대해서는 그리 많이 알지 못하지만/ 강은 힘센 갈색 신(a strong brown god)이라고 생각한다. - 퉁명스럽고, 야성적이고, 고집 센/ 어느 정도는 잘 참기에 처음에는 개척자라고 생각했다.// 사업적인 운송 수단으로서는 유용하면서도 믿지 못하는/ 그런데 당면한 문제는 다리를 놓는 건설업자였지만/ 일단 그 다리가 놓이자 그 갈색 신은 도시인들에게/ 거의 잊혀졌다. - 그러나 강은 항상 달래기 힘들다./ 계절 따라 분노를 드러내는 파괴자이고, 인간들이 잊고 싶은 것을/ 회상시킨다.

엘리엇의 표현을 빌리면 강은 '건설자(builder)'이면서 동시에 '파괴자(destroyer)'이다. 물은 인간의 생존에 없어서는 안 되는 건설자인 동시에 분노하면 범람하여 인간의 재산을 망가뜨리는 '파괴자'로 변한다. 나는 산책로의 의자에 앉아 마치 '갈색 신'이라도 된 듯이 황토색으로 변해 성난 듯이 흐르는 중랑천을 바라본다. 평소에는 시냇물처럼 조용히 흘러 물 위에 이름 모를 흰 새가 먹이를 쪼아 먹던 중랑천이 지구온난화를 가속화시킨 죗값을 받으라고 우리에게 이런 재난을 내렸나 보다.

여전히 동부간선도로는 통제되고 이따금씩 도로 위에 쌓인 쓰레기를 치우는 노란 청소차들이 다니고 있다. 그리고 이면도로는 10시가 되어가는 데도 차들이 굼벵이처럼 기어간다.

(2019 문학시대수필집 동인지)

긴급재난지원금과 보복소비

신종 코로나바이러스 감염증(코로나19)이 우리의 일상을 무너트린 지 5개월이 되어 간다. 정부는 최악의 상황은 넘겼다며 '사회적 거리두기'에서 5월 어린이날을 전후해서 '생활 속 거리두기'로 전환하여 상점, 영화관, 클럽들이 영업을 개시하였지만 '이태원 클럽'에서 촉발된 집단 감염이 수도권으로 번져 매일 확진자가 50여 명을 넘고 있다. 이로 인해서 여전히 소상공인들과 자영업자들의 생계가 큰 위협을 받고 있다.

가난은 나라 임금님도 구제하지 못한다는 옛말과 달리 코로나19로 인한 소상공인들과 자영업자들의 경제적 손실을 만회하기 위한 명분으로 정부는 총선 하루 전날 '긴급재난지원금'을 지급하기로 결정하였다. 기획재정부는 소득 상위 30%를 제외하기를 건의했지만 청와대는 국민의 자발적 기부를 유도하자며 역사상 처음으로 전 국민에게 재난지원금을 준다는 것이었다.

나는 지원금을 받지 않을 생각이었다. 생계 걱정은 없으니 나만이라도 국가 부채를 조금이라도 줄이자는 애국심(?)의 발로라고나 할까. 그러나 퇴근하여 집에 오니 세대주인 남편이 딸의 도움으로 지원금을 받았다며 60만원이 입금된 통장을 건네주었다. 통장을 보자 기부하겠다는 생각은 연기처럼 사라지고 공돈이 생겼다는 기쁨이 더 컸다. 게다가 얼마 만에 남편한테서 받아보는 돈인가? 남편의 낙상으로 인한 수술 때문에 심신이 지쳐있던 내게 재난지원금이 입금된 통장은 하늘이 준 선물과 같았다. 나도 공돈 앞에서는 어쩔 수 없이 비굴해지고 말았다.

다음날 점심때쯤 카드를 지참하고 수술 후유증으로 두 팔이 굽혀지지 않는 남편이 입기 수월한 헐렁한 옷을 사러 재래시장으로 갔다. 보통 때 같으면 사람들이 별로 없을 시간인데 그날은 시장 입구부터 사람들이 붐볐다. 자주 가는 옷가게에 들어가니 이미 서너 명의 부부들이 옷을 골라 수북이 쌓아놓고 있었다. 내 차례가 올 때까지 한참을 기다려야했다. 정육점과 생선가게 등에도 사람들이 몰려 있어 모처럼 상인들의 얼굴이 환했다. 모두 공돈을 쓰는 재미로 신이 난 것 같았다. 나도 십 여 만원을 쓰고도 50만원이 남은 카드를 갖고 돌아오는 발걸음이 가벼웠다. 공짜라면 양잿물도 마신다는 옛 말이 생각났다.

월요일 출근한 책상 위에 정기 구독하는 '조선비즈(2020.5.27)'의 커버스토리가 눈에 들어왔다. 「보복 소비(revenge spending)」라는 제목이 흥미를 유발했다. 소비를 보복으로 하나? 잡지를 펼치니 '더는 못 참아 질러야겠어'라는 도발적인 소제목이 눈에 들어온다.

그 르포 기사에는 코로나19의 재확산 사태로 기업들이 재택근무를 다시 시행한다고 발표한 시점에 강남 모 백화점 명품관으로 샤넬 백을 사려는 사람들 수십 명이 몰려와 백화점이 열리기 전부터 줄을 서서 기다렸다고 한다. 이들이 개점 전에 몰려온 이유는 이틀 뒤에 가격을 인상한다는 소식이 SNS에 퍼졌기 때문이었다. 작은 명품 백이 632만원이라는 기사를 읽고 나는 기절할 뻔했다. 그들은 얼마나 돈이 많기에 코로나19로 생활 속 거리두기를 시행하는 중에도 달리기 선수처럼 뛰어와 줄을 선 것일까? 평생 명품 가방을 사본 적이 없는 내게는 남의 나라 얘기처럼 들렸다.

잡지에서는 넉 달이 넘도록 외출도 못하고, 보고 싶은 사람도 만나지 못하는 비대면 생활에 지친 사람들의 억눌러온 소비 욕구가 한 번에 분출되는 현상을 '보복 소비'라고 불렀다. 전문가들은 이런 현상이 나타난 이유를 크게 네 가지로 분류했다. 1)사회적 거리 두기로 우울해진 마음에 대한 보상심리 2)외출 자제로 미뤄둔 쇼핑 수요 3)과시적 소비 4)경기에 영향을 상대적으로 덜 받는 고소득층의 선제적 소비 5)젊은 층을 중심으로 한 가치 소비. 자기만족 소비 트렌드.(조선비즈: 11쪽)

질병과 재난 등 외부 요인으로 억눌렸던 소비가 한꺼번에 분출하는 현상을 보복 소비라고 한다면 왜 하필 사고 싶은 물건을 보복적으로 구입한단 말인가? 이런 소비 형태는 코로나 바이러스 감염증 확산세가 한풀 꺾인 중국에서 명품과 고가 주택 등을 중심으로 소비가 크게 늘자 이 용어가 쓰이기 시작했다고 한다. 국내에서는 5월 황금연휴 기간에 소비자들이 억눌러온 쇼핑을 재개하면서 이 용어가 쓰이기 시작했다. 반강제적으로 '집콕'해야 했던 것에 보복이라도 하듯 미루어둔 소비를 한꺼번에 한다. 특히 젊은층을 중심으로 가치 소비, 자기만족 소비 트렌드가 확산했다. 밀레니엄 세대(1981~96년 출생)는 기성세대와 달리 코로나19 상황에서도 소비를 줄이지 않는 경향이 있다. 그들은 개인의 행복과 현재의 만족을 가장 중시하는 라이프스타일을 추구한다. 특히 20대를 중심으로 형성된 플렉스(flex.과시)문화도 보복 소비에 영향을 주고 있다고 글로벌 컨설팅사 맥킨지는 분석하고 있다.

소비 심리 전문가 피터 노엘 머레이는 '보복 소비는 코로나19 이후 우리가 느낀 소외감, 거리 두기, 자가 격리, 분리, 마스크 착용과 같이 기존과 다른 일상생활에 대한 부정적인 감정을 덜어내기 위한 일종의 보상 심리'라고 진단했고, 사이먼 무어는 '일상생활을 못 하게 되면서 생긴 욕구 불만에 대해 화나고 짜증나는 반응이다. 나를 지배하는 데 있어 누가 보스(지배자)인지를 보여주는 행동'이라고 주장했다.

내가 이 글을 조선비즈에서 인용하면서까지 쓰는 이유는 2020년 세계를 휩쓸고 있는 코로나 바이러스 감염증이라는 미증유의 사태를 통해 세계 각국에서 부의 쏠림 현상이 얼마나 심각한지를 단적으로 보여주기 때문이다. '보복 소비'라는 새로운 트렌드가 부의 양극화를 더 선명하게 드러낸다. 미국의 부자들은 코로나19를 피해 개인의 요트에서 호화생활을 하고 있는 반면 뉴욕의 빈민들은 코로나19에 확진되어도 병원 한 번 가지 못하고 죽어간다.

몇 백 만 원짜리 명품 가방을 산 사람들에게도 '긴급재난지원금'이 지급되었겠지? 그들에게는 껌 값도 안 되는 돈을 받고 무슨 생각을 했을까? 그들도 나처럼 이게 웬 떡이야! 하면서 함박웃음을 터트렸을까? 나는 정부가 푼 재난지원금이 입금된 남편의 카드로 옷을 사고 집으로 돌아오면서 현 정부가 20년 집권을 위해 슬슬 돈을 풀기 시작했다는데 생각이 미쳤다. 돈을 받은 사람마다 나와 같은 생각을 하게 되니까 국민들에게 공짜로 돈을 살포하는 정권이 오랫동안 집권을 하게 되나보다. 한때는 석유생산으로 부국이었던 볼리비아와 베네수엘라는 국민들에게 오랫동안 무상 지원한 결과로 지금은 최빈국으로 전락하고 말았지만.

나는 연전에 쓴 칼럼에서 우리나라에 포퓰리즘의 독이 점점 퍼지는 것을 경계한다고 했다. 그랬던 나도 정부가 준 돈으로 희희낙락하며 시장으로 달려갔으니 나의 이중성 내지 '내로남불'이 그대로 드러나고 말아 더 이상 고상한 척할 수가 없게 되었다. 공짜에 약한 노인에 불과하다는 사실이 드러난 이상 국가 부채가 얼마가 되든지 개의치 않으련다. 코로나19를 빌미로 정부가 언제 다시 돈을 풀 것인지 궁금해진다.

카트를 끌고 온 친구

남편이 반 년 사이에 세 번이나 낙상을 해서 수술을 받았다.

지난 정월 초하룻날의 낙상으로 오른쪽 어깨에 인공관절 수술을, 4월에는 왼쪽팔의 골절로 수술을 했고 6월에 또 넘어지는 바람에 인공 관절한 팔이 부러졌다. 오른쪽 팔을 수술할 때 통증이 심한 왼쪽 팔도 다시 수술하였다. 수술 다음날 입원실에 가보니 오른쪽, 왼쪽 어깨부터 팔까지 붕대로 칭칭 감고 누워있는 모습이 마치 역삼각형 모양의 로봇 태권브이가 널브러진 것 같았다.

환자는 너무 통증이 심해 섬망 증세까지 나타났다. 코로나19 때문에 자주 면회할 수도 없었다. 다행히 경험이 많은 간병인이 남편을 잘 보살폈지만 남편을 만나고 집에 돌아오면 아파하는 그의 모습이 어른거려 아무것도 할 수 없었다. 밥도 혼자 차려 먹기 힘들 만큼 무력감에 빠져 허기만 면할 정도로 작은 쟁반에 반찬 한두 가지 얹어서 누룽지나 물에 말은 밥을 먹었다.

남편이 집에 있을 때는 하루 종일 대화도 나누지 않고 각자의 자리에서 있는 듯 없는 듯 무덤덤하고 밥 먹을 때만 얼굴을 마주 했는데 한 달 가까이 집을 비우니까 그의 빈자리가 너무 컸다. 집이 휑해서 혼자 있는 게 무서웠다. 딸은 그런 내가 걱정스러워 하루에도 몇 번씩 전화로 밥을 먹었느냐고 채근하고 먹을 걸 사다주지만 입맛이 없다.

딸 못지않게 나를 걱정해주는 친구가 있다. 고등학교 동창이다. 그녀도 수시로 전화해서 안부를 묻는다. 딸이 잘 챙겨준다고 대답하면 "세상에 네 딸 같은 애는 없을 거야."라고 칭찬을 한다. 칭찬은 그녀의 주특기다. 어느 날 친구가 전화 말미에 우리 집에 오겠다고 했다. 코로나19 때문에라도 오지 말라고 말렸지만 나를 직접 봐야 마음이 놓이겠다고 고집을 부렸다.

그날따라 몹시 더웠다. 친구가 우리 집에 오려면 마석에서 경춘선 기차를 타고 상봉역에 내려 지하철을 두 번 갈아타야 한다. 남편이 사고를 당한 이후부터는 주방에 들어가지 않아서 자장면이나 시켜 먹을 생각을 하고 친구를 기다렸다. 약속 시간에 친구가 초인종을 눌러 문을 열어주니 카트에 짐을 싣고 들어왔다.

"이게 뭐니? 이 더운 날에 웬 카트를 끌고 왔어?"라고 물었더니 그녀는 대답했다.

"네 딸 유진이 먹이려고 코스트코에서 사왔다. 가뜩이나 마른 애가 엄마, 아빠 챙기느라 얼마나 힘들겠니? 그래서 유진에게 전화해서 와서 가져가라고 했지."

그러자 마치 약속이나 한 듯이 딸이 들어왔다.

"너네 둘이 짠 거 아냐? 나도 모르게?"

그러는 사이에 친구는 카트에서 물건을 내려놓았다. 딸에게 물어 보았던지 딸네 식구들이 좋아하는 연어횟감과 양념 불고기 뭉치였다. 제법 묵직한 걸 보니 친구 형편으로는 과용했음이 분명했다.

"너 미쳤어? 돈도 없는 애가 왜 이렇게 많이 샀니?"

"너도 좀 먹고 유진이네 식구들이 먹으려면 이 정도는 있어야 되잖아."라며 친구는 땀을 닦으며 식탁에 앉았다. 딸은 가지고 온 밑반찬과 회를 썰고 불고기를 볶아 식탁에 놓았다. 나는 소주잔을 꺼내 술을 따랐다. 딸은 바로 가고 우리는 두 시간 이상 술을 마시며 울다가 웃다가 하며 시간을 보냈다.

그 친구와 나는 학교 다닐 때는 별로 친하지 않았다. 나는 가난했고 그녀는 시골 부잣집 고명딸로 졸업 때까지 머슴들과 식모(가사도우미)들이 '애기씨'라고 불렀단다. 그 동네 사람들은 친구네 땅을 밟지 않고는 다닐 수가 없다고 할 만큼 부자였다. 고등학교 3학년 때 친구 어머니가 돌아가셔서 반장이었던 나와 친구 몇 명이 버스를 타고 그녀의 시골집에 문상을 갔을 때 마을 한가운데 떡 버티고 있던 오래된 기와집의 규모에 놀랐었다.

고등학교 졸업 후 우리는 오랫동안 연락이 끊겼다가 삼십 대 후반이 되어 우연히 동창회에서 만났다. 사는 집이 가깝다는 사실을 알게 되었고 친구의 남편은 건설회사 전무로 중동에 가 있어 일 년에 두 번 밖에 안 온다며 집으로 놀러오라고 했다. 그 이후로 우리는 자주 어울렸다. 그녀는 가정부를 두고 시부모님도 안 계시니 천하가 제 세상인 양 놀러 다니고 취미 활동을 했다. 박물관

대학을 십여 년 다녀서 그림과 조각 작품을 보는 안목도 아마추어 수준을 넘은 것 같았다. 나는 박물관 견학한다며 해마다 국내외 여행을 다니는 그녀가 부러웠다.

친구와 얘기를 하다보면 상대방의 말에 맞장구를 치고 좋은 점을 칭찬해주니 그 친구를 싫어하는 사람이 없는 것 같았다. 그래서 친구가 많고 화젯거리도 무궁무진하다. 게다가 인정도 많아서 동창들이 힘들면 쌀과 연탄도 사서 갖다 주었다. 집과 직장 사이만 오가며 바깥세상과 담을 쌓고 살던 내게 그 친구와의 만남은 일종의 해방구였다. 그녀가 이야기보따리를 풀면 19금 얘기도 양념처럼 넣어 한바탕 웃게 만들었다. 더구나 술 실력도 비슷하고 노래를 좋아해서 가끔 노래방에 가서 스트레스를 풀었다. 친구는 아마추어 수준 이상의 노래 실력을 가지고 있어서 나는 언제나 마지막에 '날개'를 불러달라고 청했다. "날아라 날아라 고뇌에 찬 인생이여/ 일어나 뛰어라 눕지 말고 날아라…."를 부르는 친구의 고음 처리는 수준급이었다. 그렇게 친구와 놀고 나면 나는 다시 '고뇌에 찬 인생'을 살아갈 힘이 생겨 귀가하곤 했다.

어려서부터 풍족하게 살아온 그 친구가 평생 그렇게 즐기며 살 줄 알았다. 그러나 드라마처럼 친구는 하루아침에 알거지가 되고 말았다. 남편이 하던 사업이 부도가 나서 졸지에 식구들이 신용불량자가 된 것이다.

그런 불운을 겪으면서도 친구는 겉으로는 그녀의 상황을 아는 사람들이 많지 않을 만큼 의연했다. 나라면 절대로 그녀처럼 태연

하지 못했을 것이다. 아니 무슨 일이라도 저질렀을지도 모른다. 인사동 갤러리에서 알바도 하고, 바리스타 자격증을 따서 시간제로 일하면서도 웃음을 잃지 않는 내 친구! 그래서인지 연하의 남자들이 만나자고 수작을 걸 때도 있을 만큼 그녀는 나이보다 훨씬 젊게 보인다.

생계를 책임졌던 친구의 며느리가 재작년에 이혼을 하고 가버렸다. 내가 위로의 말을 건네자 아들이 돈을 못 버니까 어쩔 수 없지 않느냐며 체념했다. 다행히 작년에 정부에서 마련해준 작은 빌라로 이사를 했다. 나를 만나면 이제 바닥을 쳤으니 올라갈 일만 남았다고 남의 얘기 하듯 말한다. 나는 그 친구의 마음을 들여다보고 싶을 때가 있다. 회갑 때까지 다양한 취미 활동을 하며 자유분방하게 살던 친구가 힘든 내색하지 않고 어떻게 저렇게 긍정적으로 살 수 있을까?

저녁 9시에 집에 가는 그녀에게 택시타고 가라고 교통비를 쥐어줘도 뿌리치고 지하철을 타고 갔다. 걱정이 되어 밤 11시에 잘 도착했는지 전화를 걸었다.

"그럼 잘 왔지. 사람들이 밤에 빈 카트를 끌고 지하철을 타는 나를 이상한 눈으로 쳐다보더라. 하하."

나는 친구의 애창곡 '날개'의 노랫말처럼 그녀가 다시 날개를 달고 '고뇌에 찬 인생'을 날아볼 날이 오기를 고대한다.

2.

이렇게 좋은 날에

사다리에서 떨어진 김 여사

김 여사가 사다리에서 떨어져 갈비뼈에 금이 가서 입원했다는 소식을 들었다. 헐! 젊은 사람도 아닌 노인이 왜 한겨울에 사다리를 타고 감나무에 올라가? 그 말이 믿기지 않아서 집에 오자마자 전화를 했다. 그녀는 아픈 사람 같지 않은 밝은 목소리로 전화를 받았다.

"감나무에 올라갔다가 떨어진 거 맞아? 당신 노망났어?"라고 말했더니 그녀는 깔깔 웃으며 대답했다.

"철이 덜 나서 그래. 감나무 가지를 자르려고 사다리를 타고 올라갔는데 사다리가 삐끗하고 돌면서 땅에 떨어졌어. 다행히 음식물 쓰레기를 묻는 푹신한 곳에 떨어져서 얼굴과 무릎에 찰과상만 입었어. 그런데 밤에 자는데 너무 가슴이 아픈 거야. 다음날 정형외과에 가서 X-ray를 찍었더니 금이 갔대. 애들한테 얼마나 혼이 났는지 몰라. 압박붕대로 가슴을 싸매고 꼼짝없이 침대에 두 주일 동안은 누워 지내야 한다나 봐."

"어느 병원이야? 지금 문병 갈 게."

"오지마. 의사가 움직이지 말아야 한데. 내가 입원한 거 아무한테도 말하지 말아줘. 너무 창피해, 하하하."

그녀를 만난 것은 구립체육관이었다. 운동하러 온 여자가 주름진 얼굴에 보라색 아이섀도와 빨간 립스틱을 바르고 멋진 헤어밴드와 브랜드 헬스복까지 맞추어 입고 있어 부티가 줄줄 흘렀다. 며칠 후 우연히 내 옆에서 자전거를 타게 된 그녀는 거침없이 자신의 경력을 자랑하듯이 술술 풀어놓았다. 젊어서부터 핸드백 공장을 직접 운영하며 백화점 납품까지 하였고 지금은 건물 임대업을 하고 있다고.

그 이후로 동갑내기인 그녀와 가끔 어울렸다. 그녀는 식도락가여서 맛집을 꿰고 있었다. 가끔 내게도 먹으러 가자고 초대하면 그녀가 운전하는 차를 타고 가서 먹기도 하였다. 제철 음식이 최고라며 먼 거리도 마다 않고 찾아가서 먹는다고 했다. 혼자 살아도 삼시세끼 영양가를 따져가며 챙겨 먹는 등 건강관리를 철저히 하고 겨울에는 스키를 타러 가는가 하면 스페인을 비롯하여 동유럽 여행을 다녀왔다고 자랑하기도 하였다.

그런 어느 날 그녀가 같이 운동하는 몇 사람을 집으로 초대해서 갔더니 주택가 높은 곳에 소나무를 비롯하여 나무들이 많은 오래된 2층집이었다. 40여 년 전에 직접 설계해서 지었다고 했다. 우리는 큰 집을 둘러보며 이런 데서 혼자 무서워 어떻게 사느냐고 눈이 둥그레졌다. 그녀는 마흔세 살에 때 남편과 사별했고 자식들이 결혼해 다 분가시키고도 그 집을 지키며 살고 있는데 그곳을 떠나고 싶지 않다고 했다. 봄부터 가을까지는 정원에 꽃들이 피고 과일이 주렁주렁 달려 운치가 있었지만 겨울에는 그 큰집이 을씨년스러웠다. 그녀는 방에서 자지 않고 널따란 응접실에 요를 깔아 놓고 집에 있을 때는 텔레비전을 크게 틀어놓고 있단다.

그녀는 여장부다. 자그맣게 생겼지만 사업한 사람답게 수완이 좋아 체육관에서 모르는 사람이 없을 정도로 친화력이 뛰어났다. 나는 십여 년을 다녀도 꾸어다 놓은 보릿자루처럼 혼자 운동만 하는데 그녀는 만나는 사람마다 인사를 주고받는다. 그리고 제철 과일 등을 갖고 와서 여러 사람에게 나누어주는 그녀를 보며 역시 사업한 사람은 다르구나 하고 감탄하곤 한다.

그런 어느 날 옆자리에서 자전거를 타던 그녀가 작은아들이 하는 일마다 되지 않아 속이 상하다면서 눈물을 보였다. 여장부 같은 그녀도 자식 앞에서는 어쩔 수 없는 '엄마'구나 하는 생각이 들어서 짠했다. 자식을 둔 여자는 아무리 잘나도 그저 엄마일 뿐이라던가. 그 이후로 나는 그녀와 가까워졌다. 그녀는 혼자 밥 먹는 것이 지겹다며 나만 만나면 자기네 집에 가자고 유혹(?)을 한다. 가끔 몇 사람이 모여 그 집에 밥 먹으러 가기도 하고 나 혼자 가기도 했다. 그녀는 다른 사람들이 있을 때는 포스가 남다르다. 그러나 나와 둘이 있을 때는 속내를 드러내 자식 문제며 건물임대로 속 썩이는 얘기를 했다. 젊은 나이에 혼자되어 사업하면서 자식 셋을 키워내느라고 얼마나 힘들었을까를 생각하면 돌아가신 엄마가 떠올라서 그녀가 더 애틋해졌다.

그녀가 퇴원했다는 말을 듣고 집으로 찾아갔다. 그녀는 가슴에 압박 붕대를 하고도 토종닭으로 백숙을 고아놓고 기다리고 있었다. 저녁을 먹고 있는데 전화가 왔다. 작은아들이 하루에 세 번씩 전화를 걸어 엄마의 안부를 확인한다고 했다. 딸보다도 더 자상하게 엄마가 누구와 어디서 무엇을 하는지 꼬치꼬치 묻는단다. 지금은 차려준 치킨 가게가 잘 되어 바쁘다면서 그 아들이 집에 와서 감나무 가지를 자르다가 떨어질까 봐 자기가 올라가 자르려고 했다고 말했다. 그 순간 나도 모르게 눈시울이 뜨거워졌다. 자식 사랑이 유난한 그녀가 눈치챌까 봐 벌떡 일어나 화장실로 갔다. 마흔이 넘은 아들이 나무에서 떨어질까 봐 일흔여덟 살인 엄마가 대신 사다리타고 올라갔다니!

식사를 마치고 과일을 먹는데 김 여사가 내게 보여줄 게 있다며 방에 들어가 뭔가를 갖고 나왔다. 낡고 오래된 편지와 봉투였다. 그 속에는 우편환까지 있었다. 남편이 죽고 나서 직원들이 돈 떼먹고 도망가고, 국세청에서 세무 조사를 나오는 등 혼자 사업하기가 힘든 데다가 고등학교 재학 중이던 자식들이 속을 썩여 죽은 남편의 빈자리가 너무 크게 느껴져서 당시 인기 라디오 프로그램이던 '여성시대'에 자신의 처지를 호소하는 편지를 보냈다고 한다. 그녀는 그것을 가보처럼 보관하고 있었다. 그 편지가 채택되어 라디오에서 방송되었고 격려의 팬레터도 많이 받았는데 내용은 전국의 아내들에게 남편이 살아 있을 때 잘 하라는 거였단다. 그녀는 이제 글씨를 읽을 수가 없다며 나보고 읽어 달랬다. 나는 7페이지나 되는 편지를 소리 내어 읽으며 속으로 울음을 삼켰다. 서른 살에 청상과부가 된 우리 엄마도 육남매를 데리고 가난으로 점철된 삶을 살며 얼마나 절절하게 남편 생각을 많이 했을까! 내가 티슈로 얼굴을 닦는데 그녀가 말했다.

"안 교수, 내 글 읽고 울지도 않네."

나는 그녀를 뒤에서 안으며 말했다.

"당신 정말 대단하다. 참 잘 살아왔어."

(2019 문학시대 여름호)

이렇게 좋은 날에

두 번째 어깨시술을 받았다. 두 번째라서 더 피하고 싶은 건 마치 멋모르고 첫 아이를 낳지만 두 번째 출산은 첫 분만 때의 하늘이 노래지는 진통을 알기 때문에 더 두려운 마음과 같다.

4년 전에 회전근계 파열로 오른쪽 어깨시술을 받았는데 작년부터는 왼쪽 어깨의 통증이 밤잠을 설칠 만큼 심해졌다. 수술만은 어떻게든 피하고 싶어서 몇 군데 정형외과를 순례하며 진찰을 받았다. 그러나 MRI촬영을 하면 의사들은 하나같이 시술 외에는 방법이 없다고 했다.

시술과 퇴원 후의 회복 기간도 힘들지만 내게는 수술 전에 거쳐야하는 검사와 함께 첫 관문이 제일 괴롭다. 바로 수술의 전 단계인 주사 바늘을 꽂아야 하는 혈관을 찾는 일이다. 내 혈관은 가늘고 숨어 있어 팔뚝에서는 찾지 못하고 거의 손등에서 찾는데 간호사들마다 서너 번 찌르는 것이 보통이다. 이번에도 담당 간호사가 혈관을 찾느라고 진땀을 빼다가 선임 간호사를 부르러 달려갔다.

나이 든 간호사가 와서 "주삿바늘이 굵어서 아플 거예요."라며 내 손등에 바늘을 꽂았다. 시간이 지나자 손등이 시퍼렇게 부어올랐다. 핏줄이 터져버린 것이다. 간호사는 미안해서 어쩔 줄을 모른다. 나는 아픔을 참으며 말했다.

"항상 혈관주사 맞을 때 겪는 일입니다."

전신마취를 하고 시술이 끝나서 회복실에 와서 의식이 돌아옴과 동시에 통증이 온몸을 훑는다. 링거주사, 무통주사, 혈액을 담는 통을 주렁주렁 달고 입원실에 오면 그때부터 누군가의 도움이 없이는 화장실 출입도 할 수 없는 처지가 된다. 퇴원하여 집에 오면 더 짜증스럽다. 샤워도 할 수 없고 거동하기도 불편해서 밖에 나가지도 못한다.

바야흐로 봄이 한창인 4월 하순인데 일과였던 산책을 할 수 없다는 게 야속하다. 식욕이 없어 먹는 게 부실해 여러 날 침대에 붙박이가 되니까 몸의 병이 마음의 병이 되어 무기력증과 우울증이 찾아온다. 사는 동안 몸에 칼을 댄 것이 몇 번이던가. 그때마다 수술보다 회복 과정의 어려움을 실감하였다. 더구나 팔순을 바라보는 나이가 되니까 며칠 누워있는 사이에 다리에 힘이 풀려 일어나면 비틀거린다. 매사에 의욕이 없어지니 육신과 정신이 온전한 건지 구별할 수가 없다. 이러다 치매 걸리는 건 아닐까 하는 두려움마저 생긴다.

어느 날 침대에 누워 배달된 주간 신문에서 대학 시절 내가 제일 좋아했던 「카라마조프 형제들」의 작가 도스토엡스키에 관해서 쓴 칼럼을 읽었다. 그 글에 의하면 도스토엡스키는 오랜 세월 간질뿐만이 아니라 만성 기침을 비롯한 호흡기 질환으로 평생 시달렸고 때로는 치질 때문에 앉지도 못했다고 한다. 이렇게 질병으로 고생하면서도 그는 오히려 '완벽하게' 건강한 사람들이 비정상이라고 생각했다는 것이다. 도스토엡스키는 "많은 사람들에게 질병은 바로 그들의 완벽한 건강이다. 건강에 대한 확신은 인간으로 하여금 끔찍한 허영심과 파렴치한 자기애에 빠지게 한다. 그런 인간은 자기만이 절대적으로 옳다고 확신한다. 그렇게 건강한 인간들이야말로 치료를 받아 마땅하다."(석영중 교수, 중앙SUNDAY 2018.5.5)라고 주장했다.

'완벽한 건강'이 질병이라니? 언뜻 궤변처럼 들린다. 그러나 곰곰이 생각하면 도스토엡스키의 말은 정곡을 찌르는 면이 있다. 나도 건강할 때는 영원히 살 것처럼 자신감에 넘쳐 기고만장해지고는 했다. 도스토엡스키의 삶에 대한 사랑은 그를 어떤 상황에서도 다시 일어서게 해주었다고 한다. 그는 살아있음, 그 자체를 사랑했다. "이 모든 상실에도 불구하고 나는 삶을 사랑한다. 열렬이 사랑한다. 삶을 위한 삶을 사랑한다. 나는 지금도 내 삶을 다시 시작할 준비가 되어 있다. 내 나이 벌써 쉰이다. 그러나 내가 지금 내 인생을 마무리 짓고 있는 건지 아니면 다시 시작하고 있는 건지 모르겠다. 이 점이 내 성격의 가장 두드러진 특징이다."라고 고백한다. 이와 같은 생명력과 삶에 대한 사랑이 도스토엡스키에게 닥친 모든 불행을 불후의 문학으로 변형시킨 원동력이라고 석 교수는 설명한다.

밤이면 요물처럼 찾아와 괴롭히는 통증이 도스토옙스키의 간질에 비하면 아무것도 아닌데 나는 너무 엄살이 심한 것 아닌가? 그런 생각이 들자 침대에서 떨치고 일어났다. 시술하고 3주 째 되는 화창한 봄날이었다. 팔을 어깨띠로 받치고 산책로에 나섰다. 봄 햇살에 눈이 부셔 늘 다니던 길인데도 다른 곳에 온 것처럼 낯설다. 입원해 있는 동안 나무들은 신록의 옷으로 갈아입었고 철쭉과 이팝꽃과 화사한 장미가 나를 반긴다. 나도 모르게 '이렇게 좋은 날'에 라는 노랫말이 입 밖으로 나왔다. '이렇게 좋은 날'에 왜 나는 죽을병도 아닌데 침대와 한 몸처럼 붙어 지냈나?

얼마 전에 읽은 '메디컬리제이션'이라는 칼럼도 생각난다. 백세 시대를 맞아 장수하는 노인들이 몸에 이상이 생길 때마다 이 병원, 저 병원으로 순례를 하는 현상을 사회학자들이 '메디컬리제이션(Medicalization)'이라는 용어를 붙였다는 것이다. 나이가 들면 지병 한두 개쯤 있는 것은 노화현상일 뿐인데 지레 스스로를 환자로 치부하고 약을 달고 사는 것은 본인뿐만 아니라 국가 재정도 축낸다고 고령화 사회로의 진입이 현실이 된 지금 '노화교육'을 의무화 해야한다 게 사회학자들의 주장이란다.

노화현상으로 시술한 어깨 통증은 시간이 지나면 사라지거나 아니면 죽는 날까지 더불어 살다 가야하리라. 그런데 죽을 것처럼 엄살을 떨며 신록과 꽃으로 충만한 봄의 절정인 '이렇게 좋은 날'에 칩거하고 있었던 나도 '메디컬리제이션' 환자이다. 이제부터는 공연히 헛돈 쓰면서 이 병원 저 병원으로 통증 치료한다고 순례하지 말아야겠다. 노화현상으로 생기는 몸의 통증을 자연스럽게 받아들이는 지혜를 배우고 싶다고 길가에 핀 장미꽃들에게 말했다.

"자연의 섭리에 따라 살다 가는 너희들이 내 선생님이구나."

(2019 문학시대수필집 동인지)

귀순병사의 기생충

비무장지대(JSA)에 군용차가 내달리고 있었다. 운전자는 그곳 지리를 잘 알고 있는 듯 빛의 속도로 달리더니 덜컥 차체가 어디에 걸린 듯했다. 멈칫하더니 운전자는 차에서 뛰어내려 남쪽을 향해 달리기 시작했다. 그때였다. 어디서 나타났는지 북한 병사들이 그를 향해 총을 난사하기 시작했다. 사생결단의 순간이었다.

그날 저녁 텔레비전에 방영되는 북한 병사의 귀순 장면은 그 자체가 영화의 한 장면이었다. 쓰러진 그가 죽었을까? 하고 생각하던 그 순간 화면이 흐려지고 희미한 물체가 그를 향해 포복하여 끌어냈다. 남한의 병사들이 그를 구출하였다.

세계의 유일한 분단국가에서 일어난 북한 병사의 귀순은 세계의 이목을 집중시켰다. 생명을 담보로 사선을 넘은 25세의 젊은 병사는 북한 병사들이 쏜 40여 발의 총알에 온몸이 '깨어진 항아리'처럼 만신창이가 되었으나 아주대 외상센터의 이국종 교수에 의해 목숨을 건졌다.

이후 이교수는 기자 회견에서 그 귀순병의 배에는 수십 마리의 회충과 몇 개의 옥수수 알갱이, 그리고 B형 간염을 앓고 있다고 브리핑을 했다. 며칠 후 의식을 되찾은 귀순병은 소녀시대의 노래를 즐겨 들었고 미국 영화도 보았다는 북한의 상류층 자제인데 17세에 입대하여 한 번도 건강검진을 받아본 적이 없다고 하였다. 북한의 상류층에 속하는 그의 건강 상태가 그럴진대 일반 국민의 생활이나 의료상태가 얼마나 열악한지 짐작이 갔다.

그런데 난데없이 한 국회의원이 이 교수가 귀순병사의 상태를 설명하는 과정에서 27센티의 기생충과 옥수수 알갱이 등등은 '북한 병사에 대한 인격테러'라고 공격했다. 이 뉴스를 들은 이국종 교수는 격앙된 어조로 TV에 나와 '생명을 살려내는 것이 환자의 진정한 인격'이라며 의사들 중에도 중증외상센터가 돈 먹는 하마라고 비난하는 사람이 있다며 비분강개하였다. 외상센터를 푸대접하는 의료계의 현주소를 비판하는 모습을 지켜보면서 우리 사회의 지도층 인사들, 소위 요직에 있는 권력자들의 이중적인 잣대를 생각하지 않을 수가 없다.

요즘 유행하는 말로 '내로남불(내가 하면 로맨스, 남이 하면 불륜)'의 생각을 가진 사람들이 많다는 생각이 든다. 촛불 혁명으로 탄생한 이번 정부가 표방하는 정책은 서민을 살리는 것이다. 그래서인지 정부 요직에 시민운동가들이 많은 게 특징이다. 그들은 서민 중심, 중소기업 중심 경제 정책을 표방하고 있다. 그런데 청문회 과정에서 겉과 속이 너무 다른 사람들이 많다는 사실이 드러나 국민을 실망시켰다. 시민운동가로서 공정과 정의를 부르짖어온 사람들이 속으로는 위장전입, 불법적인 재산증식, 논문표절 등으로 청문회에서 과정에서 탈락하였다. 시민운동가들이 어떻게 몇 십 억 원의 재산을 불렸을까? 그게 정상적인 방법으로 가능했을까? 만약 적법한 방법으로 재산을 불린 게 아니라면 '적폐청산'을 기치로 내세우고 수립된 정부 각료들이 과거 정권과 무엇이 다를 것인가?

내가 어렸을 때는 가난과 비위생적인 환경 때문에 몸의 피를 빨아먹는 곤충이 흔했다. 한 달에 한 번도 목욕하기 힘들던 그 시절에 우리 집에서는 정기적으로 식구들이 모여 머리와 몸을 뜯어 먹는 곤충 사냥에 나서곤 했다.

이 교수가 사실을 얘기한 것뿐인데 그것이 왜 '인격테러'라고 국회의원은 비분강개했는지 이해가 되지 않는다. 그는 어려서 호의호식해서 몸에 들끓었던 곤충의 공격을 받은 적이 없었던가? 기생충 얘기가 나오니까 문득 '올드 랭 자인'을 작곡한 스코틀랜드 시인 로버트 번스(Robert Burns)의 시(詩)가 생각난다.

18세기 말 시인 중의 한 사람인 번스는 정식 교육을 받지 못한 가난한 농부시인이다. 그는 스코틀랜드 방언으로 시를 써서 주석이 없으면 읽을 수가 없다. 그의 시를 읽다가 황당한 제목의 시를 발견했다. 「이에게(To a Louse)」라는 시였다. 체면을 목숨보다 중시했던 시인과 독자들은 이 제목을 보고 기절초풍했을 것이다.

왜냐하면 18세기 영국 사회는 인간의 이성(理性)과 상식을 중시하여 시를 쓸 때도 주제와 용어와 문체간의 조화와 일치를 강조한

디코럼(decorum)의 규칙에 맞추어야 했다. 번스는 그런 영시의 전통을 무시하고 자연과 사랑, 그리고 주변의 농부들의 일상을 시로 표현하였다. 여하튼 그의 시 소재는 '생쥐'나 '이' 같이 농부와 서민들에게 익숙한 사물들이다.

이 시의 내용은 비단 옷을 입고 비싼 모자를 쓴 귀부인이 교회에서 예배를 보고 있는데 그녀의 모자 위를 이가 유유히 기어 다닌다. 이를 본 화자(話者)는 네가 있을 곳은 하류층 사람들의 몸이나 옷인데 어떻게 고귀한(?) 숙녀의 모자 위를 기어 다니고 있느냐고 빨리 내려오라고 호통을 친다. 그러나 시의 마지막 연에서 화자는 자신의 잘못은 모르고 남의 잘못만 보는 인간의 위선을 고발한다.

> 아, 신께서 남들이 우리 허물을 보듯이
> 자신의 허물을 볼 수 있는 재능을 주셨다면
> 우리가 저지르는 많은 실수와 바보 같은 생각으로부터
> 자유로워질 텐데…
> 비단 옷 입고 거들먹거리며
> 겉으로만 경건한 척하지 않을 텐데….

상류층 사람들일수록 겉과 속이 다른 '내로남불'의 위선으로부터 자유롭지 못한 것은 동서양이나 비슷한 것 같다. 겉과 속이 같은 사람들을 발견한다는 것은 어쩌면 모래사막에서 사금을 캐는 것과 다를 바가 없는 것일까? 오늘따라 '무소유'를 실천하다 가신 법정스님이 생각난다.

(2018 문학시대 여름호)

나의 옛 제자

며칠 전 인사동 모임에 가는 길에 종로서점에 들러 류시화 시인이 쓴 『좋은지 나쁜지 누가 아는가』라는 책을 샀다. 역시 그의 문체는 산뜻하고 유려하다. 과거에 쓴 글보다 개인적 얘기들이 더 많아 흥미 있게 시간가는 줄 모르고 읽었다. 왜냐하면 그는 내가 대학에서 영어를 가르쳤던 제자 안재찬이기 때문이다. 그런데 '어떤 길을 가든 그 길과 하나가 되라'라는 제목의 글을 읽다가 멈칫했다. 그 에세이는 아래와 같이 시작된다.

대학시절에 자취방 얻을 돈이 없을 때면 학교 숲에서 밤을 새우곤 했다. 비가 내리거나 추운 날은 문리대 휴게실 창문을 넘어 들어가 커튼을 뜯어 엎고 잔 뒤, 아침 일찍 다시 걸어 놓고 나왔다. 자연히 몰골이 말이 아니었다. 장발에 수세미머리를 하고 다니기 시작한 것도 이때부터였다. 신발 밑창이 떨어져 걸을 때마다 펄럭이고, 밤의 한기를 견디기 위해 여름에도 검정 바바리코트를 입고 다녔다. 누가 봐도 학생의 모습이 아니었다. 자존심 때문에 사정을 밝히지 않아서 오해를 많이 받았다. 문학한다는 핑계로 일부러 지저분하게 하고 다닌다고 공개적으로 지적하는 '문학하는' 교수도 있었고….

그 '문학하는' 교수가 바로 나인 것 같다. 나 외에 다른 교수들도 있었겠지만 나는 안재찬을 만날 때마다 그의 옷차림을 심하게 나무랐다. 내 기억으로는 '공개적으로 지적한' 것 같지는 않지만. 그는 남루한 몰골로 내가 근무하던 학교 본관 2층 사무실로 가끔 찾아와서는 용건은 말하지 않고 그냥 뻘쭘하게 서 있곤 했다. 어느 날에는 IBM 타이프라이터를 손이 보이지 않을 정도로 치고 있는데 인기척이 나서 뒤를 돌아보니 그가 서 있어서 깜짝 놀랐던 기억이 난다.

그는 내가 담당했던 1978년 1학년 교양영어를 수강한 학생이었다. 당시에는 신입생들을 계열별로 모집해서 교양학부에서 교양과정을 가르치다가 2학년이 되면 전공별로 나누는 제도였는데 공교롭게도 그는 내 반에서 영어 강의를 듣게 된 것이다. 교실에서의 그는 금방 눈에 띄었다. 장발에 남루한 옷차림이 두드러져서다. 내 강의에 흥미를 보였는지, 학기말에 몇 점을 주었는지는 기억나지 않는다. 그리고 내가 총장 보좌관으로 일하던 곳을 어떻게 알고 찾아왔는지도 모른다.

국제회의 준비 때문에 동분서주했던 나는 그를 사무적으로 대했을 것이다. 게다가 노숙인 차림으로 학생들이 올 일이라고는 없는 웅장한 본관 건물 2층 사무실로 약속도 없이 찾아왔을 때 다정하게 용건을 물어볼 마음의 여유도 없었을 것이다. 우두커니 서 있던 그에게 나는 다짜고짜 그의 외모부터 나무랐다. 문학한다는 티를 그렇게 내야 되니? 너, 황순원 교수님을 봐라. 얼마나 단정하고 깨끗한 차림으로 강의실에 들어오시냐? 시를 쓰기 전에 사람이 되라, 등등. 나는 그가 나와 같은 성(姓)을 갖고 있어서 더 화가 났던 것 같다.

학기가 끝나고부터는 내게 오지 않았다. 그가 신춘문예에 시로 당선되었다는 소식을 다음 해에 듣고 다행이라고 생각했다. 그는 직장 생활에 적응할 타입은 아니라고 생각했기 때문이었다. 그리고 또 몇 년 후 이름을 류시화로 개명하고 시뿐만 아니라 명상서적과 번역서까지 낸다는 소식을 들었다. '언제 영어 공부를 그렇게 많이 했나?'라고 잠시 생각했을 뿐 나는 평교수들과는 달리 방학도 없이 일 년 열두 달을 국제 업무에 매달렸고 퇴근하면 주부로 돌아가서 늦게 낳은 두 아이들 건사하느라고 다른 생각할 마음의 여유가 없었다.

2008년에 정년퇴직을 하였다. 갑자기 나갈 데가 없고 할 일이 없어지니 마치 무중력 상태에 떠있는 기분이 들었다. 어떻게 시간을 보내나? 학교와 집을 오가며 오랫동안 보직을 맡은 관계로 가끔 해외출장을 가는 것 말고는 다른 일에 전혀 관심을 갖지 못하다가 24시간이 온통 내 몫이 되자 무장 해제가 된 병사가 된 듯 무기력해졌다. 뭔가 할 일을 찾아야했다.

사실 나는 글을 쓰고 싶었던 문학도였다. 소설을 쓰고 싶어 황순원 선생님이 계신 경희대학교를 택하여 장학생으로 입학했던 것인데 영어가 좋아서 영문과를 택했다. 속으로는 똑같은 문학이니까 한꺼번에 두 마리 토끼를 잡을 속셈을 갖고 있었던 것이다. 그러나 현실은 달랐다. 장학금을 놓치지 않기 위해서 학점을 잘 받아야 했고 전액장학금과 매달 나오는 용돈을 받는 특대생을 놓치지 않기 위해서는 영어로 쓰인 시와 소설만을 읽어야 했다. 1학년 때 황 선생님 강의를 열심히 들어서 선생님의 관심을 받게 된 덕분에 4년 동안 선생님과 가끔 술자리를 같이 하는 행운(?)으로 대리 만족하면서.

집에 있게 되자 뒤늦게 옛날의 꿈이 되살아나서 우리나라 작가들의 작품을 읽기 시작했다. 정호승, 류시화 시인의 시를 비롯해 박완서, 박경리 선생님의 작품을 읽었으나 글쓰기 공부는 뜻대로 되지 않아 나의 문학적 재능에 회의를 갖게 되었다. 그래도 기억의 창고에 저장해둔 얘기들을 꺼내 1999년에 별세하신 어머니와 나의 운명을 결정해준 선생님들에 관해서 누에고치가 실을 풀어내듯 매일 습작을 했다.

그런 어느 날 학교에 근무하는 제자가 전화로 개교 60주년 기념으로 경희대 국문과 출신 문인들이 『내 사랑 목련화』라는 책을 출판했는데 그 책에 류시화 시인이 쓴 「인간이 무엇이라고 생각하는가?」라는 글에 나에 관한 대목이 나온다면서 책을 보내주었다. 설립자 조영식 박사는 우수 학생 유치를 위해 특대생제도와 더불어 문예장학생제도를 두어 전국에서 우수한 인재들을 모았기 때문에 어느 대학보다도 문인들을 많이 배출했다. 그래서 문인들 사이에는 '경희 사단'이라는 말까지 돌고 있다고 했다

류시화 시인의 글은 나는 까맣게 잊고 있었던 사실을 환기시켜 주었다.

문예장학생으로 국문학과에 입학했지만 낙제를 하게 되었다는 얘기로부터 시작한 그는 학교를 포기해야만 하는 절박한 사정에 처하게 되었다고 한다. 가족과도 결별했고, 잘 곳이 없어 떠돌던 그는 문득 학교 본관 건물로 걸어가 총장과 면담을 신청했다. 그의 글을 옮겨본다.

> 학교를 다니고 싶었다. 나는 혼자가 아니라고 느끼고 싶었는지도 모른다. 국문학과 교수들은 이미 나에 대해 고개를 저을 준비를 하고 있었다. 당연히 총장과의 면담은 무산되었다. 장발머리를 하고 찢어진 신발을 펄럭이며 다니는 낙제생을 누가 반갑게 껴안아 줄 것인가. 나는 다음날도 또 다시 찾아갔다. 달리 갈 곳이 없었기 때문이다. 본관 건물의 복도는 이상하게 한낮에도 음산하다. 그 복도에 서서, 며칠을 기다리며 매일 한 편의 시를 썼다. 「계속되는 일곱 편의 시」를 썼을 때, 영어를 가르친 안영수 교수가 지나가다 나를 발견했고, 그녀가 선뜻 총장실의 문을 열어 주었다. 아마 그녀는 이 일을 잊었을 것이다. 잊지 말아 달라고 말하고 싶다. 그렇지 않으면 내가 지금에 와서 감사하다고, 그때는 정말 눈물 나도록 감사했다고 말해야 너무 늦었을 테니까.(-『내 사랑 목련화』 중에서)

조영식 총장이 그의 사정을 듣고는 즉시에 장학금을 주겠노라며 그 자리에서 교무과장에게 전화를 걸어 올라오게 하신 다음 그에게 불쑥 물었단다. "글을 쓴다고 하니 묻겠네만, 인간이 무엇이라고 생각하나?" 그는 이제부터 인간에 대해 탐구하겠노라고, 그리고 말할 수 없이 감사하다고 말하고 나왔단다. 참 멋진 장면이다.

류시화 시인의 그 다음 문장이 나를 부끄럽게 했다.

> 총장은 국문학과 교수들처럼 내게 따져 묻지 않았다. 학생이 왜 수업에 안 들어갔느냐고. 왜 시험을 제대로 보지 않았느냐고. 학생이 왜 그런 옷차림으로 다니느냐고. 그런 것에 대해선 한마디도 묻지 않았다. 다만 그는 문학을 하는 내게 진지한 목소리로 '인간이 무엇인가?'를 질문했다. 그리고 매우 보잘것없고 오히려 비정상적이기까지 한 내게, 가진 것이라곤 신춘문예 당선작이 실린 이미 색이 바랜 신문 조각 밖에 없는 내게 선뜻 도움과 이해의 손길을 내밀어 주었다.

류시화 시인이 58년생이라니까 환갑이 지났을 게다. 지난 40여 년 동안 본인이 원하던 대로 인도, 네팔, 티베트 등의 명상 센터를 찾아다니며 영적 스승들도 만났고 시와 명상에 관한 많은 책을 썼다. 그의 젊은 날의 광기와 가난, 그리고 주체할 수 없었던 방랑벽이 타고난 재능의 밑거름이 된 그의 글은 많은 독자들에게 영감과 감동을 준다. 그의 진면목을 알기에는 짧은 사제 간의 만남이었지만 나는 그의 외모만으로 선입견을 가지고 그를 판단하고 꾸짖었다. 그가 왜 그렇게 남루하게 하고 다니는 이유를 알려고 하지 않았다.

그런 나를 그가 용서할 수 있을 것 같다는 믿음을 그의 글 「누구도 우연히 오지 않는다」에서 느낀다.

모든 일은 이유가 있기 때문에 일어나며, 우리가 만나는 사람들도 이유가 있어서 만난다고 나는 믿는다. 누구도 우리의 삶에 우연히 나타나지 않는다. 누군가는 내 삶에 왔다가 금방 떠나고 누군가는 오래 곁에 머물지만, 그들 모두 내 가슴에 크고 작은 자국을 남겨 나는 어느덧 다른 사람이 되어 있다.

이 글의 끝머리에 그는 이렇게 쓰고 있다.

당신이 내 삶에 나타나준 것에 감사한다. 그것이 이유가 있는 만남이든, 한 계절 동안의 만남이든, 생애를 관통하는 만남이다.

나도 내가 교수였을 때 그를 만난 것에 감사한다.

(2019 문학시대 동인사화집 31집)

등대

우리 가족은 일 년에 한 번은 여행을 간다. 금년에도 한 달 전부터 딸과 며느리가 의논하여 여행 계획을 세워 작년에는 여수로 갔으니 이번에는 부산으로 가기로 했단다. 연휴가 낀 6월 초에 아들, 며느리, 사위가 휴가를 냈고 전업주부인 딸이 인터넷으로 꼼꼼히 알아본 다음에 기장에 있는 펜션을 예약했다.

5월 말에는 비 한 방울 오지 않고 덥던 날씨가 하필 우리가 여행 떠나는 날부터 남쪽에 비와 돌풍이 몰아친다는 일기예보를 듣고 남편은 여행을 연기하든지 포기하는 게 어떠냐고 했다. 그는 여행을 그리 좋아하는 편이 아니어서 가도 그만 안 가도 그만인 그런 식이다. 딸이 펜션에 전화로 환불이 되느냐고 물었지만 연휴가 낀 주말이어서 도저히 안 된다는 것이고, 항상 긍정 마인드의 소유자인 며느리는 비가 많이 오면 펜션에서 낮술이라도 먹으며 놀면 되지 않느냐면서 일정대로 떠나자고 했단다.

내키지 않았지만 우리 내외는 딸네 식구들과 함께 KTX로, 아들네는 차로 부산으로 떠났다. 오후에 부산에 도착하니 날씨는 좋기만 하였다. 기상예보가 빗나간 건지 저녁부터 비가 올 건지는 알 수 없지만 우리는 서울역보다 더 부산한 역 근처에서 점심을 먹고 렌트카로 우리가 머물 펜션으로 출발하여 40여 분 걸려 도착하였다. 요즘 부산에서 핫 플레이스로 뜨고 있다는 곳이란다.

딸이 예약한 곳은 몇 발자국만 걸어 나가면 손으로 바닷물을 만질 수 있는 펜션 3층이었다. 바다가 없는 지방에서 자란 나는 바다에 대한 로망이 있어서 제주도에 갈 때마다 식구들이 위험하다고 말려도 해뜨기 전 새벽에도, 어두워진 저녁에도 혼자 바다가 보이는 높은 곳까지 올라가 바다를 바라보며 테니슨(Alfred, Lord Tennyson)의 시 「철썩, 철썩, 철썩(Break, Break, Break)」 중에서 '그대의 차가운 회색 바위에 부서져라, 오 바다여!/ 마음속에 일어나는 온갖 생각을/ 나의 혀로 표현할 수 있었으면 좋으련만…'이라는 구절을 떠올리곤 했다. 그런데 이처럼 바다와 가까운 곳에 머물게 되다니! 가슴이 뛰었다. 펜션에 도착하자마자 베란다로 나가 바다를 바라보았다. 구름으로 덮인 하늘과 바다는 회색 도화지에 가로로 한 줄이 그어진 것 같았다. 바다에서 불어오는 바람에 도시에서 찌든 허파가 생기를 되찾는 느낌이었다. 파도소리가 리드미컬했다.

남편과 나는 피곤해서 한 잠 자고 나머지 식구들은 자기네 가족끼리 산책을 나가거나 마트로 장을 보러 갔다. 자고 일어나 다시 베란다로 나가보니 가랑비가 내리기 시작하였다. 비가 오는 대로

운치가 있었다. 파도소리가 더 크게 들렸다. 나갔던 손녀들이 뛰어 들어와 소리쳤다.

"할머니, 등대가 있어요. 거기 가서 사진도 찍었어요."

"등대라고? 멀리 있니?"

"아니요. 조금만 가면 있어요."

펜션의 시설은 흠잡을 데가 없었다. 방이 네 개에다 화장실도 두 개, 그리고 서재의 서가에 책들도 많이 꽂혀있고 주방도 넓었다. 아마도 건축주가 살림집으로 지어 살다가 펜션으로 바꾼 듯했다. 어느새 넓은 마루에서 다섯 살 손녀부터 열 살, 열두 살 쌍둥이들이 숨바꼭질하느라고 숨고, 찾으러 뛰어다니며 놀고 있다. 법정스님이 『오두막 편지』라는 수필집에 '여행은 어디를 가느냐보다도 누구와 함께 가느냐가 훨씬 중요하다'고 쓴 것처럼 나도 어디를 가서 무엇을 먹느냐보다 누구와 무엇을 하느냐가 더 중요하다고 생각한다. 우리 열 식구가 함께 있는 곳이라면 어디라도 좋다. 어린 손주들이 신바람나게 뛰어다니며 좋아하는 곳이라면 더 이상 바랄 게 없다. 딸과 며느리, 그리고 아들과 사위는 무슨 할 말이 그리 많은지 만나기만 하면 술잔을 기울이며 시간가는 줄을 모른다.

다음날 새벽에 우리 부부는 잠이 깨어 베란다로 나갔다. 바다는 보이지 않고 잔잔한 파도소리만 들렸다. 다른 식구들은 밤늦게까지 놀다 각자의 방에 들어가 잠이 들었는데 아들만이 마루에서 큰 대(大)로 누워 이불도 덥지 않고 자고 있었다. 우리는 살그머니 현관을 나와 등대가 있다는 쪽으로 걸었다. 다리가 좀 불편한 남편은 천천히, 등대를 빨리 보고 싶은 나는 빠른 걸음으로 걸었다. 손녀들 말처럼 10여 분쯤 갔더니 어선들이 정박한 곳 가까이 어망과 어구들이 널려있는 곳에 등대로 가는 좁은 길이 나왔다. 상상했던 것보다는 작고 빨간 페인트칠을 한 등대가 새벽안개에 싸여 있었다. 나는 어린애처럼 달려 계단으로 올라갔다. 바닷바람이 쏴아 하고 내 얼굴을 향해 달려들었다. 생전 처음으로 등대 위에 올라간 나는 동심으로 돌아간 듯 흥분해서 멀리서 걸어오는 남편을 향해 손을 흔들며 어서 오라고 소리쳤다. 우리는 등대 위에 올라가 파도가 철썩이는 새벽 바다를 한동안 바라보다가 스마트폰으로 기념사진을 찍었다.

문득 대학 시절에 탐독했던 버지니아 울프(Virginia Woolf)의 자전적인 소설 『등대로(To the Lighthouse)』가 생각났다. 한때는 울프와 같은 글을 쓰고 싶어서 '의식의 흐름' 기법으로 쓴 그녀의 소설의 의미를 잘 이해하지 못하면서도 매료되었던 적이 있다. 『등대로』는 작가의 자전적인 요소가 가장 많은 작품으로 등장인물들 중 램지 부부는 다름 아닌 울프의 부모가 모델이라고 한다. 스코틀랜드 서해안의 섬에 있는 별장이 소설의 배경이다. 제1부 '창(窓)'에서는 가족의 여름 별장에서 피서를 보내는 철학교수 램지의 6세 아들 제임스가 멀리 있는 등대에 가고 싶다고 조른다. 엄마 램지 부인은 그러마고 약속을 하지만 날씨가 나빠서 그해 여름에는 가지 못한다. 제2부 '세월은 흘러서'에서는 10년이 흘렀다. 그동안에 램지 부인뿐만 아니라 제임스의 형과 누이가 죽었다. 여전히 등대로 가는 약속은 지켜지지 않았다. 제3부 '등대'에서는 살아남은 사람들만이 다시 그 별장에 모인다. 제임스의 나이는 어느덧 16세가 되었고 상처(喪妻)한 램지 교수는 매사에 의욕을 상실했다. 이번에는 다행히 날씨가 좋아 제임스는 10년 전에 못 갔던 등대에 아버지와 여동생 캠과 함께 간다. 그들의 배가 등대에 도달함과 동시에 별장 앞뜰에서는 여류화가 릴리가 10년 동안 미완성으로 두었던 램지 부인의 초상화를 완성한다. 그래서 소설 속의 램지 부인은 이 세상에 없지만 주위의 사람들의 기억 속에는 불멸의 존재로 남게 된다는 이야기다.

울프는 열세 살 때 어머니의 죽음으로 처음 정신 이상 증세를 보이기 시작한 이후 몇 차례의 정신 질환을 앓고 자살 기도를 하다가 결국 1941년에 투신자살로 생을 마감했다. 소설에서처럼 울프에게 그녀의 어머니는 불멸의 존재였다고 한다. 울프는 자신의 삶을 비춰주는 등대 같은 어머니가 돌아가시자 살아야 할 의미를 상실했을 것이다. 울프뿐만 아니라 인간에게는 누구나 등대 같은 존재가 있거나 있어야 하지 않을까.

나에게도 엄마는 등대였다. 고등학교 졸업하고 대학 진학을 하지 못해서 우울증으로 자살을 생각했던 적이 있었다. 불면증에 시달리며 온갖 나쁜 상상에 괴로워하는 내게 엄마는 몹시 추운 겨울날 한밤중에 큰소리로 꾸짖었다. 내가 너처럼 나약했으면 어린 자식들을 데리고 어떻게 살아남았겠느냐고. 순간 정신이 번쩍 들었다. 그 이후로 나는 절망의 터널을 조금씩 벗어나기 시작했다. 사람은 절망의 밑바닥까지 닿으면 본능적으로 다시 올라오고 싶어진다는 것이 엄마의 지론이었다. 6·25전쟁 이후 정신적, 물질적인 결핍을 극복하고 이렇게 살아남은 것은 좌절할 때마다 엄마가 밤바다의 등대처럼 캄캄한 내 앞길을 비추어주셨기 때문이라고 믿고 있다.

바다가 조금씩 붉어졌다. 수평선 너머 해가 손톱만큼 올라오더니 갑자기 주변이 환해진다. 이번 여행의 백미는 50년을 함께한 남편과 같이 등대 위에서 일출을 본 것이다. 어쩌면 남편과 나는 서로의 등대가 되어 반세기를 나란히 같은 길을 걸어왔는지도 모르겠다.

(2019 문학시대 동인사화집 31집)

일탈(逸脫)

교육부 감사 때문에 아침 7시에 우유 한 잔 마시고 집을 나섰지만 가뜩이나 밀리는 동부간선도로가 비 때문에 거의 움직이지 않았다. 마음은 급한데 굼벵이처럼 가니 짜증이 나기 시작했다. 학교에 도착해서도 감사 결과가 궁금해서 일이 손에 잡히지 않았다. 다행히 점심때쯤 별일 없이 끝났다고 감사관들이 인사하러 와서 내 처신에 맞게 고맙다는 인사를 했다. 그들이 떠나자 피로가 확 밀려왔다. 직원들은 눈치 채지 못했겠지만 누울 자리만 생각났다.

서둘러 퇴근해서 전기패드를 켜고 누웠지만 으슬으슬 추웠다.

그러나 저녁 약속 때문에 오래 쉴 수가 없었다. 약속을 취소할 수 있는 자리라면 당장 연락을 하겠는데 1년 만에 모이는 중요한 모임이라서 빠질 수가 없다. 피로와 짜증으로 범벅된 마음으로 우산을 쓰고 빗속으로 나갔다. 내 성질에 못 이겨 다리가 후들거려 발걸음조차 허둥댄다.

다행히 아파트 광장 앞에 택시 한 대가 있었다. 휴―우.

성북동으로 가자고 하며 뒷좌석에 앉았다. 기사가 라디오 볼륨을 높였다. 라디오에서 5시를 알리는 시그널과 함께 음악이 흘러나왔다. 여가수가 허스키로 부르는 발라드였다. 가수 이름도 모르고 노래 제목은 더더욱 모르는데 그 노래를 듣고 있으니 마음을 옥죄던 짜증이 스르르 풀리는 느낌이었다. 오늘 같이 비 오는 날에 들으면 누구나 나처럼 마음의 빗장이 풀릴 낮고 감미로운 음성으로 빗속으로 사라져간 애인을 그리워하는 내용의 노래였다.

나는 몸을 뒷좌석에 더 파묻고 차창 밖을 바라보았다.

가랑비가 택시의 유리창에 구슬처럼 흘러내리면 윈도우 실린더가 씻어 내린다. 날이 섰던 마음이 푸새한 빨래에 물을 뿜은 듯 촉촉해진다. 약속도 취소하고 싶을 만큼 피곤하고 짜증스러웠던 조금 전의 기분은 어디로 간 것일까? 전 같으면 차가 막히면 택시비가 올라갈까봐 조바심을 쳤는데 오늘은 느긋하게 창밖을 내다보며 음악을 좀 더 음미하고 싶었다.

택시가 목적지에 도착했지만 나는 약속 장소에 바로 가지 않고 걷기 시작했다.

약속을 칼 같이 지키는 버릇을 갖고 있는 내게 흔치 않은 변덕이다. 나는 우산을 쓰고 성북동 경신고등학교 앞에서부터 언덕을 천천히 올라가며 사방을 살폈다. 과학고등학교 앞에는 우거진 나무들 사이에 아담한 정자가 있었다. 길가에는 나리꽃들이 비를 머금고 싱그럽게 피어있고 통유리로 된 식당에는 이른 저녁을 먹는 젊은 커플의 모습이 정겹다. 조용히 내리는 이슬비를 맞으며 무성

영화에 나오는 인물들처럼 움직이는 사람들과 동화되어 나조차 캔버스의 조그만 사물처럼 느껴진다. 오랜만에 맛보는 편안함이다.

만약에 외출하지 않고 집에 있었다면 어땠을까?

여기저기 아프다고 찡그리며 침대에서 뒹굴고 있었을 것이다. 나는 젊었을 때도 퇴근하고 집에 가면 다시 외출하는 것을 싫어했다. 심지어 아이들과 외식하러 나가는 것조차 귀찮아했다. 에너지가 고갈되어 저녁 시간을 바깥에서 보낼 마음의 여유가 없었던 것이다. 그냥 집에서 편한 옷으로 갈아입고 화장 지운 민낯으로 뒹구는 게 좋았다. 그러니 문화생활과는 거리가 멀어 영화, 미술관, 박물관 등에는 가뭄에 콩 나듯이 갔을 뿐이다. 무미건조한 일상이었다.

미국의 작가 이스트만(Max Eastman)은 「낭만적인 사람들」이라는 수필에서 사람을 두 가지 유형으로 나눌 수 있다고 하였다. 그 유형을 구분하기 위해 사람들을 보트에 태우고 강으로 나가면 한 떼의 사람들은 경치를 구경하기 위해 선상 위로 올라가고 다른 무리는 선실로 들어가 자리 잡고 앉아 목적지에 닿아서 무엇을 할 것인가를 생각하거나 아니면 멍하니 앉아 담배를 피운다. 전자는 강을 건너는데 관심을 갖고 있는 반면에 후자는 목적지 도착에만 관심을 갖는다. 이스트만은 목적지 도착에만 관심을 갖고 있는 사람들을 가리켜 '실용적(practical)'이라 하고 무엇이든지 경험하는데 관심을 가진 사람들을 '낭만적(poetic)'이라고 했다. 이 두 부류의 사람들에 대하여 그는 부연설명을 하였다. 즉 실용적인 사람은 사람들이 중요하다고 생각하는 목적 달성에만 매진한다. 전자는 돈을 벌고 체면을 유지하고 가능하면 가족들을 잘 부양하여야 한다는 책임감으로 사는 사람을 가리킨다. 사회적으로는 '낭만적'인 사람보다 더 존경을 받는다. 이 풍진 세상에서 - 질병과 기아, 억압, 불행, 그리고 임박한 죽음에 대한 공포로 가득한 - 살아남기 위한 경쟁에서 이기는 것 외에 어떻게 다른데 신경을 쓸 수 있단 말인가?

그러나 이스트만은 '실용적'인 사람보다 '낭만적'인 성정을 가진 사람을 선호한다.

낭만적인 사람들은 사물의 가치를 사랑하는 사람들이라는 것이다. 그들은 주어진 환경에 적응하기 위하여 노력하기보다는 그 환경과 친숙해지려고 노력한다. 그들은 설명할 수 없지만 어떤 깊은 '삶의 의지'를 실현하기 위해 세상을 경험하려는 소망을 가진다. 그것이 '낭만적인 성격'의 핵심(essence)이라고 주장한다.

나는 이론적으로는 이스트만의 주장에 공감하면서도 생활은 정 반대로 '실용적'이다. 변화를 싫어하고 돌발적인 상황을 두려워한다. 그래서 예측이 가능한 사람과 일이 좋았다. 젊어서 해외출장을 여러 번 다녔지만 정해진 일정을 소화하고 숙소로 돌아오면 저녁에 야시장을 구경하거나 밤 문화를 즐기려 나가본 적이 없었다. 다음날의 일정을 위해 체력을 비축하려면 충분히 쉬어야 하기 때문에 호텔에서 다음날 아침까지 꼼짝하지 않았다. 이국적인 도시의 풍물을 구경한다거나 전통요리를 맛보고 싶은 호기심이 없었다. 말로는 '낭만적 인생'을 추구하였지만 생활은 지극히 '실용적'인 속

물근성에 사로잡혀 있었다고나 할까.

요즘 '꽃보다 할배', '꽃보다 청춘' 등 여행 리얼리티 프로그램을 즐겨보는데 그동안 놓친 것들이 너무 많았다는 자책을 하게 된다. 뭐가 그리 급하다고 항상 서둘렀을까? 여행의 시작과 끝 중간에 있었던 과정들(길거리 풍경, 시장, 그리고 현지 사람들)을 관찰하고 즐기지 못했는가? 나는 여행의 참 멋을 모르고 무미건조하게 살아왔던 것이다.

여행뿐만 아니라 내 인생도 마찬가지다. 나는 목표가 생기면 그 목표를 달성할 때까지 옆도 돌아보지 않았다. 오죽하면 결혼 전에 동생들이 일에 몰두한 내 옆에 오기도 두렵다고 했을까. 일에 몰입했을 때 누가 말을 붙이면 방해받는 것이 싫어서 불같이 화를 냈기 때문이다. 한마디로 매사를 즐길 줄 모르고 오로지 목표만 바라보고 살아온 인생이다. 먹고 사는 문제에만 천착했던 참 재미없고 단조로운 삶이었다.

오늘처럼 짜증내며 어쩔 수 없이 약속을 지키려고 나왔다가 이슬비 오는 가라앉은 도시에서 마치 에디트 피아프의 샹송이 흐르는 파리의 비 오는 거리를 걷듯 애상(哀想)에 잠겨, 잊고 살았던, 아니 사라졌다고 생각했던 감성이 되살아나는 일탈을 경험하다니…. 비가 가져다준 선물인가 아니면 70여 년의 삶의 허무를 관조하게 된 것인가. (2018 문학시대 동인사화집 30집)

'잔인한' 코로나 팬데믹

며칠 만에 나간 산책로에는 갖가지 봄꽃들이 피어 눈이 부셨다.

이미 목련꽃잎은 하나 둘 떨어지고, 라일락은 보랏빛 입술을 내밀고, 벚꽃은 흰 꽃송이가 솜사탕처럼 가지마다 달려있다. 기상 관측 사상 이래 가장 춥지 않은 겨울로 기록되었다더니 철쭉도 꽃망울을 터트리고 길섶에는 메마른 땅에서도 살아남은 노란 민들레꽃이 존재감을 드러낸다.

모처럼 환상적인 봄 날씨가 나를 들뜨게 한다.

코로나19 신종 바이러스 감염증이 한국에 퍼지기 시작한 지난 두 달 동안 외출도 못하고 '집콕'을 해서 '코로나 블루'에 걸릴 만큼 우울했는데 주변의 초목과 꽃들의 치유 기능을 새삼스럽게 깨닫는다.

작년 12월 코로나19가 중국의 우한에 퍼졌을 때만 해도 남의 나라 얘기인 줄만 알았다. 2월 19일 우리나라에 첫 확진자가 나타난 이후 중국인들의 입국을 막지 않아 신천지교회의 집단감염으로 확산되자 정부는 국민들에게 마스크 쓰기와 '사회적 거리두기'를 강조하며 외출을 자제하고 사람들과의 접촉을 피하라고 했다. 그럼에도 불구하고 확진자가 무서운 속도로 늘어나자 서구 언론들은 코리아를 '코로나'라고 비아냥거린다는 신문기사도 있었다. 미국과 유럽에서는 신종 바이러스가 아시아인들에게만 퍼지는 '코로나는 아시아 병'이라고 조롱했다.

2020년 4월은 전 인류에게 '잔인한 달'로 기억될 것 같다. 봄이면 열리던 전국의 수많은 봄꽃 축제가 취소되었고 서울에도 벚꽃으로 유명한 양재천과 여의도의 벚꽃 길도 차단막으로 사람들의 발길을 막아 놓았다. '사회적 거리두기' 지침 때문이다. 지금껏 살아오면서 봄나들이를 마음대로 가지 못한 적이 있었던가. 만나고 싶은 친구들도 타의에 의해 만나지 못한 적이 있었던가. 코로나19 팬데믹은 개인의 일상을 송두리째 뒤흔들고 있다.

그래서 '4월은 잔인한 달'로 시작되는 T.S. 엘리엇의 장시(長詩) 「황무지」가 내 기억 속에 묻혀있는 유학 시절을 소환했다. 70년대 중반에 벨기에로 유학을 갔었다. 영문학 전공자가 영어 상용국이 아닌 벨기에로 가는 것이 내키지 않았지만 전액 장학금을 받는 조건이어서 도전했다. 나는 소설을 전공하려고 했다. 그러나 내게 배정된 지도교수가 영시 전공이라 내 의지와 상관없이 영시를 공부하게 되었는데 그는 엘리엇 연구로 유명한 학자이며 신부님이셨다.

첫날 지도교수의 첫 강의에 들어갔을 때 읽던 시가 「황무지」였다. 나는 시의 내용조차 이해할 수가 없었다. 1차 세계대전 이후의 유럽의 정신적인 황폐와 혼란을 묘사했다고 젊은 지식인들에게 선풍적인 인기를 끌었던 433행의 「황무지」는 참고문헌까지 달려 있을 만큼 난해하다. 내 실력이 이것 밖에 안 되나 하는 절망감으로 5층 기숙사 방에서 뛰어내리고 싶을 정도였다. 두 학기를 내리 강의를 듣고서야 겨우 입문이 가능해졌다.

그러는 동안 나의 자존감은 점점 무너졌다. 엘리엇 시를 이해하기 위해서는 기독교 문명과 수많은 고전 작품들에 대한 지식이 필요한데 나는 영어 텍스트조차 해석하기 힘들었다. 그러니 유학생활을 하는 내내 주눅이 들 수밖에. 게다가 벨기에는 언어의 천국이어서 대학을 나온 사람들은 몇 개 국어를 말할 줄 알았다. 영어만 하기에도 벅찬 나는 독일어, 불어, 라틴어 등을 유창하게 구사하는 지도교수 앞에 서면 쥐구멍에라도 들어가고 싶을 만큼 열등감을 느꼈다.

언어뿐만 아니라 외모로 인한 모멸감도 여러 번 경험했다.

머리 컷을 하러 간 미장원에서 머리카락이 굵어 자르기가 힘들다고 헤어드레서가 투덜댔다. 바닥에 떨어진 내 머리카락들은 다른 고객들의 명주실 같은 갈색 머리카락에 비해 돼지털 같았다. 그 후부터는 한국인의 집에 가서 커트를 했다. 안경점에서는 내 코가 납작해서 안경 맞추기가 어렵다는 얘기도 들었다. 이런 경험 탓인지 유럽에 대한 내 마음은 이중적이다. 그들의 선진 문화에 대한 부러움과 동시에 아시아인들에 대해 갖고 있는 그들의 우월감으로 인한 콤플렉스다. 체류 중에 둘러본 이탈리아와 프랑스,

독일, 그리고 영국의 거대한 건축물과 문화유산에 대한 경외심은 로망으로 남아 몇 번이나 유럽 여행을 하며 과거의 추억을 떠올리곤 했다.

이런 나의 이중적 태도에 균열이 생겼다. 코로나 팬데믹에 선진국임을 자부했던 그들이 민낯을 드러낸 까닭이다. 20세기 1, 2차 세계대전을 거치며 미국은 세계 경찰로서 세계를 장악했고 유럽의 EU 국가들이 국제 질서를 주도해 왔다. 이 선진국들이 코로나19라는 신종 바이러스 감염증에 여지없이 무너지고 있다. 개인의 자유와 행복과 권리가 보장되어 가장 살기 좋은 복지국가라고 부러워했는데 바이러스와의 전쟁에서 속절없이 무너지는 모습이 마치 좀비 영화를 보는 듯하다.

우리가 동경하던 선진국들이 확진자를 가려낼 의료장비와 병상이 모자라 고령의 중증환자들은 치료를 포기할 정도이고 폭증한 사망자를 안치할 곳이 없어 냉동 트럭으로 수십 구씩 옮겨 교회나 성당의 바닥에 눕혀놓은 TV 장면은 믿기지 않는다. 유럽 각국들은 공공의료 비중이 높고 안정적 의료보험체계를 갖추었다고 알려져 있었는데 막상 이번 사태가 일어나자 공공복지에 가려진 어두운 진면목이 드러났다. 의료서비스 수준은 낮고 병상, 의료장비, 전문 인력 등도 부족하다고 한다.

미국과 유럽 선진국들은 코로나19가 한국을 비롯한 아시아로 번졌을 때 지금과 같은 팬데믹(세계적 대유행)을 예상하지 못하고 방심하였다. 방심의 결과는 너무나 엄청나다. 이탈리아로부터 생겨난 집단 감염증은 들불 번지듯 유럽 전체로 퍼져서 하루에 확진자가 천 명을 넘고 사망자도 우리나라와는 비교도 안 될 정도로 많다. 중앙일보 고대훈 논설위원은 「서양 우월주의의 종언?」이라는 칼럼에서 다음과 같이 썼다.

> 명색이 G7 선진국인 독일, 영국, 프랑스, 이탈리아의 허상이 드러났다. 전염병으로 하루에 몇 백 명씩 떼죽음이 이어지는 나라들이 사회주의적 복지의 모델이었다는 사실에 자신들조차 놀랐다. '요람에서 무덤까지'를 자랑하던 영국, 유럽의 경제 기관차로 불리는 독일, 삶의 기쁨을 누린다는 프랑스, 달콤한 인생을 노래하는 이탈리아, 15세기 대항해 시대를 열었던 스페인은 과거의 영광에 그저 머물러 있었던 것인가. '하나의 유럽'을 꿈꾸는 유럽공동체 정신마저 사라졌다…. 세계를 지도할 선진국이라고 부르기도 민망하다. 대서양동맹도 사실상 와해됐다….(중앙일보, 2020. 4. 3)

1921년 「황무지」가 발표되자 평론가들과 독자들은 이 시를 '잃어버린 세대에 관한 표현(the expression of the lost generation)'이라며 환호했는데 만약 엘리엇이 살아 있어서 코로나19로 인한 작금의 서구 선진국들의 혼란상을 보았다면 여전히 '4월은 잔인한 달'이라고 선언하지 않았을까?

요즘 많은 젊은이들은 취업이 너무 어려운 나머지 우리나라를 '헬조선'이라고 부르며 외국으로 나갈 궁리를 한다. 내가 젊었을 때 외국을 동경하였던 것처럼. 그런데 코로나19로 인해 선진국에 대한 시각에 회의를 품게 되었다. 외신들은 우리나라의 뛰어난 의료 시스템에 감탄하고 있다. 방역체계와 진단능력, 투명한 정보공개, 공짜에 가까운 검사비용 및 치료비 등을 부러워한다. 공공장소마다 비치된 손 세정제, 마스크 착용이 일상이 되고 '사회적 거리두기'를 자발적으로 실천하는 성숙한 시민의식을 높이 평가한다. 무엇보다도 미국을 비롯해서 유럽에서 미친 듯이 사재기하는 시민들과 달리 마트마다 가득 찬 물건과 빠른 택배서비스 등도 신기한 모양이다.

4월의 절정에서 활짝 핀 벚꽃 길을 마음대로 걷지 못해 아쉽지만 아쉬움은 잠시 접어두고 우리 모두가 자발적인 '사회적 거리두기'를 실천해야겠다. 보이지 않는 바이러스와의 싸움에서 이기려면 이런 불편함은 감수해야 하리라.

(2020 문학시대 여름호)

사회적 거리

저녁 설거지를 하고 있는데 휴대폰이 울렸다. 심심해서 못 견디겠다고 수다를 떨 친구를 떠올리며 전화를 받았다. 역시 친구 K다.

"얘, 심심해 죽겠다. 하루 종일 집에서 삼시세끼 밥 차려주다 보니 짜증나고 미칠 것 같아."

"그럼 어떡하니? 사회적 거리를 두라는데. 하긴 매일 쏘다니던 넌 좀이 쑤시겠다."

"좀 쑤실 정도가 아니라 머리가 돌겠다. 끼니때는 왜 그렇게 빨리 오냐? 세끼 꼬박꼬박 찾아 먹는 남편도 꼴 보기 싫구. 그놈의 신종인가 나발인가 하는 코로나 때문이야."라며 푸념하였다. 코로나 바이러스 감염 차단을 위해서 '사회적 거리 두기'를 하라는 정부 방침 때문에 외출도 못하는 건 그 친구에게 거의 고문에 가까울 것이다.

고등학교 동창인 K는 젊어서부터 집에 종일 있은 적이 거의 없다. 꽃꽂이로부터 시작하여 고미술, 박물관대학원 등을 다니고 국내외 여행도 많이 다녀서 내가 마당발이라고 부른다. 학교라는 울타리 안에만 갇혀있던 내게 그 친구는 주부들이 여가 시간을 어떻게 보내는지 알려주는 본보기였고 흉금을 털어놓을 수 있는 유일한 친구다.

친구들과 어울리는 게 그녀에게는 일종의 스트레스 해소법인데 갑자기 '사회적 거리' 때문에 집에 갇혀 있자니 미칠 노릇일 것이다.

"며느리가 해주는 밥을 먹을 나이에 남편과 아들 밥을 해줘야하니? 그것도 세끼를 꼬박꼬박 해 바쳐야하니? 무자식상팔자라는데 무남편 상팔자는 없니?"라는 친구의 말에 기가 막혀 웃음을 터트렸다. 소리 내어 웃은 게 얼마만인가.

전화를 끊자마자 또 전화가 왔다. 이번에는 스포츠센터에 같이 다니는 나와 동갑내기다. 넓은 단독주택에 혼자 사는 그 친구도 말을 나눌 사람이 없어서 입에 군내가 난다면서 놀러오란다. 남편 식사 때문에 못 간다고 했더니 신경질적으로 소리치며 끊었다.

"남편 없는 사람 서러워 살겠냐?"

사람 머리카락보다 300분의 1밖에 안 되는 신종 코로나 바이러스가 이처럼 노인들의 일상마저도 뒤흔들고 있다. 엘리베이터의 층 번호 누르는 것도 겁나고 마스크를 쓰지 않은 사람 옆에 있는 것도 겁이 난다. 웃으며 대화를 나누던 이웃이 모두 무증상 바이러스 보균자로 보이니 식구들 외에는 믿을 수가 없다. 휴대폰에는 어느 곳에 확진자가 생기고 동선이 어디인지 알림문자가 시도 때도 없이 울린다. 이 정도면 노이로제가 아니라 코로나 바이러스의 인질이 된 기분이다.

직립인간의 특권인 걸어 다니는 기쁨마저 빼앗기고 집에만 있어야 하니 '코로나 블루'에 걸린 것 같다. 특히 노인들의 일상은 참담하다. 젊은이들에게는 익숙한 소셜 미디어를 통한 소통도 불가능하기 때문이다. 젊은이들은 인터넷과, 유튜브, 단체 카톡방 같은 소통 창구를 통해 교류할 수 있지만 노인들의 놀이터였던 마을회관, 복지관, 스포츠 센터, 노래교실 등이 폐쇄된 이후 갈 곳이 없게 되니 말벗할 친구는 물론 홀로 식사를 해결해야하는 문제로 심각한 상태다.

우한코로나 바이러스가 한국에 침투하기 시작했을 때 대한의사협회를 비롯한 감염 전문가들은 바이러스의 진원지인 중국인 입국을 전면 차단해야 한다고 주장했다. 그러나 정부는 '중국의 어려움이 우리의 어려움'이라며 시진핑의 방한에 미련을 갖고 이들의 조언을 무시했다. 그리고 일본보다 신속하게 대응하여 머지않아 종식될 거니까 약속한 모임을 일부러 취소할 필요가 없다며 일상으로 돌아가 사람들과의 약속을 지키라고 호언했다. 무지한 국민은 대통령이 아카데미상 4관왕을 차지한 봉준호 감독과 제작진을 청와대로 초대한 만찬에서 짜파구리를 언급하며 파안대소를 하는 사진을 보며 "대통령이 어련히 알아서 하려구" 하면서 덩달아 바보처럼 웃었다.

보름이 지난 지금 우리는 전쟁터를 방불케 하는 마스크 대란 앞에서 속수무책이다.

마스크를 사기 위해 사람들이 대형 마트 앞에서, 약국 앞에서 길게 줄을 서서 밤을 새며 기다린다. 6·25전쟁 직후 밀가루 배급을 기다리던 때가 생각났다. 마스크를 쓰지 않은 사람은 벌레 취급을 당하는데 우리 같은 노인들은 약국 앞에서 마스크를 사기 위해 몇 시간씩 서서 기다릴 수도 없으니 그저 대통령의 말을 곧이들은 자신을 원망할 뿐이다. 불행히도(?) 나는 아직 40년생까지 도달하지 못했기 때문이다.

'인간은 사회적 동물'이라는 말은 어릴 적부터 배웠고 초등학교 학생들의 성적표에도 '사회성'을 평가하는 항목이 있을 정도였다. 대학 신입생 오리엔테이션에서는 사회생활에서 가장 필요한 덕목은 지식보다도 '소통(communication)'이라고 가르쳤다. 소통의 기술에 관한 책들도 많이 나왔을 정도로 인간관계에서 소통은 중요하다. 이처럼 '사회적 동물'인 인간에게 '사회적 거리 두기'를 하라는 것은 감염 예방 차원이라고 해도 견디기 힘든 제약이다.

음식점, 카페, 문화센터, 마트 등 사람들의 출입이 있어야 먹고 사는 곳들이 문을 닫았으니 경제적 손실은 또 얼마나 클 것인지 상상조차 하기 힘들다. 더구나 그날 벌어 그날 사는 일용직 노동자와 소상공인들의 절망은 헤아릴 길이 없다. 경제 위기는 곳곳에서 나타난다. 숙박업, 여행사, 항공사, 전통시장과 백화점 등은 개점휴업 상태다. 대통령 앞에서 어느 전통시장 상인이 말한 것처럼 경제가 정말 '거지같다.'

우리나라 대통령은 예언자였나? 그는 취임사에서 "한 번도 경험해

보지 않은 나라를 만들겠다는 열정으로 뜨겁다"고 말했는데 지금 우리는 코로나19 확진자 수가 7천 명을 넘은 '한 번도 경험해보지 못한 나라'에 살고 있으니 말이다. 게다가 코로나 바이러스 팬데믹(pandemic) 공포가 확산되어 100여 개국으로부터 세계 9위 무역대국인 한국 국민이 입국 금지나 격리를 받는 수모를 당하고 있다.

집단 바이러스 감염을 초동 대처하지 못한 정부 당국자들의 무능과 리더십 부재에 분통이 터진다. 코로나 바이러스가 우리 발을 묶어 놓기 전으로 하루 빨리 돌아가 체육관에서 운동하고 난 후 또래들과 보리밥집 가서 실컷 수다를 떨고 싶다.

(2020. 03)

과거를 잊지 마세요

지난주 6·25전쟁 66주년이라고 언론에서 특집을 방송하고 기사화했다.

필자와 같은 세대의 사람들은 아직도 온몸으로 겪었던 전쟁의 상흔이 가시지 않고 있는데 많은 젊은이들은 6·25전쟁의 의미와 후유증이 얼마나 컸는지 관심을 갖고 있는 것 같지 않다. 아니 전쟁이 언제 일어났는지 모르는 청소년들도 많다고 한다.

그런데 이상하게도 한국 전쟁에 참전했던 외국의 노인들이나 해외에 살고 있는 동포들은 아직도 전쟁의 위협이 도사리고 있는 분단된 조국에서 아무 걱정 없이 살고 있는 우리들보다 더 많이 그 전쟁을 기억하는 것처럼 보이는 것은 내 착각일까?

작년에 외국인 특강을 위해서 유튜브를 검색하던 중 어느 파독 광부가 6·25전쟁 직후 1950년대의 사진들을 모아 만든 동영상을 보고 전쟁으로 아버지를 잃고 홀어머니 밑에서 고생했던 나의 유년 시절이 떠올라서 울컥했다. 나만 불행했던 것이 아니었다.

당시 남한 국민의 절반은 부모나 자식을 전쟁 중에 잃었다. 뿐만 아니라 사회 기반시설을 비롯하여 많은 학교 시설이 70% 이상 파괴되어 우리는 봄부터 가을까지는 들판에서, 겨울에는 비어있는 농가를 빌려 공부를 했다. 텔레비전에서 전쟁과 기아에 시달리는 소말리아나 남수단의 어린이들을 보면 전쟁 직후의 우리 모습과 너무도 흡사하다.

노인이 되면 지켜야 할 일곱 가지 계명 중에 젊은이들에게 지나온 얘기를 되풀이하지 말라(shut up)는 충고가 있다. 그러나 6·25전쟁에 관한 얘기를 젊은이들에게 전하는 일은 아무리 여러 번 되풀이해도 지나치지 않다는 게 내 생각이다. 직접 전쟁을 경험하지 못한 내 자식들에게 내가 얼마나 배를 곯았는지, 입을 것이 없어 얼마나 추운 겨울을 보냈는지, 그리고 연탄 살 돈이 없어 방안의 걸레가 꽁꽁 얼고, 물에 젖은 연탄을 피웠다가 가스에 중독되어 죽을 뻔 했다는 얘기를 해도 건성으로 흘려듣는다.

눈물 젖은 빵을 먹어보지 않은 사람은 인생을 논하지 말라고 누가 말했던가?

불행인지 다행인지 나는 6·25전쟁을 통해 절약하는 습관이 몸에 배었다. 나의 잠재의식 속에는 항상 '만일을 위해 비축하라(Be ready for a rainy day)'는 좌우명이 자리 잡고 있다. 식당에서 밥 먹다가 쓴 티슈도 재활용을 위해서 가방에 넣는다. 백화점에 쇼핑도 거의 하지 않는다. 어쩌다 상품권이 생겨도 정장 한 벌 구입할 배짱이 없어서 세일 매장을 둘러보다 그냥 돌아오는 경우가 많다. 대형마트 대신에 재래시장에 배낭을 메고 가거나 동네 마트에서 장을 본다. 평생을 쓰고 있는 일기장에는 그날의 지출 내역이 꼼꼼히 적혀 있어 30년 전 오늘 무엇을 얼마에 샀는지 기록되어 있다.

의식주가 풍족해서인지는 몰라도 과소비에 길들여진 생활 습관을 갖고 있는 요즘 젊은이들을 보면 화가 난다. 지하철 화장실 벽에 걸린 휴지를 셀 수 없을 만큼 손으로 둘둘 감고 볼 일을 보는 여학생들을 보면 자기네 집에서도 그렇게 낭비하는지 묻고 싶다. 인스턴트 음식에 길들여진 주부들은 일주일에 서너 번은 피자나 치맥을 주문하거나 외식을 하고, 어떤 주부는 한 달 치 반찬값을 미리 지불하고 매일 배달해온 반찬으로 밥상을 차린다고 한다. 주말이면 놀러가는 차량으로 고속도로가 미어터지고 명절 연휴만 되면 외국여행을 떠나는 사람들로 인천공항이 인산인해가 된다. 신문에서는 서민 경제가 어렵다고 난리들인데 그렇지도 않은 모양이다. 요즘 젊은 세대는 저축보다는 당장 먹고, 쓰고, 여행하고, 즐기고 보자는 소위 카르페 디엠(Carpe Diem) 풍조가 대세이다. 1990년 이후 우리나라 저축률이 OECD 국가들 중에서 하위권이라고 한다.

우리나라는 부존자원도 없고, 분단의 비극이 상존하고, 분단을 초래한 강대국들의 틈바구니에 낀 샌드위치 신세다. 원조를 받는 나라에서 원조를 주는 나라로 급성장했다고 치켜세우는 선진국들의 사탕발림에 안주하기에는 우리의 안보와 경제 상황은 불안하기 그지없다. 80년대의 경제적 급성장의 원동력이었던 소위 베이비붐

세대는 고령화되었고, 지금의 젊은 세대는 대기업 일자리만 기웃거리고 중소기업에는 가기를 꺼리다가 취업의 기회를 놓치고 'N포세대'라고 스스로 자조에 빠져 있다.

끔찍했던 전쟁의 기억을 떠올리고 싶어 하는 사람은 없다. 지난 60여 년 동안 갖은 고생 끝에 좋은 아파트에서 외국산 자동차를 몰며 잘 살게 된 부모 세대는 자식들에게 좋은 음식, 좋은 옷을 먹이고 입히며 비싼 과외를 시켜 좋은 학교에 보내 부러울 것 없이 키웠다. 그 결과로 요즘 자식들은 배고픔이 어떤 건지 모른다. 할머니가 손자에게 예전에는 먹을 게 없어서 많이 굶었다고 말했더니 왜 라면을 먹지 그랬느냐고 반문하더라는 말도 있지 않은가? 결국 젊은이들의 과소비 풍조는 부모세대인 우리가 잘못 가르친 탓이다. 우리는 자식들에게 안보정신과 근검절약하는 습관을 길러주었어야 했다. 아니 그보다도 분단된 한반도의 엄혹한 현실을 거듭 깨우쳐주어야 했다.

한반도가 통일되는 그날까지는 전쟁의 기억을 잊으려 해도, 부정해서도 안 된다.

우리의 굴곡진 역사를 잊어서는 안 된다. 어렸을 때 허기를 달래려고 길거리를 배회할 때 레코드 가게에서 흘러나오던 나애심의 노랫말이 새삼스레 생각난다.

"한 많고 설움 많은 과거를 잊지 마세요."

(월드코리언뉴스 2016.07.05.)

가을 때문에

이기주의 책『언어의 온도』속에「여러 유형의 기억들」이라는 글이 있다.

> 기억의 속성은 머리가 둘 달린 야누스처럼 이중적이다. 진한 기억은 가깝고 흐릿한 기억은 멀다. 십 년 전 일이 오늘 일처럼 또렷할 때가 있고 아무리 손을 뻗어 잡으려 해도 도저히 움켜질 수 없는 신기루 같은 기억도 있다. 가까운 기억과 먼 기억의 사이에서, 추억은 그렇게 줄달음친다.

이 문장이 요즘의 내 혼란스러운 기억을 대변하는 것 같다.

1975년에 유학을 갔던 벨기에의 루벤대학의 드와이언(Doyen)교수 부부가 40여 년 만에 관광차 한국을 방문하게 되어 나를 만나고 싶다고 이메일을 보냈다. 그의 이메일은 30대에 보낸 벨기에 유학 시절을 회상하는 계기가 되었다. 돌 지난 딸을 떼어놓고 혼자 떠난 탓이기도 했지만 언어의 불편함 못지않게 유럽의 날씨에 적응하지 못해 우울증이 생길 만큼 힘들었다.

9월 말에 도착한 루벤(Leuven)은 어둡고 음습했다. 아침부터 안개가 자욱하고 해를 볼 수 있는 날이 거의 없었다. 가랑비가 시도 때도 없이 내리는데 그곳 사람들은 우산도 받지 않고 스웨터나 후드 점퍼로 머리를 가리고 다녔다. 나는 식구들에 대한 그리움 못지않게 한국의 가을 하늘이 미치도록 그리웠다. 구름 한 점 없이 맑고 푸른 한국의 가을 하늘은 신이 우리에게 내린 은총이다.

오늘도 신문에서 올겨울 북유럽 및 서유럽 지역에서 햇빛이 실종되었다는 뉴스를 읽었다. 지난해 11월부터 저기압으로 인한 먹구름이 하늘을 뒤덮어 어두운 겨울이 계속되어 브뤼셀은 지난해 11월 한 달 동안 해가 뜬 시간이 10시간 31분으로 집계되었다고 한다. 벨기에 왕립 기상청은 2017년 12월 일조량이 1.5시간에 그쳐 1887년 측정을 시작한 이래 두 번째로 어두웠던 달이었다고 한다.

햇빛이 실종된 벨기에에서 나를 견디게 해준 것은 이번에 방문하는 드와이언 교수를 비롯한 대학 직원들의 도움이었다. 학교 밖에서는 언어도 통하지 않아 철저히 이방인이 된 나는 그들의 보살핌 덕분에 유학 생활을 견디었다. 40여 년이 지나 드와이언 교수 부부의 서울 방문은 내가 그들에게 진 빚을 조금이라고 갚을 기회라고 생각하고 그들의 체류가 즐겁도록 도와주고 싶었다.

30대 중반에 만나 헤어진 후 70대 중반에 해후한 우리의 변모를 보며 웃었다.

날씬하고 턱수염을 길러 멋을 냈던 드와이언 교수는 살찐 중후한 노신사로, 귀엽고 세련된 부인은 넉넉한 인품의 노부인으로 변해있었다. 그들의 일정은 2주간의 단체 관광을 마치고 서울에 따로 남아 나와 일주일을 같이 보내기로 했다. 그의 일행은 동해, 남해, 서해를 돌며 역사적 고적들과 열세 개의 산사(山寺)들을 둘러보았는데 시간이 있었다면 템플스테이도 하고 싶을 만큼 산사의 아름다움에 반했다고 했다.

관광 일정이 끝나고 드와이언 교수 내외는 내 근무처에서 가까운 숙소로 옮겼다.

인구 6만의 작은 도시에서 온 그들은 매머드 서울의 크기와 인구수에 압도당한 듯했다. 나는 맨 먼저 그들을 한국의 랜드 마크라는 555m 높이의 롯데 월드타워로 안내하여 서울의 전경을 보여주었다. 전망대에서 내려다본 거대한 서울은 아파트 숲으로 둘러싸여 있었다. 나 자신도 처음 본 서울의 전경이었다. 75년 내가 처음 루벤에 가서 충격 받은 것은 골목마다 주차된 차들의 행렬이었는데 40여 년 뒤 서울은 마천루로 둘러싸이고 넓은 도로는 수많은 차들이 개미들처럼 줄지어 가고 있었다. 전망대에서 내려다본 서울의 모습에 나 자신도 격세지감을 느꼈다.

주말에는 아들과 딸네 식구들을 총동원하여 집에서 파티를 열었다. 그들은 당시 20개월이었던 내 딸을 보고 싶어 했다. 자기 아들과 한 살 차이 밖에 나지 않아 같이 자주 놀았기 때문이다. 그는 일곱 명의 손자들을 두었다며 미니 앨범을 보여주었다. 출국 날짜는 11월 1일 수요일이었는데 그들이 머무는 동안 날씨가 쾌청하여 두 내외는 매일 지하철을 이용하여 서울의 고궁과 역사박물관들을 돌아다니면서 수없이 사진을 찍었다. 그들의 끊임없는 호기심이 젊게 사는 원동력이라는 생각이 들었다. 우리나라 지하철의 편리함과 깨끗한 화장실에 감탄하면서 매일 저녁 전화로 어디를 다녀왔는지 시시콜콜 얘기를 하였다. 내가 외국여행을 갔을 때는 가이드의 설명을 듣고 주마간산 격으로 증명사진 몇 장 찍고 다른 곳으로 이동하는 방식과는 너무 달랐다.

그런데 드와이언 교수 내외의 호기심 탓인지 아니면 한국의 가을에 매료된 탓인지 출국 날짜를 놓치고 말았다. 그날은 병원 진료가 있어서 다녀오는 차 안에서 모르는 전화번호가 떠서 받을까 망설이다가 받았는데 낯선 사람이 외국 사람이 통화를 원한다며 바꾸어 주었다. 드와이언 교수였다.

"영수, 나 큰 실수했어요. 지금 종묘에 와 있는데 오늘이 화요일인 줄로 착각했어요. 그래서 비행기를 놓쳤어요."

"어머나, 비행기를 놓쳤다구요?"

"오늘이 10월 31일이라고 생각했거든요. 한국의 가을에 너무 취했나 봐요. 지금 호텔로 돌아가서 항공편을 알아보고 연락할게요."

헐! 어떻게 그런 실수를 할 수 있을까? 얼마나 서울에서 볼거리가 많았기에? 하기야, 그는 전화할 때마다 한국의 가을이 아름답다고, 특히 하늘이 아름답다고 찬탄을 했다.

한국에 관한 칼럼인 「비정상의 눈」에 브라질에서 온 친구가 한국의 사계절을 부러워한다는 글이 있었다. 계절이 뚜렷하게 구분되어 있어 한국 사람들은 계절이 바뀔 때마다 하고 싶거나 먹고 싶은 것을 찾아다니느라고 분주한 모습이 부럽다고 한다. 본인도 가을이 많이 남은 줄 알고 방심했더니 금방 겨울이 올 것처럼 기온이 뚝 떨어져서 자전거를 더 타거나 새로 생긴 공원에 가보지 못한 아쉬움을 토로하고 있다.

우리나라 사람들은 사계절이 뚜렷하여 계절마다의 변화에 익숙하다.

봄부터 가을까지 강렬한 햇빛을 가리기 위해 외출할 때면 여자들은 자외선을 차단하려고 자외선 차단 크림을 바르고, 선글라스를 쓰고, 파라솔로 햇빛을 가린다. 반면에 햇빛만 나면 길을 가다가도 공원에 들어가 옷을 훌훌 벗고 잔디 위해서 해바라기하기 바쁜 북구 유럽 사람들에게는 우리나라의 날씨가 부럽다 못해 화가 날지도 모른다.

나는 다음날 새벽에 공항에 나간 드와이언 교수의 전화를 노심초사하며 기다렸다.

마침내 항공사 직원의 전화를 빌려 그가 전화를 했다. 다행히 비행기 표를 구해서 지금 탑승을 기다리고 있다고.

"영수, 한국의 가을은 정말 멋져요. 우리가 가을에 반했나 봐요. 안녕."

(2017. 11)

대관령 양떼목장에서

금년에는 정초부터 우환의 연속이었다. 1월에는 심한 기침을 동반한 감기로 한 달 정도 아팠고 2월에는 딸이 예상치도 않은 큰 수술을 받아 십 년을 감수했다. 다행히 딸의 상태가 좋아져 마음을 놓았는데 이번에는 나를 몇 년째 괴롭히는 회전근계파열로 인한 통증으로 밤잠을 설치다가 비수술 요법으로 치료한다는 광고에 이끌려 이곳저곳 정형외과를 찾아 진찰을 받았으나 MRI촬영을 하면 의사들은 수술하는 방법 밖에 없다는 진단을 내렸다. 4년 전에 오른쪽 어깨를 시술하여 힘들고 불편한 회복기를 경험한 터라 될 수 있으면 시술은 피하고 싶었다.

결국 4월 중순에 입원하여 시술하고 집에 돌아왔지만 예상한 대로 너무 힘들었다.

식욕이 없어 밥알조차 넘기기가 싫고 먹은 게 없으니 4년 전처럼 변비로 고생하였다. 항생제와 수면제에 취하여 종일 침대에 누워 있다 보니 내 의지와 상관없이 몸이 반란을 일으키듯 꼼짝하지 않는다. 평소 같으면 무리해서라도 산책을 나갔을 텐데 집 안에 있는 자전거도 타지 않았다. 이러다가는 폐인이 될지도 모르겠다는 불안이 생겼다. 딸이 수시로 먹고 싶은 게 뭐냐고 물어도 아무것도 생각나지 않았다. 4년 전에는 이렇지는 않았는데… 나이 탓인가?

시술한 어깨를 지탱하는 보조대를 매고 한 달이 지나니까 자세가 뒤틀려 목 디스크까지 재발하여 목과 어깨 주변이 화끈거리고 머리 무게가 1톤은 되는 것처럼 무거워 두통까지 났다. 죽고 싶을 만큼 몸이 힘든 어느 날 딸이 5월 19일 강릉 경포대 앞에 있는 한옥 펜션을 예약했으니 같이 가자고 말했다. 나는 버럭 화를 냈다. 아직 팔을 잘 쓰지도 못하는데 여행은 무슨 여행이냐? 너희들끼리 다녀와라. 딸은 바람을 쐬면 기분 전환이 되지 않겠느냐며 나를 설득했다.

"엄마, 대관령 양떼목장이 5월 중순에 양들을 방목한다니 애들에게 보여주고 싶어요. 엄마는 힘들면 올라가지 않아도 돼요."라고 손주들이 양을 보고 싶어 한다는 말에 마지못해 따라가기로 했다. 솔직히 딸이 없으면 세끼 해결하기도 힘들다. 금년 5월에는 유난히 비가 자주 내려 여행 날짜는 다가오는데 여름 장마처럼 사흘 동안 비가 퍼부어 인명 피해까지 났다. 여행 떠나는 날은 다가오는데 비가 계속될까봐 딸은 전전긍긍했다.

징검다리 연휴가 낀 여행 날 아침은 거짓말처럼 날씨가 쾌청했다. 미세먼지가 사라진 하늘은 파랗게 칠해진 도화지 같았다. 아침 7시에 출발했지만 도로는 이미 차들이 굼벵이처럼 움직였다. 하남에서 아들네 식구들과 합류해서 대관령으로 향했다. 막상 여행하는 대열에 끼니 마음이 들떴다. 비에 씻긴 주변의 신록이 상쾌했다. 뱀처럼 구불거리는 대관령 산길을 가본 것이 언제였던가? 20여 년 전에 가보았던 대관령 주변은 내 머리에 입력된 풍경과는 너무 달라져 있었다.

대관령 양떼목장에 도착하니 공기부터 달랐다. 콧속의 미세먼지까지 씻어내듯 쌉싸름한 풀냄새가 진동하였다. 바람은 아직 차갑게 얼굴을 스쳤다. 흰 구름이 수놓은 쪽빛 하늘 아래 나지막한 구릉 위의 양들이 초록빛 양탄자 위의 흰 점들처럼 보였다. 아래서 기다리겠다던 내 마음은 주변의 아름다움에 도취되어 "엄마 괜찮겠어요?"라는 딸의 말소리를 귓전으로 흘려들으며 손주들과 함께 양들이 있는 목장으로 올라갔다.

호주 여행 중에 멀리서 양들을 보긴 했지만 이렇게 가까이 보기는 처음이었다.

세 살짜리 손녀와 함께 보들보들한 양털을 손으로 쓰다듬었다. 양들은 사람들의 손길에 익숙한 듯이 순하게 몸을 맡기고 있었다. 갓 태어난 어린 양은 어미 양 뒤를 졸졸 따라 다니고 앉거나 서서 풀을 뜯어먹는 모습은 한 폭의 그림이었다. 양들에게 목초를 주는 우리에 가서도 손주들은 겁 없이 손을 뻗어 먹이를 준다. 내려가자는 딸과 며느리의 말에도 불구하고 손주들은 양 우리를 떠날 줄을 모른다. 서로 경쟁하듯이 먹이를 주려고 이리저리 뛰어다니는 손주들이 주는 먹이를 냉큼냉큼 받아먹는 양들의 모습을 나는 찰칵찰칵 스마트폰으로 찍었다. 그리고 추위를 피해 오두막처럼 만들어 놓은 포토존에 들어가 그런 손주들을 바라보니 얼마나 사랑스러운지 아픔으로 차있던 내 마음에 삶의 기쁨이 차오르는 걸 느꼈다. 동시에 블레이크(William Blake)의 시집 『순수와 경험의 노래』에 수록된 「양(The Lamb)」이라는 시가 생각났다.

> 어린 양아, 누가 너를 만들었니?
> 누가 너를 만들었는지 아니?
> 누가 네 생명을 주고 냇가와 언덕에서 먹이를 주고
> 누가 빛나는 털로 만든 부드러운 환희의 옷을 만들고
> 모든 계곡들이 기뻐하는 부드러운 소리를 주었는지 아니?
> 어린 양아, 누가 너를 만들었는지 아니?….

이 시에서 블레이크는 어린이와 어린 양을 통해 때 묻지 않은 인간의 순수한 심성을 노래한다. 네 명의 손주들이 사랑 속에서 천진난만하게 자라고 있는 모습과 천혜의 환경 속에서 뛰어노는 양들이 블레이크의 시 「양」이 현실에 구현한 느낌이 들었다. 특히 세 살짜리 손녀는 우리 식구들의 재롱둥이다. 자주 보지 못하는데도 낯가리지 않고 내게 다가와 혀짜래기소리로 말한다.

"나 할미 좋아해."

"그래? 할미도 하영이 좋아해. 그런데 하영이는 누구 딸?"

"엄마 딸."

“그럼 아빠는 누구 아들?”

“내 아들.” 그 말에 식구들이 박장대소를 하였다.

“아냐, 아빠는 할미 아들이야.”

“그래? 할미 아들?”

그 이후부터는 나만 보면 “아빠는 할미 아들이야.”라고 말한다. 블레이크는 어린이의 때 묻지 않은 상상력이 타락한 인간을 치유하는 힘이라고 했다. 손주들이야말로 수술 전후의 통증으로 피폐해진 나의 심신을 치유하는 엔돌핀이다. 요즘 젊은 부부들이 아이 낳기를 싫어하여 저출산으로 국가가 비상이라는데 내 자식들은 이렇게 귀여운 손주들을 낳아주어서 얼마나 고마운지 모르겠다.

대관령을 떠나 강릉 경포대 앞 ‘休心’이라는 한옥 펜션에 도착했다. 우리 내외에게 배당된 방은 너와지붕을 이은 황토방이었다. 딸이 한 달 반 전에 인터넷으로 꼼꼼하게 선택했다는 방에는 ‘경호정’이라는 팻말이 붙어있고 방에 딸린 아궁이에서는 장작불이 타고 가마솥에서는 밥 익는 냄새가 났다. 방에 들어서니 장판이 아닌 옛날 못사는 집 방에 깔던 짚으로 짠 멍석이 깔려있었다. 뜨끈뜨끈한 바닥에 몸을 눕히니 한 아름이나 되는 천장 서까래와 다락이 보인다. 수술 후유증으로 움츠러들었던 마음이 아무 근심 없이 자랐던 어린 시절에 살았던 초가집 안방에 누운 듯 편안해졌다.

(2018. 05)

막내 여동생의 귀향

새벽 6시. 전화벨이 집안의 정적을 깨트린다.

"여보세요?" 잠이 덜 깬 목소리로 전화를 받았다.

"언니, 나야, 경숙이."(동생은 우리말을 잊어버려 영어로 말했다)

"벌써 도착했니?"

"응. 샌프란시스코 공항에 내려 집까지 오는데 30분밖에 안 걸렸어. 오자마자 언니에게 처음 전화하는 거야."

"여기 있는 동안 아프지 않고 있다가 가서 다행이다. 네가 아플까봐 얼마나 걱정했다구."

"언니들이 너무 잘 해주고 계속 먹을 것을 해주니까 오히려 좋아졌어."

"그래, 이제부터는 혼자서도 잘 먹고 꾸준히 운동해라."

전화를 끊고 막내가 서울에 와 있던 지난 3주 동안의 일들을 돌이켜본다.

나이가 일흔 살인데도 우리 자매들에게는 어린애처럼 불안한 막

냇동생이다.

1999년 엄마가 돌아가시던 해에 귀국해서 2주 동안 엄마를 간병하고 새크라멘토(Sacramento)로 돌아간 이후 18년 만에 서울에 온 여동생은 본인의 병치레뿐만 아니라 오랫동안 남편 간호하느라고 아무데도 갈 수가 없었다.

3년 전에 남편과 사별한 막내는 큰 집에 혼자 남아 셋째와 넷째 여동생들과 국제 전화로 매일 울고 밥도 먹지 못한다고 하소연을 늘어놓더니 결국 또 장폐색증 수술을 받았다. 일생 동안 여덟 번의 수술후유증으로 그녀는 먹는 즐거움을 상실했다. 채식주의자가 되었을 뿐만 아니라 맛이 신 것은 먹지 못한다. 밥도 소화를 시키지 못해 식이섬유가 많은 통곡을 가루로 내어 죽을 쑤어 먹고 야채도 삶아 먹는다. 게다가 완전 무염식이어서 외출할 때는 아이스박스에 먹을 것을 싸갖고 나가야 한다. 먹거리에 관한 한 어린 아기와 다를 바가 없어서 서울에 체류하는 동안 동생들이 그녀를 챙겨 먹이느라고 고생하였다.

막내는 또 근·골격계 고장으로 특수 제작한 운동화를 신고 휠체어를 타고 비행기를 탔다. 생전의 제부는 나이 차이도 많이 나서였겠지만 막내를 아기 다루듯하였다. 그는 막내가 40여 년 동안 미국에 살면서도 장거리 운전은 물론 혼자서는 아무 데도 가지 못하는 바보로 만들었다. 내가 1980년 초에 미국에 체류하는 동안 주말마다 그녀 집에서 지냈다. 막내가 꽂꽂이 디자이너로 일하는 동안 제부는 출퇴근을 몇 십 년 동안 해주고 식사며 청소 등 집안일을 다 했다. 나는 동생이 이웃과의 교류도 없이 오로지 남편만 바라보며 새장에 갇힌 새처럼 사는 모습이 걱정되어 어쩌다 둘이 있게 되면 잔소리를 했다. 너 언제 홀로 서기를 할 거냐? 언젠가 네 남편이 먼저 떠나면 남은 인생 어떻게 살 거냐고 다그쳤다. 한국 사람들과도 교류하라고 채근하면 막내는 그래야 되는데 자신이 없다고 했다.

그런 막내가 지난 10여 년 동안 노환으로 거동이 불편한 남편을 간병했는데 그가 저 세상으로 가고 하나 밖에 없는 아들은 미주리 주에 살아 큰 집에 고양이와 둘이 살고 있다. 항상 커튼을 드리워 어두컴컴한 집안에서 바깥세상과 단절하고 매일 죽은 남편을 그리워하며 식음을 전폐하다시피 하는 동생이 걱정되어 작년 5월 셋째와 넷째가 미국을 방문했다. 혼자 그대로 두면 굶어 죽을 것 같다는 게 동생들의 전언이었다. 문제는 죽은 남편에 대한 집착이었다. 남들은 순애보라고 할지 몰라도 내 눈에는 병적으로 보일 정도로 그의 유품 하나도 처분하지 않고 생전의 모습 그대로 두고 연애 시절에 나눈 편지를 매일 밤 읽으며 운다고 했다.

그런 막내가 언니들의 강권에 못 이겨 이번 가을에 서울에 온 것이다.

다섯 째 딸로 태어난 막내라 구박을 많이 받았다. 엄마는 아들을 낳기 위해 연년생으로 출산을 했고 여섯 번째가 아들이었다. 여동생은 젖도 제대로 얻어먹지 못하고 자라서 엄마에게는 아픈 손가락이었다. 엄마를 비롯한 아버지와 외할머니가 늦둥이 외아들에게 온통 관심과 사랑을 쏟아서 막내는 일곱 살이었던 내 차지가 되어 업거나 재웠다.

키도 작고 몸이 가냘픈 막내는 다행히 영리해서 고등학교를 졸업하고 미국 회사의 타이피스트로 취직해서 미국인 남편을 만났다. 고위직이었던 남편이 막내를 몇 년 동안 구애한 끝에 결혼을 하였다. 당시 친정 엄마는 동생의 국제결혼을 극구 반대하셨지만 결국 남편을 따라 미국으로 갔다. 미국에 가자마자 엄마와 언니들에 대한 그리움 때문인지 잘 먹지 못해서인지 1976년 장 폐색증에 걸려 대수술을 받았다. 한국에서 살았다면 막내는 죽었을 거라면서 엄마는 가슴을 쓸어내렸다.

18년 만에 한국을 방문한 여동생을 위하여 흩어져 살던 육남매가 한 자리에 모이는 기회가 잦았다. 어머니가 돌아가신 후에는 자매들이 일 년에 제사 때나 겨우 얼굴을 보게 되는데 막내가 오자 자매들이 결혼 전처럼 어울렸다. 더구나 경상도 사천에 사는 넷째는 부부가 모두 올라와 막내의 시중을 들었다. 막내가 오면 자기 집에 묵기로 했다고 대청소를 하고 먹을 걸 사 나르던 셋째가 갑자기 '메니에르'라는 어지러움 병에 걸려 응급실에 실려 가는 사고가 났기 때문이다.

결혼 후 흩어져 사는 자매들이 처음으로 남동생 집에서 같이 잤고 동생의 별장에서 온 가족들이 모여 바비큐 파티를 했다. 그리고 남동생은 육남매의 직계 가족들이 모인 가운데 호텔에서 막내의 칠순 잔치도 열어주었다. 막내는 우리말을 거의 잊어버렸다.

내게 편지를 쓸 때도 영어로 쓴다. 내 손주들은 막내의 말은 물론 옷차림과 헤어스타일도 완전히 외국인 같다며 '미국 할머니'라고 부른다.

막내 방문의 하이라이트는 육남매가 부모님 산소에 성묘를 간 것이다.

엄마 장례식 때도 귀국하지 못했던 막내까지 다 모여서 성묘한 것은 처음이었다. '형제간의 우애'를 생전의 엄마가 항상 강조하셨는데 당신의 자식들이 70~80살이 되도록 모두 살아남은 걸 지하에서도 대견하게 생각하고 계실 것 같다.

구름 한 점 없는 짙푸른 하늘과 무덤 주위에서 하늘거리는 억새들 사이에 있는 부모님 묘소에 앉아 사방을 둘러보면 주변이 온통 산이다. 묘소 아래는 조그만 농수를 가둔 연못이 있어 운치를 더한다. 먼 산들을 바라보니 문득 환갑 때 여행한 영국의 낭만주의 시인 워즈워드(William Wordsworth)의 고향인 호수지방의 산세와 겹친다. 일찍 양친을 잃은 워즈워드는 평생 동안 결혼하지 않은 누이동생을 끔찍이도 사랑했었다. 그는 23세 때 누이동생 도로시(Dorothy)와 함께 갔었던 틴턴 애비(Tintern Abbey)를 5년 후에 다시 방문하여 자연의 은총으로 인한 시인으로서의 '정신의 성장(Growth of the Mind)'을 명상하며 누이동생을 향한 지극한 사랑을 토로한다.

사랑하는 내 누이야! 내 기원하노니

자연을 사랑하는 사람은 결코 배신하지 않음을,
인생을 살아가는 동안 자연은 우리를
환희에서 환희로 인도한다는
특권을 갖는다는 것을….

-「틴턴 사원에서」 121~125행

막내 여동생도 꽃과 나무를 좋아한다. 평생 직업도 플로리스트였지만 그녀의 정원에는 온갖 나무들과 꽃들이 지천이다. 제부가 손질하던 정원을 이번에 가면 가꾸겠노라고, 그리고 남편의 유품도 정리하겠다고 약속했다. 나는 막내 여동생이 언니들의 사랑과 응원의 힘으로 남은 생애를 홀로 씩씩하게 개척해나가기를 바라는 마음으로 워즈워드의 시를 속으로 읊조렸다.

(2017. 09)

만추(晩秋)의 소마미술관

올가을에는 강동구의 넓은 대로를 장식한 노란 국화를 보고도, 동부간선도로를 따라 휘날리는 억새를 보면서도 아무런 감흥을 느끼지 못했다. 자칭 '가을 바라기'인 내가 노랑 은행잎들이 머리 위에 떨어져도 그냥 가을이 가는가 보다고 심드렁해진 이유는 일로 인한 스트레스 때문이기도 하지만 나이로 인한 감성의 메마름 때문이지 싶다.

요즘에는 국화나 은행나무 잎에서 가을을 느끼기보다 하늘의 변화에 더 민감해진다. 아마도 9층 집무실에서 통유리 창을 통해 매일 하늘을 올려다보기 때문일 것이다. 미세먼지로 인해 흐린 날이 많지만 그래도 쪽빛 하늘을 많이 볼 수 있는 계절이 가을이다. 어느 천재화가가 구름으로 멋진 추상화를 그렸다 지우기를 반복하기도 하고 잉크를 쏟아 부은 듯이 파랄 때는 마치 동해 바다에 풍덩 빠진 듯한 착각을 하기도 한다.

스스로의 감옥에 갇혀 어디 갈 생각도 하지 못하고 집무실에서 시시각각으로 변하는 하늘의 구름을 감상하는데 시를 쓰는 친구가 설악산으로 단풍 영행을 떠났다며 문자로 '그리움/ 무르익어/ 붉게 / 타오르는/ 그대'라는 시를 적어 보냈다. 친구의 문자를 읽으니 바람난 여인네처럼 싱숭생숭해진다. 난 이게 뭐람. 바보같이 살고 있잖아. 혼자 중얼거리며 뭐에 씐 듯이 무조건 집무실을 나섰다.

길만 건너면 올림픽공원인데 뭐가 그리 바쁜지 1년에 한 번도 산책을 못 한다.

공원에 들어서니 하룻밤 사이에 기온이 급강하하여 찬바람이 옷 속으로 파고든다. 공원의 늦가을은 화려했다. 사방에서 낙엽들이 내게 늦게 온 벌이라며 한꺼번에 공격해왔다. 아, 길만 건너면 이렇게 아름다운 단풍과 낙엽들의 군무를 볼 수 있는데 왜 나는 사무실에서 하늘만 보고 있었나? 늙었다고 마음마저 늙었나? 인생이 다 소진된 것처럼 포기하고 살고 있다는 생각이 들었다.

공원을 배회하다 문득 '영국 국립미술관 테이트 명작전 - 누드' 전시회가 소마미술관에서 있다는 생각이 났다. 오랫동안 가보리라 마음먹고 있었는데…. 아마도 전시회가 끝났는지도 모르겠다. 나는 조바심을 내며 소마미술관을 찾아 등에 땀이 날만큼 공원을 헤매다가 마침내 미술관을 찾았다. 표를 사서 들어가니 평일이어서 관람객들이 많지 않다.

나는 미술이나 음악, 그리고 조각 작품 감상에는 젬병이다. 아는 게 하나도 없다. 그냥 남들이 좋다면 좋은 거라고 생각할 뿐이다. 다행히 전시관 입구 벽에 미술사의 변천에 대한 간단한 해설이 붙어 있었다. 고전주의, 자연주의, 상징주의, 인상주의, 입체주의, 초현실주의, 사실주의, 표현주의에 이르기까지 조각 작품들의 시대적인 특징을 분류하여 나 같은 문외한을 위하여 친절하게 설명을 해놓았다.

가장 시선을 끄는 작품은 역시 로댕의 3.3톤 대리석 조각상 '키스'였다.

오귀스트 로댕(1840~1917)이 영국에 살던 미국인 컬렉터 워런의 주문으로 제작한 두 번째 대리석상이라고 한다. 어떻게 저렇게 정교하게 대리석으로 남녀의 뜨거운 열정을 표현했을까? 절벽 위에 앉아 위태로운 사랑을 나누는 남녀의 아찔한 모습은 로댕이 단테의 『신곡』에서 영향을 받아 만든 작품이라고 한다. 이 남녀는 사랑해서는 안 되는 시동생과 형수 사이였는데 더 이상 열정을 숨기지 못하고 자석처럼 끌려 애욕의 죄를 범해 서로를 끌어안은 채 지옥으로 떨어지고 만다. 인간의 열정과 고통을 사실적으로 묘사한 로댕의 조각은 압권이다.

피카소, 마티스, 르누아르, 데이비드 호크니 등 세계 미술사를 대표하는 거장 66명의 걸작 122점들 속에 표현된 인간의 누드 변천사를 통해 인간의 육체의 아름다움을 역동적으로 또는 기하학적으로 표현한 작가들의 상상력에 할 말을 잃는다. 특히 내 시선을 끈 것은 피카소의 '앉아 있는 누드'였다. 모델이 만년의 그가 사랑했던 여인이라는데 인간의 흔적이 지워진 몸이 아닌 기계의 조합같이 원근법을 무시한 작품이란다.

로댕과 피카소, 그리고 다른 조각가들의 작품들을 바라보며 예술적인 재능은 어디까지 가능한가 하는 의문이 생겼다. 아무리 노력해도 재능을 타고나지 않으면 범속한 수준에 머물고 만다. 공부는 노력만하면 만족한 결과를 얻을 수 있지만 예술 작품은 노력으로만 이루어질 수가 없다는 사실을 소마미술관에서 다시 한 번 확인할 수 있었다. 예술 분야에 관한 한 문외한인 내게 유명한 조각가들의 작품을 한 자리에서 감상한 경험은 오래 지속될 것 같다.

이번 가을에는 마음에 드는 글도 쓰지 못하고 있다. 이 나이에 걸맞은 소재와 원숙한 글 솜씨로 삶을 관조하는 글을 쓰고 싶다. 그러나 잘 쓸 수 없다는 자괴감으로 괴로운 가을밤이다. 박경리 선생은 「가을」이라는 시의 말미에 '아아 가을은 풍요로우면서도/ 참혹한 계절이다 이별의 계절이다'라고 썼는데 왜 선생은 가을을 '참혹한 계절'이라고 표현하였을까? 혹시 나처럼 쓰고 싶은 욕망은 불처럼 일어나는데 써지지 않는 늦가을이어서 그렇게 표현한 것은 아닐까.

(2017. 11)

3.

행운목 향기가

부정적 유산 상속자들

영국의 엘리자베스 1세는 세 살 때 어머니인 앤 볼린이 단두대의 이슬로 사라지고 25세 여왕에 등극할 때까지의 많은 고초를 겪었다. 그녀는 런던탑에 갇혀 살해의 위협에 시달리면서도 라틴어를 비롯하여 수많은 외국어를 공부하며 때를 기다렸다. 마침내 그녀를 괴롭히던 메리 여왕이 죽자 왕위에 즉위하여 45년 간을 통치하여 영국을 '대영제국'으로 발전시키는 토대를 만들었다.

그녀는 종교적 갈등으로 분열되고 당시의 최강국인 스페인의 끊임없는 위협에 시달려온 가난한 영국을 물려받았지만 스페인의 무적함대를 격파하여 국민들의 애국심을 고취하고 종교와 개인의 자유를 인정하여 많은 문인들과 과학자들을 배출하였다. 영문학사에서는 그녀의 치세 기간을 '엘리자베스시대' 또는 '르네상스시대'라고 부른다. 세계적인 대문호 셰익스피어도 이 시대가 배출한 극작가이다.

위대한 업적을 이룩한 엘리자베스 1세는 평생 동안 살해의 위협에 시달렸고 어머니의 죽음의 '트라우마'가 그녀의 정신세계를 지배했다고 한다. 그리고 역사에 기록된 그녀에게는 단점도 많았다. 변덕스럽고, 사람들을 믿지 못하고, 바른 말을 하는 신하를 처형하고 아첨하는 신하들을 곁에 두었다. 질투심도 많아서 궁중에서는 예쁜 여자는 발을 못 붙이게 하고 궁중하녀가 남자와 사랑에 빠지면 가차 없이 처형을 했다. 외모 콤플렉스를 감추기 위해 사치스러운 옷과 보석으로 치장을 하고 지나치게 몸이 드러난 의상을 입어서 스페인 대사는 자국 정부에 여왕과 알현할 때는 어디에 눈을 두어야 할지 모른다고 불평하는 서신을 보냈다.(서양지성사 157쪽)

이런 개인적인 결함에도 불구하고 엘리자베스 여왕은 국사를 운영하는데 국익을 우선했다. 결혼을 권하는 신하들에게는 자신은 국가와 결혼하였노라고 선언하고 지적 교양이 있는 신하들을 총애하였고 스스로 희랍어, 라틴어뿐 아니라 프랑스어와 스페인어를 유창하게 읽었기 때문에 많은 외국 사신들의 마음을 사로잡는 데 도움이 됐다고 한다.

박근혜 전 대통령도 '트라우마'를 겪었다. 20대에 부모를 모두 총탄에 잃고 전두환 군부시절에는 신당동 자택에 칩거했으니 그동안 그녀가 겪었을 상실감과 분노는 얼마나 컸을까. 그녀가 1998년 대구에서 국회의원으로 당선되었을 때 사람들은 그녀의 정치입문을 반겼다. 한국을 산업화 시켜 잘 살게 해준 아버지 밑에서 정치적 감각을 배웠을 테고 독신으로 살며 오로지 자신을 국가에 바쳤다고 말했으니까. 게다가 유세 도중 괴한에 피습 당한 순간에도 '대전은요?'라고 물었다는 뉴스를 접했을 때는 준비된 정치인이라고 생각했다. 2012년 그녀가 대통령으로 출마했을 때 나는 망설임 없이 그녀에게 한 표를 던졌다. 전임 대통령들이 가족들의 불미한 사건으로 홍역을 치렀기 때문에 남편도, 자식도 없는 그녀가 적임자라고 생각했다.

하지만 최순실 농단 사건에 이은 대통령이 탄핵 소추가 국회에서 가결된 지 벌써 3개월이 지났다. 그동안에 대통령의 진면목이 드러나면서 그녀에게 가졌던 환상이 여지없이 무너졌다. 언론에 보도된 내용들을 종합하면 그녀는 극도의 대인 기피증, 결벽증, 그리고 혼자서는 아무것도 할 줄 모를 만큼 의존증이 심한 것 같다. 국가의 통수권자가 어떻게 청와대 관저에 틀어박혀 비선 실세들 외에는 누구하고도 소통하지 않을 수가 있었는지 불가사의하다. 언론에서 끊임없이 소통을 요구했지만 불통을 고집했고 직언이나 고언을 하는 사람들을 멀리하고 비선을 통해 명령만 하달하였으니 그 틈새에 최순실 이하 아부꾼들만 득세했던 것이다.

시대와 배경은 다르지만 위의 두 여성 지도자들은 부모들의 비극적인 죽음을 경험한 트라우마를 공유하고 있다. 그런데 왜 엘리자베스 1세는 아직까지도 세계적인 여성 정치인들의 롤모델이 된 반면에 박 대통령은 심각한 국정 혼란을 야기하여 탄핵소추를 당한 대통령으로 기록될 운명에 처했는가?

이런 의문은 우연히 읽게 된 『미움 받을 용기』에서 그 해답을 찾은 느낌이다.

우리나라에서는 많은 사건들을 분석할 때 '트라우마'에서 원인을 찾는 게 대세라고 한다. '트라우마' 이론의 주창자인 프로이트의 영향을 많이 받고 있기 때문인데 프로이트와 동시대의 심리학자인 아들러(Alfred Adler)는 '트라우마' 원인론을 부정하고 인간은 자신의 과거 경험에 어떤 의미를 부여하느냐에 따라 자신의 삶을 결정한다는 목적론을 주장하였다. 아들러는 다음과 같이 주장한다. "중요한 것은 무엇이 주어졌느냐가 아니라 주어진 것을 어떻게 활용하느냐이다."(53쪽) "지금까지의 인생에 무슨 일이 있었든지 앞으로의 인생에는 아무런 영향도 없다. 따라서 인생을 결정하는 것은 '지금, 여기'를 사는 것이다."(67~68쪽)

엘리자베스 1세와 박근혜 대통령은 비슷한 '트라우마'를 겪었는데도 정신적 상처를 어떻게 대처하느냐에 따라 결과가 달라지는 까닭은 프로이트의 '트라우마' 원인론과 아들러의 목적론의 차이 때문인 것 같다. 상처를 평생 끌어안고 불행하게 살아가는 사람과 그 상처를 극복하고 '지금'을 사는 사람과는 삶에 대한 관점이 확연히 구분될 것이다. 이들 만큼은 아니겠지만 많은 사람들은 나름대로 정신적인 외상(外傷)인 '트라우마'를 갖고 있다. 나는 그들의 트라우마를 '부정적인 유산'이라고 명명하고 이 상처를 치유하는 과정이 각자의 인생이라고 생각한다. 그렇다면 나는 어느 부류에 속하는 걸까? 유년시절에 겪었던 가난의 상처를 여전히 끌어안고 살고 있는지 아니면 그 상처를 극복하고 현재를 살고 있는지 아무리 생각해도 아리송하다. (월드코리언뉴스 2017. 02. 27)

나의 소확행

결혼 직후 나를 아는 사람들이 얼마 못 가 이혼할 거라고 수군거릴 만큼 궁핍한 신혼을 거쳐 아슬아슬한 줄타기를 하면서 살아온 세월이다. 젊은 날의 시련을 극복하고 나름대로 안정된 노후를 남편과 같이 보내고 있으니 이만하면 잘 살아온 것 같다. 나이로 인한 질병쯤이야 친구처럼 생각하고 더불어 같이 가자고 생각하면서도 목디스크에 수반된 어깨와 허리 통증, 무지외반증과 발바닥이 아픈 지반신경종으로 생활의 일부였던 산책을 마음대로 하지 못하니까 이만저만 짜증나는 게 아니다. 그래도 내년이면 산수(傘壽)가 되니 감사할 일이 더 많은 인생이었다고 자평한다. 앞으로 살날들이 얼마나 될지 모르지만 살아오는 동안에 나의 '소확행(소소하지만 확실한 행복)'이 무엇이었는지 정리해보려 한다.

첫째, 불임을 알고 한 결혼이었다. 아이도 낳지 못하는데 살아야 하나 마나를 고민하며 3년을 보냈다. 결혼 4년 차에 불임이 치료되어 임신하여 딸과 아들을 낳았다. 남매를 낳아 기르며 참고 살기를 잘했다고 생각했다. 남매가 자라 서른 살 전후에 사랑스러운 짝들을 만나 각각 쌍둥이 외손녀와 손자와 손녀를 낳았다. 한 달에 한 번쯤 친손자와 세 살짜리 친손녀가 오고 앞 동에 사는 쌍둥이 외손녀들은 거의 매일 보는 일상이 '소확행'이다.

둘째, 젊어서부터 허리, 목, 어깨 통증으로 고생했다. 하루 몇 시간 씩 타이프를 쳐야 했던 직업 때문에 생긴 부산물이다. 주말이면 뭉친 근육을 풀기 위해 목욕탕에 가서 뜨거운 물에서 뭉친 어깨와 허리 근육을 푸는 게 나름대로의 피로회복 방법이었다. 목욕 문화도 발전하여 호화로운 찜질방과 사우나 시설이 등장했지만 나는 오래된 낡은 목욕탕이 친정집처럼 편안하다. xx랜드, xx렉스처럼 대형 찜질방에는 사람들이 너무 많아 조용히 탕에서 눈감고 생각에 잠길 마음의 여유가 없다. 한 정거장 걸으면 되는 오래된 목욕탕에는 사람들이 붐비지 않는다. 이곳에서 한 시간 반 정도 냉온탕을 오가면 근육이 이완되어 돌아오는 게 두 번째 '소확행'이다.

셋째, 나는 사람이 좋다. 생면부지의 사람을 만나도 호기심이 생겨 상대방에 대해 알고 싶어진다. 오래된 친구들을 만나면 더할 나위 없이 즐겁다. 여자친구들보다 대부분 남자 대학동창들과 학교에 있을 때 사귄 동료 교수들이다. '오인회'라고 동창 다섯 명이 60여 년 가깝게 한 달, 또는 두 달에 한 번 인사동 툇마루라는 식당에 모여 빈대떡, 코다리 구이, 보리밥을 된장찌개에 비며먹으며 주절거리다보면 성별의 구분 없이 편안해진다. 친구들과의 만남이 나의 세 번째 '소확행'이다.

넷째, 일기는 중학교 때부터 쓰기 시작해서 지금까지 이어온다. 영시를 가르치는 선생으로 정년퇴직을 하는 동안에는 보직에 너무 많은 시간을 할애하여 강의 준비와 논문을 쓰기 위해서 전공 서적 이외의 독서를 많이 하지 못했다. 정년퇴직 후에 우리말로 쓰인 시와 수필을 읽으면서 우리말의 아름다움에 감동하게 되었다. 틈틈이 기억을 살려 잡문을 써서 책상 서랍에 처박아 두었다가 2015년 추석 연휴에 수필 세 편을 충동적으로 『문학시대』에 보냈다. 등단하기 위해서는 추천이 필요한 줄도 모른 채…. 그렇게 2016년 3월 수필신인상을 받고 등단하였다.

글쓰기는 나의 버킷 리스트 1호이다. 일 년 반 동안 재외동포들을 위한 주간 신문인 『월드코리언뉴스』에 학교를 홍보하기 위하여 두 주에 한 번씩 게재한 칼럼들과 『문학시대』에 게재한 수필들을 모아 2017년 8월에 『다른 이름으로 다시 나를 돌이키면』이라는 제목의 수필집을 출간하였다. 이 책은 돌아가신 어머니를 비롯하여 나를 키워준 분들 -조영식 총장, 박용주 교수, 황순원 교수, 그리고 반기문 전 유엔사무총장과의 인연을 모아 펴낸 것이다. 타고난 재능은 없으나 글을 쓸 때는 행복하다. 뒤늦게나마 글쓰기를 할 수 있는 게 '소확행'이다.

여섯째, 30여 년 동안 교직에 있었기 때문에 제자들이 많은 편이다. 스승의 날이 낀 5월이 되면 생일 맞는 어린애처럼 들뜬다. 이번에는 어느 학번 제자들이 찾아올까? 해마다 정기적으로 연락하는 제자들 중에는 이미 환갑을 넘긴 친구들도 많다. 그리고 '청출어람'이라고 교수로서 연구 업적이 탁월한 제자들이 있어 보람을 느낀다. 그들과 어울릴 때면 선생이 평생의 직업이었다는 게 정말 행복하다.

일곱째, 퇴직을 하고 몇 년 집에서 쉬다가 국제영어대학원대학교 총장으로 2014년 8월에 취임하였다. 이사회에서 결정하여 등 떠밀려 취임하게 된 자리였다. 가자마자 교육부 감사를 받고 학교의 문제점들이 드러나서 과감한 혁신이 필요했다. 2002년 설립 때부터 13년 동안 전액 장학금으로 학생들을 유치해온 제도를 교수들의 반대를 무릅쓰고 폐지하고 등록금을 받고 건물 대관과 임대, 그리고 교육원 사업을 시작하였다. 2018년 8월에 4년 임기가 끝나 연임을 사양하였다. 그러나 이사장의 간곡한 권유와 모든 교직원들이 회식 자리에서 직접 손 편지를 써서 연임을 간청했다. 젊고 유능한 경영자가 더 낫지 않을까 하는 내 바람과 달리 연임을 원하는 교직원들의 진심에 감동하여 다시 주저앉았다. 그러나 나는 여전히 "가야할 때를 알고 가는 이의 뒷모습은 얼마나 아름다운가"라는 이형기 시인의 구절을 마음 깊이 새기고 있다.

여덟째, 나이듦과 함께 통증으로 힘든 일상이다. 그러나 생명을 위협하는 병은 아니니까 통증을 친구 삼아 사는 지혜를 배우는 중이다. 표현은 안 하지만 측은한 눈으로 나를 바라봐주는 남편이 있어 다행이다. 숨 쉴 때는 의식조차 않는 산소와 같은 존재가 부부 사이가 아닌가 싶다. 금년에 금혼식을 맞았다. 죽고 못 사는 사이는 아니었지만 서로의 일을 존중하며 평생을 해로하였으니 이것은 '소확행'이 아니라 '대확행'이 아닌가. (2019. 11)

손녀의 피난 보따리

며칠 전 저녁 식사를 하는 자리에서 딸이 초등학교 4학년짜리 쌍둥이 외손녀들이 피난보따리를 싸서 감춰놓아 황당했다는 얘기를 했다. 저런! 무슨 이유로? 애들 샤워를 시키고 옷장을 열었더니 옷들이 거의 없어졌더란다. 엄마의 당황한 모습에 아이들이 배시시 웃으며 뒷방 깊숙한 수납장에 천으로 된 여행용 가방에 내복과 양말, 옷, 바늘과 실, 심지어 건빵까지 감춰놓았다고 실토하더란다.

그 자리에서는 더 이상 말을 하지 않았지만 속으로는 가슴이 쿵하고 내려앉는 느낌이었다. 손녀들이 무슨 얘기를 들었기에 피난보따리를 쌌단 말인가? 다음날 저녁 딸네 집에 가서 손녀들에게 물었다. 친구들이 4월 16일 전쟁이 난다면서 피난을 가야하니까 짐을 싸두라고 했단다. 엄마에게 얘기를 했더니 들은 체를 하지 않아서 그냥 자기들끼리 만반의 준비했단다. 어째서 초등학생들에게 이런 유언비어가 퍼지게 되었을까?

요즘 아이들은 텔레비전과 스마트폰에 노출돼 있어서 쉽게 정보를 얻을 수 있다지만 어떻게 4월 16일이라는 날짜까지 정해진 가짜뉴스가 어린이들에 퍼졌을까? 전쟁이 나서 피난 가는 것을 마치 가족여행을 떠나는 것처럼 재미있게 생각하고 있을 아이들에게 내가 아홉 살 때 겪은 6 · 25전쟁 경험을 어떻게 들려줄 수 있을까? 나는 아직도 그 전쟁의 트라우마에서 벗어나지 못하고 있는데….

충주라는 작은 소도시에서 경찰관이었던 아버지가 빨치산에게 총살당했던 날의 기억은 여전히 내 머리에서 무성영화처럼 선명하게 돌아간다. 8월의 무더운 여름 날 오후 다섯 명의 딸들을 내리 낳고 얻은 9개월 된 아들을 놋대야에 펌프질로 받은 물을 햇볕에 미지근하게 데운 후에 목욕을 시키던 어머니에게 이웃집 아저씨기 대문으로 뛰어 들어와 "안 경사님이 총살당했어요!"라고 외쳤다. 어머니는 동생을 이웃에게 맡기고 황망하게 달려 나갔다. 난데없이 맑던 하늘에 검은 구름이 몰려오더니 소나기가 퍼부어 마당에는 내 발목이 잠길 만큼 물이 고였다.

비가 그친 저녁 하늘에는 서른두 살의 가슴에서 뿜어져 나온 피처럼 새빨간 노을이 졌다. 누가 끓여주었는지 열 살부터 세 살짜리 딸들은 마루에 옹기종기 둘러앉아 밀기울로 수제비를 빚어 감자 넣고 끓인 죽을 먹었다. 반동분자로 낙인찍힌 우리 집은 식량을 비롯한 가재도구를 몰수당했기 때문이다. 서른 살에 청상과부가 된 어머니가 육남매를 키우기 위해 얼마나 고생하셨는지, 그리고 우리 육남매가 얼마나 굶주리며 살아남았는지는 짐작에 맡기겠다. 나는 요즘 표현을 빌리면 흙수저도 아니고 무수저 출신이다.

1950년 이후 67년째다. 나처럼 전쟁을 몸소 겪은 사람들과 겪지 않은 사람들의 안보관 사이에는 엄청난 괴리가 있다. 전쟁을 겪지 않은 사람들에게 그 참상과 굶주림을 얘기하면 마치 다른 나라에서 일어난 일로 치부한다. 하지만, 2차대전 후 미국과 구소련의 이념대립으로 남북이 분단된 한반도는 아직도 준전시 상태이다.

더구나 요즘은 한국이 마치 동네북이라도 된 듯하다. 트럼프 대통령은 국가우선주의로 자국을 위협하는 북한을 선제공격할 태세이고, 일본은 소녀상을 빌미로 자국 대사를 소환해 몇 개월째 귀환시키지 않았다. 한 술 더 뜬 중국은 사드 배치를 반대해 자국민들에게 혐한 감정을 부추겨 관광, 정치, 경제, 외교, 연예 등 모든 면에서 한국을 골탕 먹이고 있다. 이런 위중한 시기에 국가통수권자가 구속되고 대권을 꿈꾸는 정치인들은 북핵 대책보다 표를 얻기 위한 온갖 포퓰리즘으로 국민의 귀를 오염시키고 있다.

내 손녀들처럼 어린 애들이 한반도에 태어난 것이 죄라면 죄일까? 우리의 후손들에게 내가 겪은 전쟁의 참상을 다시 겪게 해서는 안 된다. 어떻게 초등학교 학생들 사이에 4월 16일 전쟁이 난다는 가짜뉴스가 퍼졌는지 학교 선생님들은 살펴봐야 할 것이다.

내가 진료 받고 있는 병원에 비치된 『광화문에서 읽다 거닐다 느끼다』라는 책에서 김종삼 시인의 시 「평화롭게」가 오늘의 내 기도가 된다. "하루를 살아도/ 온 세상이 평화롭게/ 이틀을 살더라도 / 사흘을 살더라도 평화롭게// 그런 날들이/ 그 날들이/ 영원토록 평화롭게…."

(월드코리언뉴스 2017. 04. 04)

'여자의 일생'과 '마이 웨이'

딸이 시월의 마지막 주말에 자기네 집에서 저녁식사를 하자고 했다.

딸네 식구들이 이탈리아 여행에서 돌아온 지 며칠 밖에 되지 않아 음식 장만하기가 힘들 테니 외식을 하자고 해도 집에서 먹는 게 편하다며 올케가 일찍 와서 도와줄 거라고 굳이 집에서 모이잔다.

아들이 차를 갖고 데리러 왔다. 오늘따라 무심한 아들까지 왜 이렇게 지극정성이지? 하기야 다른 모임과 달리 금년은 우리 내외가 결혼한 지 50년이 되는 해라서 자식들이 더 신경을 쓸 것 같다는 생각이 들었다. 가로수의 단풍이 알록달록한 거리를 지나며 50년 전을 생각했다. 내가 결혼하던 1969년 10월 31일에는 살얼음이 끼었었는데….

딸네 집에 들어서니 헐! 이게 다 뭐야? TV에서 젊은이들이 이벤트 할 때처럼 천장에 풍선들이 주렁주렁 달리고 벽에는 현수막과 함께 '50'이라는 금색 풍선과 함께 '아버지, 어머니 감사합니다.

사랑합니다.'라고 큰 글씨가 새겨지고 내 고희 때 찍은 가족사진과 30대와 70대에 찍은 부부 사진 등 세 장이 인쇄되어 붙어있었다. 이걸 누가 다 했느냐는 나의 질문에 딸이 주도해서 초등학교 6학년 쌍둥이 손녀들과 사위가 직접 만들었단다.

주방에서는 딸과 며느리가 분주하게 음식을 장만하여 한 상 가득 차렸다.

식구들이 좋아하는 음식들 가운데는 생일 케이크가 있었다. 결혼기념일 다음날이 내 생일이어서 함께 축하하려는 모양이었다. 생일 축하 노래를 네 명의 손녀들과 아들과 며느리, 그리고 딸과 사위가 박수치며 불렀다. 그리고는 딸이 일어나 방의 불을 껐다.

"왜 불을 끄고 난리냐?"고 의아해하는 사이에 TV에서 동영상이 나왔다.

'사랑하는 부모님께 바칩니다.'라는 제목과 함께 잔잔한 피아노 연주가 흐르며 문학청년 시절의 남편과 머리숱이 많아 미련해 보였던 처녀 시절의 내 사진이 지나가고 결혼식 사진이 나왔다. 그리고 년도 별로 딸과 아들의 출생과 돌 사진, 성년이 된 자식들의 사진에 이어 그들의 결혼과 함께 손주들의 사진들이 차례로 나왔다. 이어서 프랑크 시나트라의 '마이 웨이(My Way)'의 노래가 시작되면서 아들, 딸 가족들과의 여행이 주를 이룬 우리 부부의 50년을 압축한 사진들 밑에 딸이 쓴 헌사가 자막으로 나왔다. 6분짜리 동영상을 보는 동안 눈물이 나서 화면이 잘 보이지 않았다. 딸은 "엄마, 왜 울어. 이렇게 좋은 날에." 하며 나를 위로했다.

동영상 usb를 집에 가져와 몇 번이고 다시 보았다. 볼 때마다 울컥해진다.

내 세대의 여자들 대부분이 그랬겠지만 결혼생활은 순탄하지 않았다. 당시의 처녀들은 스무 살만 넘으면 결혼 적령기여서 고등학교 동창들은 거의 다 결혼했지만 나는 스물여덟 살이 되도록 결혼하지 못하고 있었다. 그런데도 친정어머니가 남편과의 결혼을 극구 반대하셨다. 차라리 평생 혼자 살라고까지 역정을 내셨다. 나 자신도 결혼 날을 잡자마자 후회하였다. 그렇다고 물릴 용기도 없어서 혼자 고민하다가 결혼식 열흘 전에 폐렴에 걸려 간신히 예식을 치렀다.

친정어머니가 우려한 대로 결혼 생활은 가시밭길이었다.

결혼과 함께 남편이 하던 가내공장이 문을 닫아 친정에서처럼 시댁에서도 내가 시댁을 부양하게 되었다. 요즘 여자들 같았으면 바로 짐을 싸서 친정으로 돌아갔을 것이다. 그러나 어머니의 반대를 무릅쓰고 내가 선택한 결혼이어서 차마 돌아갈 수가 없어서 일 년만 견디어보고 임신이 안 되면 이혼하리라고 생각했다. 그러나 내 생각과는 반대로 헤어날 수가 없었다. 다행히 5년 만에 딸을 낳자 그나마 마음의 안정을 찾기 시작했다. 친정어머니의 만류를 뿌리치고 한 결혼을 후회하면서도 딸의 재롱에 시름을 잊을 수 있었다.

이미자의 노래 '여자의 일생' 가사를 들으면 친정어머니가 생각난다. 단칸 셋방에 살면서 어쩌다 한밤중에 자다 깨어 보면 어머니는 불면증 때문에 담배를 피워 물고 벽에 기대앉아 연기를 뿜어내고 계신 적이 많았다. '견딜 수가 없도록 외로워도 슬퍼도 여자이기 때문에 참아야만 한다고/ 내 스스로 내 마음을 달래어가며 비탈진 인생길을 허덕이면서/ 아아 참아야한다기에 눈물로 보냅니다'라는 구절이 한 많은 어머니의 일생이었다.

나 또한 어머니가 반대한 결혼을 한 까닭에 힘든 내색조차 할 수 없었다.

나는 내 고통을 잊기 위해 직장에 올인했다. 일요일에도, 공휴일에도 출근했다. 딸이 태어난 지 4년 만에 아들이 태어나자 비로소 뿌리를 내린 기분이 들었다. 일에 함몰된 탓에 애들과 놀아주지도 못했다. 그런데도 남매는 속 한 번 썩이지 않고 잘 자라서 사랑하는 사람을 만나 가정을 꾸리고 저출산의 시대에 손주들을 네 명이나 안겨주는 효도를 했다.

결혼 초에는 '헤아릴 수 없는 설움 혼자 지닌 채 고달픈 인생길을 허덕이면서'가 내 얘기라고 생각했다. 내 세대의 여자들은 주로 전업주부로 살았지만 나는 가정보다는 일을 더 중요하게 생각했고 맡은 일을 해냈을 때의 성취감을 위해 남들보다 더 노력했다. 그렇게 50년이 지나고 돌이켜보니 나는 'My Way'의 주인공에 가깝게 살았다는 생각이 든다. 가정생활은 고달팠지만 바깥에서는 남자처럼 활동하며 성취감을 느꼈다.

"난 충만한 삶을 살았고/ 참 많은 것을 경험하며 돌아다녔지만/ 그보다 훨씬 더 중요한 것은/ 난 항상 내 방식대로 살았다는 거야… 지난 과거가 말해주듯이 난 닥쳐온 고난을 피하지 않았고/

항상 내 방식대로 했어/ 그래, 그건 내가 살아온 길이었어."

물론 이렇게 되기까지는 남편의 이해가 전제되어야 했다. 그러나 나를 버티게 해준 버팀목은 자식들이었다. 만약 내게 자식들이 없었다면? 그건 상상도 할 수 없는 일이다. 육아와 교육비가 걱정이 되어 무자식 상팔자라고 큰소리치는 젊은 부부들에게 말하고 싶다. 결혼의 정점은 자식들이라고. 특히 손주들은 건강 비타민이고 노후의 건강 유지에 가장 필요한 엔돌핀이라고.

요즘 '82년생 김지영'이란 영화가 뜨거운 주목을 받고 있다. 결혼 후 육아 때문에 직업을 포기한 30대 한국 여성이 겪는 온갖 차별적 상황을 고발한 영화다. 82년생보다 40년을 더 오래 살아온 내게는 엄살 같은 영화라는 생각이 든다. 내 세대가 겪었던 워킹맘의 고충은 상상을 초월한다. 출산하고 3주 만에 출근해서 아기와 눈 마주칠 여유도 없었고 일요일에도 출근하는 것이 다반사였던 시절이었다. 그나마 교육기관이어서 유리천장은 없었지만 성차별은 지금보다 훨씬 심했다.

1년에 여섯 번이나 되는 제사와 설과 추석 상차림은 또 어떤가?

밖에서는 교수 대접을 받았지만 집에 오면 부엌데기에 불과했다. 그런 상반되는 생활을 오랫동안 지켜본 동료들은 나더러 몸은 20세기에 살고 정신은 19세기에 머물러 있다고 놀려댔다. 그런 모든 역경을 견디어냈기에 효심 깊게 자란 자식들과 금쪽같은 손주들과 함께 금혼식을 맞았다. 오늘 자식들이 마련한 감동적인 이벤트가 내 결혼의 대미를 장식했다. (2019. 11)

연탄과 미세먼지

엊그제에 이어 오늘도 미세먼지, 초미세먼지, 그리고 황사가 서울 하늘을 덮어 그야말로 시계(視界) 제로 상태다. 서울시에서는 자가용 사용을 자제하라고 대중 교통비를 무료로 하루에 50억 원을 썼는데도 그 효과는 미미하다고 한다.

신문마다 초미세먼지가 인체에 미치는 영향을 대서특필하고 있다. 미세먼지는 사람의 기도를 자극해 기침, 호흡곤란 등 다양한 호흡기 질환을 야기한다. 어린이나 노인들, 특히 만성 폐쇄성 폐질환이나 천식을 앓고 있는 환자에게는 치명적인 결과를 초래할 수 있다고 경고한다. 또한 폐뿐 아니라 혈관까지 침투해 염증을 유발하고, 2.5마이크로밀리 이하의 초미세먼지는 폐포를 통해 직접 혈액으로 흡수되어 혈관에 붙어 질병을 유발하는데 최악의 경우 뇌에 침투해 알츠하이머의 원인이 될 수도 있다는 것이다.

그런데 왜 유난히 겨울에 미세먼지가 우리의 일상에 악영향을 미칠까?

겨울에는 온도가 낮아 대기 순환이 잘 이루어지지 않아 대기 중에 낮게 깔린 미세먼지의 농도가 짙어진다고 한다. 우리 건강의 위협이 되는 미세먼지의 원인은 자연 현상보다는 사람들이 원인 제공자이다. 공장에서 내뿜는 굴뚝 연기와 매일 출퇴근길에 수백만 대의 차에서 나오는 자동차의 매연이 주범인 데다가 여기에 덧붙여 중국에서 날아오는 미세먼지까지 가세하여 21세기 한국에 사는 사람들은 매일 생명의 위협을 받고 있다. 어느 신문에서는 미세먼지가 '사회적 재난'일 뿐 아니라 우리의 건강과 생명을 서서히 갉아먹는 '침묵의 살인자'라는 표현을 썼다.

'침묵의 살인자'라는 표현을 들으니 1960~80년대의 우리나라 가정에서 취사와 난방을 책임졌던 연탄이 생각난다. 연탄은 그 당시 없어서는 안 되는 중요한 땔감이었지만 동시에 연탄이 타면서 배출하는 일산화탄소로 많은 사람들이 중독되거나 죽기도 해서 '침묵의 살인자'라는 오명을 얻었다. 나도 부엌과 방이 붙어 있던 셋방을 전전하던 궁핍한 시절이어서 수시로 연탄가스 중독으로 몇 번의 고비를 넘겼었다.

대학 3학년 개강 첫날이었는데 그날따라 안개가 자욱해서 앞이 안보일 정도였다.

첫 강의 시간에 들어가니 친구들이 웅성거렸다. 예쁘고 얌전했던 여학생이 방학 중에 연탄가스 중독으로 죽었다는 소식을 전해 들었던 것이다. 충격을 받은 우리는 강의 들을 생각이 없어서 교수님께 휴강하자고 했고 교수님도 동의해서 대낮부터 회기동 파전

집에 가서 한창 젊음을 꽃피웠던 친구의 명복을 빌며 막걸리 잔을 마구 비웠다. 그날따라 연탄이 '침묵의 살인자'라는 말이 실감이 났다.

그러나 연탄은 '침묵의 살인자'라는 악명에도 불구하고 60~70년대에는 서민들에게는 없어서는 땔감이었다. 졸업 후 내 희망은 식구들의 한 달 치 양식과 연탄을 쌓아놓고 사는 것이었다. 그만큼 연탄은 서민들에게는 없어서는 안 되는 중요한 연료였다. 그래서 시인 안도현은 「연탄 한 장」이라는 시에서 '또 다른 말도 많지만/ 삶이란/ 나 아닌 그 누구에게/ 기꺼이 연탄 한 장 되는 것'이라며 연탄을 '이타적인 삶'의 상징으로 묘사하였다. 매일 따뜻한 밥과 국물을 먹게 해주고 온몸을 태워 한 덩이 재로 남으면 눈이 내린 겨울날 아침 미끄러운 비탈길에 뿌려 사람들이 마음 놓고 걸어갈 수 있게 해주던 연탄이었다.

산업화의 성공에 비례하여 우리네 땔감도 연탄에서 LP가스로, 다시 도시가스로 바뀌고 집집마다 자가용을 굴리는 시대로 발전한 반면에 우리의 생명을 위협하는 미세먼지와의 전쟁을 하게 되었다는 것은 아이러니다. 겨울이면 쨍하고 소리가 날 만큼 시린 푸른 하늘이 정신을 번쩍 들게 했는데 이제는 겨울 하늘이 잿빛이 되는 날이 많아 요즘은 사흘은 춥고 나흘은 미세먼지라는 '삼한사미(三寒四微)'라는 말이 유행이다. 잿빛 하늘에는 시도 때도 없이 미세먼지, 초미세먼지, 그리고 황사가 날아와 외출도 마음대로 할 수가 없다. 우리 삶의 질이 좋아진 만큼 자연 환경을 파괴한 업보를 치르고 있는 셈이다.

하늘이 흐린 날에는 공연히 울적해지고 심사가 뒤틀리는데 그게 나의 변덕 때문만이 아니라 미세먼지 때문이라는 것을 김재호의 과학 에세이 '영혼을 잠식하는 부유하는 15억 벌레들'이라는 기사를 통해 알게 되었다.(동아일보 2018. 3.6) 그의 글이 너무 충격적이어서 아래에 인용한다.

최근 서울대 의대 예방의학교실 연구진은 미세먼지와 자살의 상관성을 밝혀내 충격을 안겨줬다. 이번 연구 결과는 해외 저널인 종합 환경 과학지에 발표됐는데, 이 같은 경향은 전 세계적으로 비슷하게 나타나고 있다. 국내에도 2015년 이미 비슷한 연구 결과가 발표된 바 있다. 그동안 미세먼지가 뇌나 심장 질환 등에 영향을 끼친다는 결과는 많았으나 극단적 선택에 이르게 한다는 장기적이고 거시적인 연구결과는 드물었다. 미세먼지 혹은 초미세먼지나 이산화질소 혹은 오존 같은 오염 물질에 오랜 기간 노출되면 우울증이나 불안감에 휩싸일 가능성이 크다. 정신적 고통을 느끼는 것이다. 실제로 10개월 동안 초미세먼지에 노출된 실험쥐는 순환성 염증이나 해마의 구조적 변화가 늘어나 우울과 같은 정서적 반응 혹은 인지 장애를 보였다.

더욱 무서운 건 실외보다 실내의 조건이 더 안 좋아지고 있다는 사실이다. 실외보다 실내 미세먼지로 인해 사망하는 사람이 더 많다. 내가 원래 우울하고 불안한 사람이 아니라 환경 탓일 가능성이 큰 셈이다. 좋은 날씨에도 인간은 약 15억 개의 먼지 입자를 매일 들이마신다. 인간은 원래 자연에 존재하는 먼지를 잘 견딘다. 그런데 인간이 스스로 만들어낸 먼지, 즉 자동차와 공장에서 파생된 (초)미세먼지에 쉽게 무너진다.

미세먼지가 '침묵의 살인자'가 되어 국민 건강에 치명적인 재앙을 가져온다니 수많은 사람들을 시나브로 죽이는 대량 살상 무기인 살인가스 같다. 수십 년 전 '침묵의 살인자'라고 불렸던 연탄가스는 이에 비하면 차라리 애교스러운 명칭이다. 정부는 이런 재앙을 그냥 두고만 볼 것이 아니라 사회적인 문제로 접근하여 대책을 세워야 할 것이다. 예컨대 미세먼지 저감 정책을 세워 환경을 해치는 유해 시설들을 감독하고, 자동차 2부제를 도입하는 등 미세먼지 감소를 위한 대대적인 캠페인을 주도하여 '침묵의 살인자'로부터 우리의 생명을 보호해 주어야 하지 않을까.

'침묵의 살인자'라는 오명을 똑같이 갖고 있는 연탄을 때던 60~70년대가 그립다.

먹고 살기가 팍팍하고 고단했지만 연탄으로 따뜻하게 데워진 아랫목에 깔아 놓은 이불 밑에 온 식구들이 발을 뻗고 오순도순 살던 그 시절이 훨씬 더 인간다웠다는 향수에 젖는 안개 낀 아침이다.

(2018. 01)

은행나무와 전쟁

내가 자주 걷곤 하는 이문 2동의 빗물 펌프장부터 3동 사이 약 400m되는 산책로 양쪽에는 은행나무들이 줄지어 서 있다. 여름에는 풍성한 그늘을 만들어주고 가을에는 노란 은행잎들이 카펫처럼 깔려있어 가을의 정취를 한껏 풍긴다. 그런데 오늘 아침에는 어젯밤에 내린 비바람에 우수수 떨어진 은행 열매의 과육들이 악취를 풍겨서 사람들이 과육들을 밟지 않으려고 몸을 수그리고 지그재그로 걷고 몇몇 할머니들은 떨어진 은행들을 줍고 있었다.

나도 다른 사람들처럼 은행 알들을 피해 지그재그로 걸었다.

아뿔싸! 빗물에 미끄러지며 은행의 과육을 밟고 말았다. 운동화에서 고약한 냄새가 났다. 어차피 운동화가 더렵혀졌기에 일부러 여기저기 널려진 과육들을 밟고 짓이겨 보았다. 그러다보니 역겨웠던 냄새가 못 참을 정도는 아니었다.

고약한 냄새를 가진 은행이지만 약재로 쓰이고 있고 요리에도 사용된다.

고급 음식점에 가면 연두색으로 구워진 은행들을 몇 개씩 고치에 꽂아 내놓고 구절판에도 구색 맞추기 위해 장식되고 있는데 열매의 과육에서 나는 악취 때문에 머지않아 우리 주변에서 은행알들이 사라질 것 같다.

공교롭게도 다음날 모 일간신문에 「"어휴 냄새" 은행나무와 전쟁 막 올랐다」라는 제목으로 냄새가 지독하다는 민원 때문에 서울시 공무원들이 시내에 있는 은행 열매 털기 전쟁이 한창이라는 기사가 나왔다. 전에는 이렇게까지 은행 열매의 악취에 민감하게 반응하여 민원을 제기하였다는 얘기를 듣지 못했는데 요즘 사람들이 참을성이 없어진 건가? 집으로 돌아와 은행나무에 관해 인터넷 검색을 하였다. 'KISTI 과학향기 칼럼'을 통해서 흥미로운 사실을 발견했다. 그 칼럼을 요약하면 다음과 같다.

은행나무는 목련과 개나리처럼 수꽃과 암꽃이 한 그루에서 피어 열매가 열리는 것이 아니라 암나무와 수나무가 따로 자라서 암나무에서만 종자가 난다. 은행알은 실은 열매가 아니라 은행나무 종자라고 표현하는 것이 옳다. 수나무에는 정자가 있는데 꼬리를 달고 있어 스스로 움직이면서 운동할 수 있어 '정충'이라 부른다고 한다. 암꽃의 안쪽에는 육안으로 볼 수 없는 작은 우물이 있고, 이 우물의 표면에 떨어진 정충이 짧은 거리를 헤엄쳐 난자 쪽으로 이동하는데 꼬리를 쓴다는 것이다. 그런데 은행나무는 어른으로 자라 종자를 맺기 전까지 암수를 구별할 방법이 없어 30년 가까운 세월이 지나야 암수를 구별할 수 있다. 그런데 2011년 6월 국립산림과학원이 은행나무 잎을 이용해 암수를 식별하는 'DNA 성감별법'을 개발했다. 종자를 덮고 있는 과육질에서 고약한 냄새가 나고 만지면 피부가 가렵기 때문에 다른 동물은 전혀 관심을 보이지 않는다. 오로지 인간만이 은행 알을 먹으며, 다른 곳에 종자를 퍼트려 준다. 인간이 사는 곳에서만 은행나무를 볼 수 있는 이유다. 그렇다면 은행알의 고약한 냄새는 은행나무가 인간에게만 보내는 비밀 신호는 아닐까?

우리나라에 은행나무가 전해진 것은 신라의 진덕여왕 시대인 649년 중국을 왕래하던 스님이 가져다 심은 것이 최초라고 한다.(Naver) 이렇게 역사가 오래된 은행나무를 악취 때문에 암나무를 베어내고 수나무만 심는다면 마치 여자는 없고 남자만 사는 세상과 같이 되는 것 아닌가하는 생뚱맞은 생각이 든다.

이 세상에 존재하는 생물들은 모두 종족 본능이 있다. 사막에 서식하는 식물들은 척박한 땅에서도 씨를 퍼트리고 하찮은 곤충들이 종족을 보존하기 위해 수컷이나 암컷이 스스로를 희생하는 모습을 '동물의 왕국'에서 보면 눈물겨울 때가 많다. 이렇게 세상에 존재하는 생물들은 종존 보존을 통하여 생성과 소멸을 반복하며 역사가 이루어진다.

우리나라의 여자들이 유독 출산을 기피하는 이유는 절대적으로 부족한 탁아, 및 보육시설과 사교육비 부담 때문일 것이다. 내가 젊었을 때는 잘 살건 못 살건 결혼한 여자에게 출산은 의무였다. 집안의 대를 끊는 것이 칠거지악 중의 하나라는 유교사상 때문에 무슨 수를 써서라도 아들을 낳기를 원했다.

내 일생을 통해 가장 행복했던 때는 결혼 5년 만에 불임을 치료하고 낳은 첫 딸을 옆에 누이고 잠든 모습을 지켜보던 순간이었다. 단칸방에 살았는데도 세상을 다 얻은 듯 마음이 풍요로웠다. 4년 후에 아들을 낳았고, 그 자식들이 결혼하여 낳은 네 명의 손자와 손녀들이 내 재산이다. 나는 전문직 여성으로 느꼈던 성취감보다 손자, 손녀들이 있다는 것이 더 좋다. 늙어서 돌아갈 곳은 가족뿐이기 때문이다.

여자에게 출산의 경험은 축복이다. 여자는 생명을 잉태하여 출산의 고통을 겪고, 힘든 육아의 과정을 통하여 비로소 어른다워진다는 게 내 생각이다. 요즘 젊은 여성들이 경력 단절이 두려워서, 또는 육아가 힘들고 교육비가 많이 든다고 아이 낳기를 포기하는 바람에 한국은 미구에 인구 절벽 사태에 이르게 되었다는 사회 현상은 고약한 냄새 때문에 은행나무 중 암나무를 없애는 것과 무엇이 다른가.

(월드코리언뉴스 2016. 11. 14.)

조지 오웰의 '봄'의 찬미

겨울에서 봄으로 계절이 바뀔 때면 연례행사처럼 감기로 고생하다가 4월 중순에야 털고 일어났다. 주말이기도 해서 몇 달 만에 산책을 나갔다. 그 사이 바깥세상은 완전히 봄의 마술에 홀려 있었다. 화가가 우중충한 캔버스에 온갖 다채로운 색깔로 수채화를 그려놓은 듯했다. 텔레비전 화면과 신문 칼럼에서 보고 읽은 벚꽃 잔치는 이미 끝났고, 개나리는 노란 저고리와 녹색 치마를 입은 처녀로 변했다.

겨우내 죽은 듯 가지들만 앙상하던 나무들이 발칙할 만큼 자기들의 색깔을 지니고 움트고 있었다. 차라리 나무로 태어났다면 해마다 새롭게 태어날 수 있었을 텐데 하는 엉뚱한 생각과 더불어 한반도 전쟁 위기설이 마치 현실이 되는 건 아닌가하는 위기감과 맞물려 화려한 4월의 부활이 서글퍼진다.

'4월, 날씨가 쌀쌀하고 화창한 어느 날이었다. 벽시계가 13시를 알리고 있었다.'로 시작되는 『1984년』을 쓴 조지 오웰(George

Orwell)의 수필 「두꺼비에 대한 몇 가지 생각」을 읽었다. 대다수 시인들이나 작가들은 봄을 화사한 꽃들을 통해 묘사하는데, 오웰은 런던의 봄을 동면에서 깨어난 두꺼비를 통해 묘사한 게 신선했다. "제비보다 먼저, 수선화보다 먼저, 눈풀 꽃보다 그다지 늦지 않게 두꺼비는 다가오는 봄에 나름대로 인사를 한다."로 시작한다. 그는 두꺼비를 통해 봄의 서막을 알리는 이유를 이렇게 설명한다.

> 내가 두꺼비들의 알 낳기에 대해 이야기하는 이유는 내 마음에 쏙 드는 봄의 현상이기도 하고 종달새와 앵초꽃과는 달리 두꺼비들은 시인들의 후원을 그다지 받는 적이 없기 때문이다. 내가 하고 싶은 말은 누구든 돈 한 푼 내지 않고도 봄을 즐길 수 있다는 것이다. 가장 누추한 거리에도 봄은 이러저런 신호를 보낸다. 사실 말 그대로 런던 심장부에 자연이 무허가로 계속 존재하는 게 놀랍다. 봄은 어떤 여과장치도 통과할 수 있는 신종 독가스처럼 도처에서 슬금슬금 스며든다. 봄을 두고 흔히 '기적'이라고들 말하는데 지난 5, 6년 동안 이 닳고 진부한 표현이 새 생명을 얻었다. 근래 들어 우리가 견뎌야 했던 그런 겨울이 끝난 뒤 찾아오는 봄은 진짜 기적처럼 느껴진다. 왜냐하면 봄이 정말 오리라고 믿기가 점점 더 힘든 상황이 돼버렸기 때문이다. 1940년부터 해마다 2월이면 나는 이번에는 겨울이 영영 끝나지 않으리라 생각했다.
>
> (1939년 9월 독일군의 폴란드 침공으로 제2차 세계대전이 시작됐다.)

오웰은 1948년 출판한 『1984년』에서 '빅브라더'가 세계 도처에서 텔레스크린을 통해 사람들을 감시할 뿐 아니라 개인의 생각이

나 사상을 세뇌시킨다고 했다. 마치 북한의 독재체제를 예언한 것 마냥…. 과학의 발전은 인간의 행복을 보장하는 순기능도 있지만 개인의 일상을 침범하고 간섭하는 비인간적인 도구로 쓰이기도 한다. 범죄예방과 방범유지를 위해 곳곳에 설치한 CCTV가 우리를 감시하듯, 해킹 프로그램이나 스마트폰 메신저 앱이 우리의 일거수일투족을 감시하는 세상에 우리가 살고 있는 것을 70년 전에 예언한 그의 선견지명에 독자는 전율을 느낀다. 그럼에도 불구하고 오웰은 인간의 사소한 일상에서 행복을 찾기를 소망한다. 그는 수필의 말미를 이렇게 끝낸다.

> 어쨌든 이곳 런던 N. 1 우편구역에도 봄이 왔다. 그리고 우리가 봄을 즐기는 것을 아무도 막지 못한다. 우리가 진짜 아프거나 굶주리거나 겁에 질리거나 감옥이나 휴가 캠프지에 갇혀 있지 않는 한 봄은 여전히 봄이다. 공지에는 원자폭탄이 쌓여가고 거리에는 경찰들이 어슬렁대고 확성기에서는 거짓말이 쏟아져 나와도 지구는 여전히 태양 주위를 돈다. 독재자도 관료도 이런 변화가 제 아무리 마음에 들지 않는다 해도 결코 막지 못한다.

현재 대한민국호는 선장 없이 외교안보의 바다에서 표류 중이다. 북한은 6차 핵실험을 한다고 협박하고 미국은 모든 옵션은 테이블 위에 있다며 선제공격이라도 할 태세다. 외국에 사는 친지들이 전쟁이 나지 않겠느냐고 걱정스레 카카오톡이나 국제전화로 안부를 묻는다. 그런데 정작 우리는 지난 반세기 넘게 지속된 분단

현상에 면역돼 안보불감증인 줄도 모르고 살고 있다. '트럼프 대통령이 저렇게 으름장을 놓는데 북한이 설마 6차 핵실험을 하겠어?', '설마 전쟁이야 나겠어?' 그래서일까? 산책길에 보니까 주말 나들이를 떠나는 차들로 인해 동부간선도로가 거의 주차장이 됐다.

장미대선에 출마한 후보자들도 제각기 안보를 선거판의 핫이슈로 이용하고 있지만 여전히 안일한 안보관을 드러내고 있고, 군대는 주적인 북한보다 국민의 눈치를 살피느라고 지뢰제거 작전에 자녀를 투입해도 되느냐고 부모의 동의를 받는 지경에 이르렀다. 3년 전 세월호가 침몰했을 때 드러난 정부 관료들의 보신주의, 무사 안일주의가 생각나서 착잡하다.

한반도의 암울한 미래를 예언이라도 하듯이 금년 봄에는 유난히 미세먼지가 자주 출몰해 산책도 마음대로 나갈 수가 없지만 자연은 주어진 소명을 다 해 우리에게 화려한 봄을 선사하고 있다. 2차 대전 중에도 오웰이 봄을 즐겼듯이 나도 한반도의 미래에 대한 걱정을 잠시 접고 점점 짧아지는 봄을 즐겨야겠다.

(2017. 04)

할미는 두 살?

유례없이 긴 연휴가 낀 추석이었다. 10월 3일 개천절에 이어 3일 간의 추석 연휴, 6일은 대체공휴일, 9일은 한글날, 그리고 정부는 그 사이에 낀 2일을 공휴일로 지정해서 열흘이라는 긴 휴가가 이어졌다. 정부가 이렇게 긴 연휴를 준 것은 국내 경기를 진작시키겠다는 목적이라는데 오히려 역효과가 난 것 같다. 해외여행을 떠나는 사람들이 날마다 십만 명을 넘는 기록을 세우고 있다는 보도이다.

바깥세상은 시끄럽다. 북한의 핵 개발은 점점 강도를 더해 가고 미국의 라스베이거스에서는 한 사내가 호텔 32층에서 음악회에 참석한 관객들을 향해 자동소총을 난사해 60여 명의 사망자와 500여 명이 넘는 부상자들이 생겨난 참사가 일어났다. 이처럼 하루도 조용한 날이 없는 세상살이에도 17세기 시인 마벨(Andrew Marvell)이 '시간이라는 날개 달린 마차가 가까이 내 등 위로 달려오는 소리를 듣는다'고 표현한 것처럼 시간은 멈추지 않고 계속 째깍거리며 우리를 '영원의 사막'으로 몰아가고 있다.

아무리 바깥세상이 소란해도 일상은 계속되고, 계속되어야 한다.

추석은 주부들에게 명절증후군이라는 신드롬을 만들었다. 나도 수십 년 동안 시달려온 증후군이다. 십 년 전에 며느리를 보았지만 3년 전까지 혼자 명절 준비를 했다. 그러나 건강이 더 이상 따라주지 않아 며느리에게 빈대떡과 전을 집에서 만들어 오라고 한 뒤부터 추석 차림 일이 반으로 줄었지만 차례에 필요한 장보기는 여전히 부담이다. 어깨와 허리 통증으로 무거운 것을 들 수 없으니 시장에 가기 싫어하는 남편도 이때만은 군소리 없이 카트를 들고 따라나선다.

나는 재래시장에 가서 장을 본다. 운동장만한 마트에는 적응이 되지 않아 재래시장 한 바퀴 도는 것만으로 서민들의 숨결을 느낄 수 있어서 좋다. 그곳에 가면 내 몸에 맞는 옷을 입은 것처럼 편안하다. 값도 싸고 야채도 싱싱해서 이것저것 마구 사도 죄의식이 들지 않는다. 장을 보고 와서 양지를 삶아 탕국을 준비하고 산적을 재우는데 며느리가 전화를 했다.

"어머니, 내일 일찍 어머님 댁에 가서 빈대떡과 전을 부치고 싶은데요."

"왜? 집에서 부쳐가지고 오지 그러냐?"

"애비가 그러자고 하네요. 저녁에는 차도 많이 막히고 사촌 형님네도 같이 가서 어머님 댁에서 자기로 했어요."

"마음대로 하렴."

이게 웬 떡이람. 친손주들을 오래 볼 수 있게 되다니! 우리 부부는 친손주들을 가뭄에 콩 나듯이 만나기 때문에 27개월짜리 막내 손녀가 집에 오면 낯가림이 심해 울다가 한 시간쯤 지나야 제 어미 품에서 떨어진다. 이렇게 드문드문 집에 오니 손주들과 정들 틈이 없다. 그렇다고 나무랄 수도 없는 게 아들 내외가 주말 부부이기 때문이다. 우리 집에는 한 달에 한 번 정도 와서 밥만 먹고 가버린다. 며느리도 직장에 나가니 시간 내기가 힘들어서다.

추석 전날 아들네와 조카네 식구들이 왔다. 갑자기 조용하던 아파트에 세 아이들이 모이니까 시끄러워졌다. 여덟 살짜리 큰손자 뒤를 세 살, 네 살 손녀들이 졸졸 따라다니며 이 방 저 방 숨바꼭질하느라고 뛰어다닌다. 아래층에서 층간 소음 때문에 올라올까봐 걱정이 되었다. 더구나 내 방이 놀이터가 되어 침대 위에서 껑충껑충 뛰고 난리다.

사실 얼마 전에 출판한 수필집에 외손녀들에 관해서는 여러 차례 언급했는데 친 손주들 얘기는 하나도 없더라는 친지들의 지적에 당황했었다. 그렇다고 구차하게 변명할 수도 없고. 같이 지내는 시간이 많아야 얘깃거리가 있는데 요즘 며느리들 대부분이 결혼하면 친정 근처에 살다보니 친정에 자주 왕래하는 게 대세다. 며느리들 입장에서는 그럴 수밖에 없을 것이다. 육아와 집안일을 시어머니보다 친정어머니에게 부탁하는 것이 훨씬 마음이 편할 테니까.

하여간 친손주들과 친해지려는 나의 욕심은 실패한 것 같았다.

막내 손녀가 곁을 주지 않았다. 그런데 추석날 아침, 잠을 실컷 자고 일어난 손녀가 자진해서 내게 다가와 배시시 웃으며 아는 체를 한다. 손녀의 눈은 서양 인형처럼 크다. 속눈썹이 일부러 부친 것처럼 길어 아역 배우를 시키라는 말을 가끔 듣는다는 며느리의 전언이다.

"하영아, 잘 잤니? 할미한테 인사 해야지."

손녀가 유아원에서 배운 대로 두 손을 모아 배꼽인사를 한다. 내가 안아주려고 하자 몸을 뺀다. 그러면서도 도망은 가지 않는다. 그리고는 침대 위로 기어올라 내 옆에 앉는다. 경계를 하지 않는다는 표시이리라. 나는 손녀의 호수 같은 눈을 들여다보며 물었다.

"하영이, 몇 살이지?"

"두 살." 고사리 같이 작은 손가락 두 개를 편다.

"할머니는 몇 살이게?" "할머니는 일흔여섯이야"라며 손자가 대답했다. 그러나 손녀는 고개를 저으며 말했다. "아냐, 할미, 두 살" 하며 다시 손가락 두 개를 편다.

"할머니가 두 살이야?" 라고 물었다. "응, 할미, 두 살."

대박! 금년 추석 보너스는 이것으로 충분하다. 열까지만 셀 수 있는 손녀에게 할머니 나이가 두 살인 게 맥시멈일 게다. 내 얼굴과 목의 주름살은 보이지 않고 손녀의 눈에 보는 것이 전부다.

전기 낭만주의 시(Pre-Romantic Poetry)의 거장 윌리엄 블레이크(William Blake)가 펴낸 시집 『순수와 경험의 노래(Songs of Innocence and of Experience)』의 화자(speaker)는 어린이이다. 어린이의 관점

에서 쓴 「굴뚝 청소부」는 18~9세기의 사회 문제로 대두되었던 어린이의 착취를 고발한 시이다.

영국의 가정집 굴뚝 청소를 위해 유기되었거나 팔려온 5~6세 정도의 남자아이들이 굴뚝 안으로 들어가 그을음을 긁어내었다고 한다. 블레이크는 '청소'라는 발음도 하기 전에 부모가 팔아 버려 어두운 새벽에 일어나 굴뚝 청소하러가는 과정을 어린이의 말투로 서술한다. 이런 열악한 환경에도 불구하고 어린 소년은 부모를 원망하거나 동정을 구걸하지 않는다. 검댕이도 소년의 금발 머리카락을 더럽히지 않을 거란다. 꿈에서는 천사가 나타나 검은 관(질서와 규제로 경직된 사회) 뚜껑을 열어주어 모두 푸른 풀밭으로 웃으며 달려가 강에서 몸을 씻고 햇빛에 말린다는 상상을 한다.

블레이크는 어른들의 규제와 억압이 어린이들의 상상력을 죽인다고 경고한다.

18개월짜리 하영이의 눈에 비친 할머니 나이는 두 살이다. 나이에 비해 말을 잘 하는 손녀가 자라면서 한국의 학원 위주의 획일적인 교육으로 유년의 상상력이 소진되겠지? 생각만 해도 마음이 아프다. 그러나 손녀가 할미의 나이가 두 살이라고 말해준 오늘을 잊지 못할 것이다. '숟가락 밑에 정분난다'는 속담처럼 같이 먹고 자면서 부대껴야 정이 드는가 보다.

(2017. 10)

햇살에게

남편이 심장혈관 조영시술을 받는 날이라 입원수속하기 위해 아침 일찍 딸과 함께 병원에 갔다. 나이가 많으니 여기저기 고장 나는 것은 당연한 일인데 지금까지 입원할 정도로 아픈 적이 없어 다리에 힘이 풀렸다. 오전에는 자기가 있을 테니 집에 가서 쉬다 오후에 오라는 딸의 배려가 고마워서 남편이 시술할 때 오마고 하고 어두운 병실을 빠져나왔다.

병원을 나서니 눈이 부셨다. 어제까지 겨울의 결기가 남아 피부 속으로 파고들던 바람이 어디로 갔는지 따사로운 햇빛이 봄이 왔다고 신고식을 한다. 문득 정호승의 「햇살에게」라는 시가 생각났다.

이른 아침에
먼지를 볼 수 있게 해주셔서 감사합니다
이제는 내가
먼지에 불과하다는 것을 알게 해주셔서 감사합니다
그래도 먼지가 된 나를

하루 종일
찬란하게 비춰주셔서 감사합니다.

인간은 '먼지'처럼 쓸모없고 유한한 존재지만 살아서 햇빛을 받으며 걸을 수 있어 행복하다는 이 시가 오늘따라 마음에 와 닿는다. 여러 가지 질병 때문에 병원에 갇혀 있지 않고 거리를 활보하는 것은 얼마나 고마운 일인가. 나는 햇살의 유혹에 이끌려 지하철역까지 걷기로 하고 50여 년 전 남편과 연애할 때 오가던 골목길로 들어섰다.

대학가의 골목은 미로처럼 얽혀있지만 헤매다보면 차가 다니는 큰 길로 이어진다. 마치 우리네 인생처럼. 그와 나는 가난의 무게가 힘겨워 결혼을 앞두고 참 많이도 망설이고 고민하며 이 골목들을 누볐다. 옛날의 다닥다닥 붙었던 초라한 주택들은 간 곳이 없고 다가구주책들이 들어섰지만 좁은 골목에 선 전봇대들은 여전히 그 자리에 버티고 있었다. 그와 나는 나무로 치면 고목이 되었는데….

집에 와 한숨 돌리며 텔레비전을 틀었더니 이정미 재판관이 박근혜 대통령의 탄핵 인용문을 읽는 장면이 나왔다. 지난해 가을부터 온 나라를 쑥대밭으로 만든 대통령과 비선실세의 국정농단, 그리고 촛불집회로 표출된 국민들의 저항이 마침내 대통령의 탄핵으로 막을 내렸다. 그러는 동안 나도 남편의 유난스러운 신경질에 무심한 채 이 나라의 파국에 울분을 터트렸다. 이제는 모두 제자리로 돌아가 강력한 리더십과 소통 능력을 갖춘 대통령을 뽑아 강대국들 사이에서 샌드위치 신세가 된 국가 안보와 경제 문제를 제

갈량의 지혜로 풀면 좋겠다.

지난겨울에는 남편이 평소와 달랐다. 워낙 말이 없는 사람이었는데 사소한 일로 짜증을 내고 외출도 하지 않았다. 밥도 잘 먹지 않고 소파에서 시체 놀이만 하고 있는 그가 미워서 잔소리를 하면 그게 발단이 되어 티격태격 하였다. 자주 다투게 되니까 차라리 혼자 살고 싶다는 생각이 들기도 했다 요즘 '졸혼(卒婚)'이 유행이라지 않는가. 나도 '졸혼'을 해버려?

남편과 다툰 날 저녁이면 딸네 집에 가서 흉을 보았다. 그러면 딸이 늙은 부모의 카운슬러가 되어 제발 사이좋게 지내라고 타일렀다. 그러다 지난 연말에 받은 건강검진 결과 그의 심장에 이상이 있다는 것을 발견했다. 인터넷에 검색을 했더니 심방세동에 이상이 생기면 충동적으로 화를 내는 증상도 있다고 했다. 그것을 모르고 나는 그의 무기력한 모습에 짜증을 냈던 것이다.

그는 자각 증상을 느끼지 못했다고 한다. 지난주 심장 전문의한테 갔더니 방치하면 심근경색의 위험이 있으니 당장 입원해서 심장혈관 조영술을 받으라고 했다. 남편이 지난 몇 달 동안 움직이기 싫어했던 것은 심장 이상 때문이었다니 미안하기도 하고 겁도 난다. 평생 동안 내가 잔병치레를 많이 해 입원과 수술을 여러 번 했지만 남편은 검사하기 위해서 하루 정도 입원했을 뿐 건강했기 때문에 당황스럽다.

입원 전날 저녁, 딸네 집에서 식사를 하는데 남편에게 제일 살갑게 구는 열 살짜리 손녀가 물었다.

"할아버지, 할아버지들이 제일 좋아하는 돈을 뭐라고 부르는지 아세요?"

뜬금없는 질문에 모두 모른다고 머리를 옆으로 흔들었더니 손녀가 또박또박 말했다.

"할 - 머니."

손녀의 아재 개그에 식구들은 웃음을 터트렸다.

"할아버지, 그러니까 할머니랑 싸우지 마시고 사이좋게 지내세요."

손녀까지 우리 부부가 다투는 게 신경 쓰였나 보다. 나이 탓인지 요즘 내 주변의 가까운 친구들이 아파서 심란하다. 남편을 간호하기 위해 병원으로 떠나는 내 마음 속에 애송시(愛頌詩) 한 구절이 떠올랐다. 영국의 시인 오든(W.H. Auden)의 '자장가(Lullaby)'라는 시다. 세상이 시끄럽고 제각기 잘났다고 큰소리치는 사람들이 많지만 시인은 사랑에만 몰두하겠다고 다짐을 한다. 그 시의 세 번째 연에서 화자(話者)는 자기 팔을 베고 잠든 연인에게 다음과 같이 속삭인다.

> 확신과 충성심은
> 종의 진동처럼
> 한밤중 시계소리와 함께 사라진다
> 유행을 좇는 미치광이들은 외친다
> 현학적이고 지루한 소리들을
>
> 끔찍한 트럼프 카드가 예언한 대가를 모조리 갚아야한다고
> 그러나 오늘 밤부터는 그대의 작은 속삭임, 생각, 그리고
> 단 한 번의 키스와 눈짓조차 절대로 놓치지 않으리라.

(월드코리언뉴스: 2017. 03)

한국전쟁과 보릿고개

트롯 가수 진성 씨가 부른 '보릿고개'를 들으면 나도 모르게 1950년에 일어난 6·25 전쟁 이후 많은 사람들이 겪었던 가난의 참상이 생각나 착잡해진다. "아야— 뛰지 마라 배 꺼질라/ 가슴시린 보릿고개길/ 주린 배 잡고 물 한바가지 배 채우시던/ 그 세월을 어찌 사셨소/ 초근목피의 그 시절…." 이 노랫말은 자식들에게 한 숟가락이라도 더 먹이기 위해 당신은 굶어야 했던 어머니를 회상하는 노래지만 아홉 살에 전쟁을 겪은 우리 식구 모두가 보리밥은커녕 밀기울을 반죽해서 감자 몇 알을 썰어 넣은 멀건 죽으로 연명을 했던 터라 배고픔의 고통을 너무 잘 알고 있다.

6·25 전쟁이 난 지 68년이 지났건만 나는 그날이 오면 어쩔 수 없이 전쟁의 악몽에 시달린다. 그 전쟁으로 인해 아버지가 빨치산에게 총살을 당했고 풍비박산이 된 우리 식구들은 먹지 못해서 황달이 걸릴 정도였다. 어린 자식들의 끼니를 해결하기 위해 어머니는 삯바느질을 비롯하여 갖은 고생을 하셨으나 밥 먹는 날

보다 굶는 날이 많았다. 아침저녁 끼니도 겉보리를 한 되 씩 사다 돌확에 대충 찧어 밥을 지으면 시커먼 보리쌀이 입안에서 따로 놀았다. 그 꽁보리밥을 멀건 된장국에 말아 후루룩 마시면 금세 배가 고팠다. 미국에서 구호물자로 보내준 가루우유를 학교에서 나누어 주면 그것을 양은 도시락(벤토)에 넣고 밥솥에 쪄서 딱딱하게 굳은 우유 덩어리를 입안에 넣고 우물거리며 허기를 채웠다. 나는 고등학교 졸업할 때까지 도시락을 싸가지도 못해서 여름이면 빈혈로 졸도를 몇 번 하였다.

당시에 보릿고개라고 불리는 6월은 가난한 서민들에게는 잔인한 달이었다.

우리 식구뿐만 아니라 거의 모든 서민들이 배를 곯았다. 오죽하면 여고 1학년 때 보리 베기에 동원되어 서툰 솜씨로 보리를 베다가 왼쪽 검지를 다쳐 지금도 그 상처자국이 선명하다. 흉년이 들면 서민들의 기아는 극심해서 초근목피로 연명하는 사람들이 늘어나 신문에 대서특필되기도 했다. 5·16 혁명이 일어나자 정부는 미국에서 잉여 농산물을 들여와 분식을 장려했지만 밀가루 구하기도 어려운 시절이었다. 그렇게 1970년대 말까지 내남없이 기아에 허덕였다.

'6·25 전쟁'은 내게 아버지의 피살과 배고픔의 동의어다. 이런 트라우마 때문에 나는 전쟁의 주범인 북한에 대한 적개심을 버리지 못하고 있다. 그런 내게 지난 4월 27일 판문점 남측 평화의 집에서 열린 남북정상회담에서 문재인 대통령과 김정은 북한 국무위원장의 도보다리 산책 광경을 TV에서 방영하는 것을 보며 충격을 받을 수밖에. 어떻게 저런 일이 가능할 수 있단 말인가? 김정은은 북한 독재정권의 3대 세습자로서 삼촌을 총살하고 형을 독살시킨 무지막지한 독재자가 아닌가. 그가 주민의 배고픔은 외면하고 오로지 핵개발을 완성하여 세계 최강국인 미국까지 위협하고 있는데 만찬장에서 만면에 미소를 띠고 평양냉면 운운하는 장면은 인간의 이중성, 아니 다면성은 어디까지 가능한지 가늠이 되지 않았다.

한 술 더 떠서 우리나라 대통령의 중재로 미국의 트럼프 대통령과 북한의 독재자가 6월 12일 싱가포르에서 미·북정상회담을 가졌다. 작년까지만 해도 트럼프는 김정은을 세계에서 가장 나쁜 독재자라고 비난하며 핵무기를 완성한 북한의 '완전하고 검증 가능하며 불가역적인 핵 폐기(CVID)'만이 북한이 살 길이라며 으르렁대더니 성조기와 인공기들이 나란히 정렬된 장소에서 세계에서 가장 비정상적인(?) 국가 수장들이 악수를 하고 트럼프 대통령과 독대한 김정은이 "우리한테는 발목을 잡는 과거가 있고, 또 그릇된 편견과 관행들이 때로는 우리의 눈과 귀를 가리기도 했는데, 우리는 모든 것을 이겨내고 이 자리까지 왔다"고 엄숙(?)하게 말하는 장면을 보며 웃어야 할지 울어야 할지 혼란스러웠다. 그의 근사한 미사여구에 감동했는지 줄기차게 북한의 'CVID'를 외치던 강대국 미국이 어떻게 비핵화가 빠진 공동 성명서를 발표하였는지 불가사의하다.

반공 이데올로기에 젖어 한 평생 살아온 나와 같은 70~80 세대는 4·27의 도보다리 장면이나 6·12의 미·북정상회담 장면을 보며 정말 혼란스러웠다. 정치와 외교에 문외한이지만 70여 년 동안 북한을 '주적'으로 알고 살아왔는데 갑자기 북한을 '형제'처럼 대하는 것이 어떻게 가능한 일인가? 많은 신문과 텔레비전에 나오는 토론자들은 금세 남북이 종전협정이라도 맺어 한반도에 평화가 정착되고 통일이 이루어질 것처럼 호들갑을 떨고 있지만 내게는 북한이 남한에 접근한 이유가 유엔을 비롯한 서방의 제재가 극심해져 북한 경제가 극도로 피폐해진 결과 돌파구를 찾기 위한 수단으로 밖에 생각되지 않는다.

어떤 칼럼니스트는 「김정은의 木馬」라는 칼럼에서 '전쟁의 불안에 시달리는 우리 국민이 좋아하는 선물은 평화일 것이다. 김정은 북한 국무위원장은 4·27 남북정상회담에서 우리에게 그것을 약속했다. 하지만 그의 평화는 목마일 개연성이 짙다. 미국의 압박에도 핵 폐기 일정을 안 내놓고 버티면서 세 번이나 중국으로 달려간 연유를 생각해보면 단박에 알 수 있는 사실이다. 그는 자신의 피붙이나 인민을 서슴없이 죽인다. 그런 독재자가 자기 인민에게도 주지 않는 평화를 남쪽에 보장해줄 리 만무하다.'고 썼다. (배연국 칼럼: 2018. 6. 26)

나는 위의 칼럼에 동의한다. 그러나 그런 논조에 동의하는 사람들을 가리켜 요즘 진보를 자처하는 지식인들은 극우주의자라고 매도할지도 모른다. 그러나 '6·25 전쟁'을 겪고 기아에 시달려본 사람들은 김정은의 평화놀이에 극도의 경계심을 품지 않을 수 없다. 평화를 위장해서 트로이 성문 앞에 커다란 목마를 세워 그 속에 병사들을 숨겼다가 평화의 덫에 걸린 시민들이 축제를 벌이는 사이에 성을 함락시켰다는 호머의 서사가 21세기 대한민국에 일어나지 않으리라고 누가 보장하겠는가?

며칠 전 나와 같은 논조로 칼럼을 쓴 어느 노교수의 글에 달린 댓글들 대부분이 '좋아요'보다는 '좌파 우파 구분지어 말하는 이유가 뭐냐. 그냥 조용히 살아라.' '그 늙고 더럽고 추한 입으로 제임스 조이스를 말하는가?' 등등 차마 입에 담을 수 없는 것들이 많았다. 그들의 논리에 따르면 나와 같은 뒷방 늙은이들은 무조건 입 다물고 나라가 돌아가는 꼴을 지켜만 보란 것 같은데 솔직히 우리는 살날들이 얼마 남아 있지 않다. 다만 우리 손주 세대에 대한민국이 적화통일 되지 않고 한반도의 평화가 구축되어 지난 반세기 동안 이루어낸 세계 10위권의 경제 발전과 민주화의 기적이 계속 이어지기를 바랄 뿐이다.

(2018. 06)

기록(記錄) 습관

냉장고가 고장이 났다. 남편이 언제 샀는지를 묻기에 묵은 일기장을 펼쳤다.

2007년 5월 21일에 구입한 금액까지 적혀 있었다. 딸이 김장 준비를 하면서 작년에는 언제 했더라? 하기에 "12월 1일에 했잖니."라고 대답했더니 "엄마는 기록 중독자 같아"라고 말했다. 기록 중독자라고? 기록 습관이라면 몰라도 '중독자'란 말을 들으니 조금은 언짢다. 아마도 자식들이 어렸을 때나 지금 손주들에게 일기 쓰라고 성화를 했던 게 마음에 남아 있었나 보다.

하기야 중학교 때부터 시작한 일기를 아직도 쓰고 있으니 중독자라는 소리를 들을 만도 하다. 요즘 걱정거리 중의 하나가 서재의 서랍에 차곡차곡 쌓인 일기장을 처분하는 문제다. 내 나이쯤 되면 주변 정리를 하고 떠날 차비를 해야 한다는데…. 이것들을 없애기 위해 파쇄기를 사야 하나?

사춘기 때부터 마음의 허기를 잊으려고 책을 닥치는 대로 읽었고 독후감 비슷한 글을 써서 간직하기 시작했다. 한때는 소설의 남자 주인공에게 편지 쓰는 형식으로 이성에 대한 동경을 표현하기도 했다. 그때 쓴 일기는 없어지고 지금 남아있는 것은 대학시절부터 쓴 것들이다. 연애와 취업 걱정 등 고민거리가 많았던 그 시절에는 대학노트 한 장을 꽉 채웠지만 취직 후부터는 그날의 일정과 지출한 돈 내역과 만난 사람들을 기록해 놓아 지난 50여 년간의 행적이 드러나 있다. 1969년 결혼 혼수 비용으로 쓴 16만 5천 원이 어디에 지출되었는지도 일목요연하게 정리되어 있을 정도이다.

나는 잠자리에 들기 전에 기록하지 않으면 중요한 과제를 빠트린 것 같아 항상 다이어리를 머리맡에 둔다. 여행을 갈 때도 다이어리는 빠트리지 않는다. 12월이 되면 제일 먼저 챙기는 것도 새해의 다이어리이다. 정년퇴직을 하고는 일기가 길어져서 칸이 많은 다이어리를 산다. 시간 여유가 있을 때면 묵은 일기를 꺼내 과거의 오늘은 누구를 만났는지, 무슨 일이 있었는지를 읽다보면 정신없이 바빴던 그 시절이 떠올라 잠시 시간여행의 묘미를 맛보기도 한다.

별로 내세울 것도 없는, 그날이 그날인 변화 없는 일상인데 왜 굳이 기록을 하는지 나도 모르겠다. 그냥 습관이 되어버려서 해가 바뀔 때마다 다이어리가 한 권씩 늘어난다. 흰 눈 위에 발자국을 내듯 내가 어디로 가는지 흔적을 남기고 싶어 기록한다고나 할까. 살아있는 동안 매일 한 걸음씩 최종 목적지까지 어떤 흔적을 남기는지 알고 싶기도 하다. 나는 생각 없이, 준비 없이 사는 게 싫다.

기록의 중요성을 실감했던 것은 근무하던 대학교의 국제교육원장으로 재직했을 때였다. 1998년 10월 8일 한일 정상 간에 합의한 '21세기를 위한 새로운 파트너십' 공동 선언 행동 계획의 후속 조치 사업으로 1999년부터 한국의 이과(理科) 고등학교 학생 100명을 국비 유학생으로 선발하여 일본으로 떠나기 전에 교육원에서 6개월 연수를 하는 프로그램을 맡게 되었다. 일본어를 비롯하여 수학, 물리, 일본 문화와 전통, 그리고 예절 교육 등을 가르친 후 일본의 국립공대에 배정하기 위하여 일본 문부성 직원들과 우리나라 교육부 담당자들과 회의를 하는 자리에 연수 책임자로서 참석하곤 했다. 회의석상에 앉은 우리 측 교육부 공무원들은 그날의 회의 내용을 요약한 종이 몇 장만 들고 나오는데 반해 일본 측은 사업 초창기부터 모은 두꺼운 문서 파일을 갖고 나왔다. 현안 문제에 이견이 생기면 누가 이길까? 당연히 과거의 자료를 가져온 편이 이기게 마련이다.

게다가 당시 교육원에는 '겨울동화'로 일본에 한류 바람이 일어 많은 일본 여학생들이 교육원에 와서 한국어 공부를 하였다. 연수가 끝나 수료식을 마치면 송별 점심이나 저녁을 먹곤 했는데 그들은 거의 모두 두꺼운 다이어리를 소지하고 있었다. 나는 호기심으로 한 학생의 다이어리를 보고 싶다고 청했더니 그 학생이 보여주었다. 그것을 펼쳐보고 놀랐다. 그들은 연수 기간 동안에 문화 체험으로 방문했던 고궁과 경주, 그리고 설악산의 입장권이나 사진,

그리고 심지어 지하철 승차권까지 첨부했다. 그들은 어려서부터 기록하는 습관을 배운 것 같았다.

그런데 비해서 한국인들은 기록하는 습관이 없는 것 같다.

가계부를 쓰는 주부들도 많지 않다. 우리나라에서는 큰 사건이 나면 여론이 양은냄비처럼 들끓으며 매뉴얼을 만들어야 한다고 시끌벅적하다가도 시간이 지나면 흐지부지 되고 만다. 특히 공직자들의 기억상실증이 심한 것 같다. 내가 재직하고 있는 학교가 새 건물로 이전해서 교육부에 주소 이전 신청을 한 지 2년이 지났는데도 인가가 나지 않았다. 담당자가 왜 그리 자주 바뀌는지 새 담당자가 오면 모든 업무를 새로 시작해야 하다는 것이다. 전임자가 인수인계 서류를 남기면 후임자가 효율적으로 처리할 수 있을 텐데 아직까지도 질질 끌고 있다. 민원처리 과정이 많이 개선되었다고는 하나 많은 경우에 공무원이 갑이 되고 민원인은 을이 되는 게 현실이다.

역사적으로는 우리나라의 기록문화는 세계 6위, 아시아 1위라고 한다.

유네스코가 선정한 세계기록유산에 등재된 유산이 아홉 개인데 조선시대의 것만 해도 『조선왕조실록』, 『승정원일기』, 『의궤』, 『훈민정음 해례본』 등 여섯 개가 된다. 『조선왕조실록』은 조선 태조부터 철종에 이르기까지 25대 472년 간의 역사를 연월일 순서에 따라 기록된 역사인데 이것을 기록하는 사관(史官)은 객관성, 공정성, 익명성을 보장받고 왕은 무슨 일이 있어도 사관이 기록한 실록을 볼 수 없었다고 한다. 이런 좋은 기록 문화유산을 갖고 있는 우리나라에서 대통령을 역임한 분들 중에 청와대 기록물을 개인 소유물로 보관했었다는 뉴스를 듣고 한심했다. 국가의 기록물은 물론 학교와 기업의 연혁은 영구 보존 가치가 있는 것이다. 그 자체가 문화이기 때문이다.

'천재의 기억보다 바보의 기록이 좋다'는 말을 어느 글에서 읽었다.

이제는 별로 쓸 일도 없는 평범한 노인의 일기가 무슨 소용이 있을까마는 하루의 일을 기억하고 쓸 수 있는 한 나는 여전히 여과 없이 기록할 것이다. 그 많은 일기장을 어떻게 처분할 것인가는 다음에 생각하기로 하고….

(2019. 01)

행운목 향기가

퇴근하고 집에 돌아오니 향수 냄새가 진동한다. 남편이 향수를 뿌릴 리가 없는데 웬일이지? 냄새가 너무 진해서 현기증이 날 정도다. 백합 향기 같기도 하고, 라일락 향기 같기도 한데 도대체 어디서 나는 건지 아무리 집안을 둘러보아도 이유를 찾지 못했다. 외출했던 남편이 돌아와서 어디서 나는 냄새냐고 물었더니 어이가 없는 듯한 표정으로 식탁 옆에 있는 나무를 가리켰다. 베란다에 있는 것을 추위에 얼까봐 거실로 옮겨 놓은 것이다.

"나무에서 왜 향수 냄새가 나요?"

"꽃이 핀 거야. 행운목 꽃이…."

그제야 나무를 찬찬히 바라보았다. 긴 줄기에 하얗고 작은 꽃들이 대롱대롱 달려 있었다. 그것도 한 송이가 아니라 뿌리 있는 데서부터 대여섯 송이가 피어 진한 향기를 뿜어내고 있었다.

집안에서의 나는 주방일 외에는 매사 이런 식이다.

가구 배치라든가 그림을 벽에 거는 일 등 집안의 인테리어나 화

초에 무심해서 남편이 언제 무엇을 어떻게 처리했는지 나중에 알게 되는 경우가 많다. 보통 다른 집에서는 부인들이 집안을 꾸미는데 나는 그런 데는 관심도 없고 할 줄도 모른다. 아니 내가 나선다면 남편과 다투게 될 게 뻔하다. 그만큼 남편은 집안 정리에 관심이 많고 잘 하는 편이다.

행운목은 이 아파트에 이사 온 다음 해부터 베란다에서 길렀으니 19년째다.

그래서 키가 거의 2미터나 된다. 남편은 화분들을 지극정성으로 돌본다. 동양난들을 비롯해서 동백나무, 오렌지 나무도 오랫동안 키워 해마다 동백꽃이 많이 피고 오렌지가 열린다. 베란다에 나가는 일이 거의 없는 나는 남편이 손으로 가리켜야 꽃이 피었거나 열매가 달린 것을 보게 된다.

몇 년 전에는 남편이 아끼는 동양란이 거실 탁자에 있었다.

주방에 있는 나를 불러 자기 옆에 나를 앉으란다. 좀처럼 없는 행동이어서 '왜?'라고 눈으로 물었더니 "무슨 냄새가 안 나?" "무슨 냄새? 아무 냄새도 안 나는데."라고 대답했더니 나보고 참 무디다고 핀잔을 주며 옆 탁자에 있는 난을 가리킨다. 자세히 보니 하얀 꽃술이 달려 있었다. 남편은 이 난은 꽃을 피우기가 어려운 것인데 피었다고, 꽃향기가 은은하게 나지 않느냐고 마치 사랑하는 여인을 보듯이 흐뭇한 미소를 띠고 지긋이 난을 바라보는 것이었다.

방으로 돌아와 생각하니 스스로에게 부아가 났다. 내가 잘 아는 게 뭔가?

집안에 있는 꽃들에게 관심이 없듯이 꽃 이름을 아는 게 거의 없다. 어쩌다 옆 사람에게 물어서 이름을 들어도 돌아서면 잊어버린다. 옛날 어릴 때부터 보았던 봉숭아, 백일홍, 분꽃, 달리아, 파초, 코스모스, 국화 정도만 알고 야생화나 외래종에 대해서는 완전 문외한이다. 꽃 이름뿐만 아니라 식물이나 나무 이름도 모른다.

내 기억력은 그리 나쁜 편이 아니어서 사람 이름을 잘 외는 것으로 정평이 나 있다.

신학기가 시작되어 신입생들이 들어오면 기대와 호기심으로 출석을 부를 때 손을 들라고 하여 학생 이름과 얼굴을 익힌다. 한 달 정도 지나면 대부분의 학생 이름과 얼굴을 외워서 내 강의 시간에는 대출(대리출석)을 못하는 것으로 학생들 사이에 악명(?)이 높았는데 무슨 까닭인지 꽃과 식물과 나무 이름은 아무리 외우려고 노력해도 그때뿐이다. 기억력도 선택적인가 보다. 그래서 꽃이나 식물을 보고 그 자리에서 이름을 맞추는 사람들을 보면 존경스럽다. 어떻게 하면 꽃 이름을 외울 수 있을까를 궁리해보지만 뾰족한 방법이 없다. 식물도감을 놓고 시험 공부하듯이 매일 사진과 이름을 보면서 외우면 가능할지도 모른다. 불행히도 나는 그럴 마음의 여유가 없다. 게다가 관심조차 없으니 그 분야에 관한 한 백치에 가깝게 된 것이다.

나무와 꽃과 식물에 대한 무식함을 굳이 변명하자면 자연에 관심을 갖기에는 너무 바쁘게 살아왔다고 할까? 구차한 변명이다. 대부분의 사람들은 길에 핀 작은 꽃에 관심을 갖고 보거나 하다못해 부엌 창틀 위에 유리잔에 파뿌리라도 심고 자라는 모습을 관찰하는데 나는 바쁘다는 핑계로 관심을 갖지 않고 살아온 결과가 자연 관찰에는 완전 백치가 되고 말았다.

반면에 나는 사람들에게는 호기심이 많다. 사람 만나는 걸 좋아한다.

개인적인 일이거나 공적인 일로 사람을 만날 때는 그 사람의 배경을 미리 조사하고 그와의 대화를 위해 미리 화젯거리를 마련하려고 애쓴다. 초면이지만 대화가 매끄럽게 이어진다는 것을 경험으로 체득했기 때문이다. 만약 영문학을 전공하지 않았다면 나는 심리학을 택했을 것이다. 대학에서도 심리학 시간을 좋아하고 열심히 들었던 기억이 난다. 지금도 인터넷 칼럼을 읽다가 심리학이나 정신분석에 관한 글이 나오면 스크랩을 한다. 요즘은 서울대 명예교수인 정도언 박사의 칼럼을 즐겨 읽는다. 엊그제 「정신분석은 장기전」이라는 칼럼에서 그는 다음과 같이 썼다.

> 분석은 쓰기입니다. 분석을 받는 사람은 분석가와 협동해 자신의 인생 이야기를 새롭게 써 나갑니다. 그 이야기 속 인생이 풍성하고, 흥미로우며, 인생을 보는 안목이 복합적으로 변한다면 성공입니다. 이야기 속 사람들을 단순히 아군이나 적군이 아닌, 있는 그대로 표현한다면 성공입니다. 자신이 하는 생각을 분석가의 도움 없이 스스로 읽어낸다면 역시 성공입니다. 분석의 결과로 숨겨진 창의성을 회복해 일상에서, 취미에서, 전문 분야에서 활용한다면 엄청나게 성공한 겁니다. (정도언의 마음의 지도. 동아일보. 2019. 10. 16)

평생 동안 책과 일과 사람과의 소통을 전부로 알고 살아온 세월은 기울어진 운동장처럼 균형이 깨진 삶이었음을 느낀다. 김춘수 시인의 「꽃」이라는 시에 '내가 그의 이름을 불러 주었을 때/ 그는 나에게로 와서 꽃이 되었다'라는 표현처럼 바쁘다는 핑계를 대지 말고 꽃과 풀과 나무들의 이름을 불러주며 심미안을 길렀더라면 나의 인성이 꽃처럼 좀 더 품위를 갖출 수 있었으리라는 아쉬움이 남는다. 그래서일까. 거실에 꽉 찬 행운목 향기가 나를 위로하며 이제라도 늦지 않았으니 자기에게 관심을 가져달라고 꽃 이파리를 하늘거린다.

(2018. 12)

냉장고

'뒤로 넘어져도 코가 깨진다'는 속담이 요즘 나를 두고 하는 말 같다.

금년 정월 초하루에 남편이 오른쪽 어깨를 골절해서 인공관절을 했는데 두 달도 되지 않아 이번에는 왼쪽 팔이 골절되어 접합 수술을 하여 3주 째 보조기를 하고 있다. 두 팔이 다 불편해 혼자 할 수 있는 게 거의 없는 남편 때문에 휴가를 내어 그의 수발을 들고 있다. 병원용 침대를 대여해서 잠자리에서 일어나는 것부터 밥상에서 반찬을 잘게 찢어놓고 샤워도 시켜주어야 한다. 주사라면 질색하는 내가 남편의 뼈를 빨리 붙게 해준다는 주사도 매일 같은 시간에 놔주고 팔 운동도 시켜주어야 하는데 신역이 고되다 보니 자주 잊어버린다.

지난주 일요일에도 남편의 샤워를 도와주고 뒷정리를 하는데 머리를 빗겨 달랬다.

이미 로션으로 얼굴과 머리를 손으로 빗겨주어 빗질할 이유가 없는데도 굳이 빗기란다.

솜털 같은 백발이 조금 남은 머리를 빗겨주다가 나도 모르게 웃음이 터졌다. 그는 왜 실없이 웃느냐며 화를 냈지만 이유를 말할 수는 없었다. 신혼 초에 그의 머리는 숱이 많고 말갈기처럼 굵고 검었다. 머리를 감으면 머리카락이 뻣뻣하게 곤두서서 포마드를 듬뿍 발라 빗곤 해서 그의 베개는 항상 포마드 냄새가 배어 있었다. 그랬던 그의 머리카락들이 솜털로 변해 정수리에 조금 남아 있는데도 옛 습관대로 빗질해 달래서 웃음이 터졌던 것이다.

남편은 젊어서부터 깔끔했다. 양복바지의 주름을 스스로 다리미로 칼같이 세워 외출하던 그의 변한 모습에서 세월의 가혹함을 느낀다. "세월아 너는 어찌 돌아도 보지 않느냐/ 나를 속인 사람보다 니가 더욱 야속하더라/ 한두 번 사랑 땜에 울고 났더니 저만큼 가버린 세월/ 고장 난 벽시계는 멈추었는데 저 세월은 고장도 없네"라는 노랫말은 만고의 진리다. 세월은 한 치의 오차도 없이 흐르고 시간을 알리는 시계도 언젠가는 고장이 난다. 마찬가지로 인간도 세월의 녹이 슬어 서서히 삭아가다가 마침내 생을 마감하게 된다. 요즘의 나는 남편의 와병과 코로나 바이러스 감염증으로 '집콕'할 수밖에 없는 답답함을 '미스터트롯'의 노래로 달래고 있다.

남편만 고장 난 게 아니다. 나도 나이의 두께만큼 고장이 잦다.

하루 세끼의 해결과 남편 시중, 그리고 그의 약 챙기는 게 힘이 들어 사지가 쑤신다.

아픈 생각 때문에 뇌의 회로도 작동이 잘 되지 않는지 일상적인 일도 자주 잊어버린다. 그래서 우리 집 냉장고가 고장이 났는지 모르고 있었다. 냉장고에 넣어둔 음식이 왜 이렇게 미지근하지? 라고 생각하면서도 며칠이 지났다. 하루는 딸이 음식과 고기를 가져다 냉장고에 넣었는데 저녁에 꺼내보니 고기 색이 변해 있었다. 딸은 언제부터 작동이 안 되었느냐고 물었지만 나는 일주일 전부터인지 열흘 전부터인지 가늠이 되지 않았다.

가전제품 구입이나 관리는 남편이 평생 맡았던 영역이다.

아마도 고장 난 냉장고는 십 년 전에 구입했을 것이다. 헌데 남편이 도와줄 수가 없어서 고민하는 사이 다행히 딸이 온라인으로도 가능하다며 구입을 했다. 일주일 이상 걸려야 배송된다던 냉장고가 하루 만에 온다는 연락을 받았으나 냉동고에 쌓인 식재료를 어떻게 버리고 정리해야할지 막막했다. 가뜩이나 허리와 고관절이 아파서 구부리기가 힘든데 어쩌나?

엎친 데 덮친다고 일주일에 한 번 와서 청소와 빨래를 해주는 도우미가 세탁기마저 고장이 났다고 말했다. 탈수가 되지 않아 빨래가 물에 잠긴 채였다. '오, 하느님! 왜 자꾸 이런 일이 제게 생깁니까?'라는 절규가 절로 나왔다. 가전제품들도 주인들을 닮아 자꾸 고장이 나는 건가. 이 아파트로 이사 온 지 20년째지만 새 것으로 바꾼 게 별로 없다. 늙어가는 주인처럼 그릇들과 가전제품도 낡았다. '살날이 얼마나 남았다고 굳이 새 것으로 바꾸어야 하나?' 라는 생각이 잠재되어 있었나 보다. 딸이 성화를 해도 새 그릇들도 꺼내지도 않고 헌 그릇들만 쓴다. 아껴서가 아니라 변하는 게 귀찮아서다.

하긴 내가 젊었을 때 여든 살이셨던 은사님 댁에 한 달에 한 번씩 방문하면 집안이 낡고 어둠컴컴했던 기억이 난다. 선생님이 계신 반 지하방에서는 곰팡이 냄새가 났다. 선생님께 집에 계시지만 말고 경로당에 가서 노시라고 권했더니 다른 노인들과 대화가 가능하지 않을뿐더러 당신은 고스톱 칠 줄도 모른다고 하셨다. '나는 늙으면 저렇게 살지는 말아야지'라고 생각했다. 수십 년이 지난 지금 내 제자들이 우리 집에 오면 그 당시의 나와 비슷한 생각을 할 것이다. 집도 낡고, 가구도 낡고, 서가의 책들도 낡은 집에서 나도 옛날의 내 은사님처럼 변했다.

고희 때까지는 젊게 살았고 의욕도 있었다. 나를 만나는 사람들도 나이보다 젊게 보인다는 말에 내심 만족했다. 물론 두 번이나 어깨 인대 수술을 하는 시련을 겪었지만 그런대로 나이 듦이 나쁜 것만은 아니라는 생각을 했다. 그래서 내가 쓴 칼럼에 아등바등 사느라고 마음의 여유가 없었던 젊은 날의 삶의 무게에서 해방된 후에는 나이 듦이 축복(?)이라고까지 쓰며 "나는 이대로 살다 갈 거야."라는 자신감마저 비치기도 했다.

그랬던 내가 산수(傘壽)를 바라보는 나이가 되니 하루하루가 힘들다.

한 해가 다르게 신체의 기능이 고장 나서 아프지 않은 곳이 없다. 오늘 아침 어느 신문 칼럼에서 "어떤 점에서는 늘 병을 앓고 있는 게 좋아요. 그래야 몸을 조절합니다. 쓸데없는 욕심을 안 부리고요. 그래서 늙고 병드는 게 결코 나쁜 일이 아닙니다….”(조선일보. 2020. 5. 9)라고 말했다는 여성 학자에게 '당신도 더 늙어봐!'라고 삿대질 하고 싶다. 아픈 게 얼마나 삶의 질을 떨어트리는지 상상도 못할 것이다. 남편과 나는 비교적 건강관리를 잘 하며 살아왔다고 자부했는데 넉 달 사이에 두 번의 수술로 행동이 부자유스러운 남편을 수발해야 하는 나는 덩달아 고장 난 냉장고 같다.

냉장고가 도착하는 날 딸이 와서 나를 얼씬도 하지 못하게 방으로 밀어 넣었다.

나는 얼씨구나 하고 방에 들어와 누워버렸다. 우렁각시가 된 딸은 반나절 동안 냉동고에 묵혀있던 식재료와 양념들을 과감하게 버리고 닦느라고 여념이 없다. 그러나 세탁기에는 아직도 물이 그대로 있다. 수리하는 기술자가 바빠서 다음 주에나 온다고 한다. 이참에 세탁기도 바꿔버릴까?

(2020. 05)

게을러지기

며칠 전 텔레비전 프로그램 '아침마당'에 지난 일 년 동안 시청률이 제일 높았던 출연자들 중에 한 분인 수녀님의 얘기가 내 마음에 꽂혔다. 그 수녀님은 재소자들, 어린이들, 그리고 노인들을 위한 웃음 치료사라고 당신을 소개하면서 인간의 뇌가 게으르다고 말했다. 어라! 약 1천억 개의 신경세포로 이루어진 인간의 뇌가 게으르다니…. 다른 일을 하다가 그 얘기에 솔깃해졌다. 뇌가 가짜 웃음에 속는다고 참가자들에게 소리 없이 입을 벌리고 '하, 하, 하' 웃으라고 권했다. 거울을 보고 웃는 것이 더 효과적이라면서.

웃음 치료사들의 주장에 의하면 웃음만큼 돈들이지 않고 건강을 챙길 수 있는 명약이 없다. 웃음은 심혈관 질환 예방에 도움이 될 뿐만 아니라 면역력도 올라가고 근육의 수축과 이완 효과를 통해 근육의 유연성을 높이고 피로도 풀어준다고 한다. 특히 노인들에게 웃음은 보약 그 이상의 효과가 있다면서 억지로라도 자주 웃으라고 말했다.

문제는 나이가 들면 웃을 일이 거의 없다는 사실이다.

몇 년 전까지만 해도 친구 만나는 일이라면 눈, 비를 가리지 않고 외출하였는데 요즘은 사람들 만나는 횟수도 줄어들고 불필요한 만남이 싫어 외출도 뜸해졌다. 나이가 많아질수록 더 너그럽고 마음이 여유로워져야 하는데 그 반대로 괴팍하고 까다로운 할머니로 변하는 느낌이다.

내가 가뭄에 콩 나듯이 웃을 때는 네 살짜리 손녀를 비롯해서 네 명의 손주들이 집에 와서 북적거릴 때이다. 막내 손녀는 사내처럼 몸으로 놀기를 좋아한다. 언니들과 숨바꼭질하거나 장난치다가 지치면 할아버지에게 뽀로로 만화영화를 틀어달라고 조른다. 손녀는 만화를 보면서 시도 때도 없이 까르르 웃음을 터트린다. 내가 볼 때는 전혀 웃을 장면이 아닌데 말이다. 그런 손녀를 보고 있으면 마음이 저절로 행복해진다. 그러나 아들 내외가 맞벌이인 까닭에 손주들을 한 달에 한 번 정도 밖에 보지 못한다. 그러니 집안은 적막강산이고 우리 내외는 각자의 공간에서 텔레비전 아니면 신문을 보며 시간을 죽인다.

요즘에는 텔레비전과 신문을 끊고 싶다. 그마저 없으면 시간 보낼 일이 막막해서 신문을 보는데 기사를 읽을 때면 화가 치밀어 오른다. 2016년 4월 꽃다운 청소년 몇 백 명이 수장된 세월호 사건 이후 전 정권의 무능과 무책임에 분개하여 쓴 칼럼을 모 신문에 게재한 적이 있었다. 정치에 무관심한 나까지 분개하였으니 진보를 자처하는 사람들은 물론 소위 중도파라고 생각하는 국민들까지 촛불을 들고 광화문 집회에서 대통령 탄핵을 외쳤고 마침내 2017년 5월 '촛불 정부'가 탄생하였다.

문재인 정부가 출범할 때 국민들은 기대가 컸다.

무능한 전 정권과 달리 정직하고 참신한 인사들을 등용하여 국민들과 소통하며 대한민국의 국격을 높이는 정치를 할 것이라는 기대감으로 부풀어 있었다. 그런데 현실은 어떤가? 방송이나 신문을 보면 전 정권과 달라진 게 하나도 없다. 오히려 이번 정권은 적폐 청산을 외치며 전 정권 인사들을 감옥에 보내고, 전문성은 고려하지 않고 친문 진영 사람들로 자리를 메꾸고, 국민의 의사도 묻지 않고 원전 폐기를 감행하였다. 과거 정권의 악습을 타파한다더니 청와대는 무소불위의 권력을 휘둘러 민간사찰을 자행하고 때묻지 않아 정의감에 불타는 기획재정부 사무관의 공익제보를 여당의 인신공격으로 몰아 사무관이 자살 소동까지 벌인 작금의 사태는 촛불정부에 한 표를 던졌던 국민의 마음을 유린하고 있다.

저소득층의 가계 소득을 늘려 빈부 격차를 줄이겠다는 취지는 또 다른 부작용을 낳았다. 취업률은 더 떨어지고 고용지표는 최악의 수준이다. 자영업자와 영세 소상공인들은 최저임금제 도입으로 폐업이 늘고 있다. 문화일보의 김회평 논설위원은 '문정부의 허상(虛像)의 시간'이라는 「시론」에서 다음과 같이 질타하였다.

> 사실 문정부의 지난 1년이야말로 허상을 붙들어 온 시간이다. 검증된 적도 없고, 그렇다고 성장론일 수도 없는 소득주도

성장에 대해 해외 석학은 '난센스'라 했고, 국내 원로경제학자는 '미친 소리'라고까지 했다. 비판에 귀 닫고 최저임금 가속페달을 밟은 결과 문정부가 챙기려했던 임시. 일용직, 청년, 소상공인, 경비원 등 취약계층부터 일터에서 쫓겨나고, 살림은 더 쪼그라들었다. 당황한 정부가 거듭 지원 대책을 내면서 수습에 나섰어도, 또 '포용성장'으로 바꿔 불러도 달라진 건 없다. 주 52시간제 역시 공장시대의 경직적 근로시간개념에 갇혀 자승자박한 꼴이다. 모든 고정관념을 깨뜨리는 4차 산업 혁명기에 한국만 과거의 틀에 묶여 새로운 기회를 스스로 내던지고 있다. (문화일보: 2018. 12. 28)

민생 문제만큼 중요한 게 무엇인가? 그런데도 문재인 정부는 북한과의 평화 구축에만 혈안이 된 듯하다. 경제 문제에는 미숙하고 서툴다 못해 전문성이 전혀 없다는 비판을 받으면서도 경제보다 '이념'의 유령에 갇혀 산업정책은 시민단체가, 노동정책은 민노총이 좌지우지 한다는 게 중론이다. 금년도 대졸자들의 취업률이 2011년 이래 역대 최악이어서 소위 SKY대학의 졸업생 취업률조차 60%대로 떨어졌다. 전문가들에 의하면 경기 침체가 본격적으로 시작된 올해의 대졸 취업률이 2017년보다 더 떨어질 가능성이 크다고 한다. (조선일보 2018. 12. 28)

고용의 질도 양극화하여 저소득층의 일용직이 갈수록 늘어나서 소득 하위 20%에 해당하는 가구주들의 상용직 비중이 1년 사이 7.2%가 줄어들었다. 이런 현상은 현 정부의 친 노동 정책이 고용의 양극화를 심화하였다는 것이다. 정부의 반 기업 정책으로 인해 대기업들은 몸을 사리거나 해외로 빠져나가서 경제는 악화 일로에 있는데 정책 입안자들은 경제 악화가 과거 정부 때부터 누적된 잘못된 경제 구조의 영향 때문이라고 하니 여전히 자기들의 책임은 인정하지 않고 있다.

우리 세대는 한국 근대사의 암울한 역사를 몸으로 겪었다.

해방과 6·25 전쟁과 4·19와 5·16 혁명, 그리고 경제개발 5개년 계획의 열매를 맛보며 오늘에 이르렀다. 어떻게 찾은 해방이며, 어떻게 이룬 경제 발전인데 잘못된 정치로 다시 우리나라가 경제적으로 빈곤해질까봐 불안하다. 무섭게 세금을 올려 무작정 퍼주는 포퓰리즘으로 일관하는 이번 정부 정책에 심한 거부감을 느낀다. 정부는 베네수엘라, 그리스가 왜 몰락의 길로 가는지를 잊고 있는 모양이다. 왜 파이를 키울 생각은 하지 않고 이제 겨우 선진국 문턱에 진입해서 만든 조그만 파이를 찢어발기고 있는가?

나이 탓도 있지만 지금 돌아가는 나라꼴이 걱정되어 웃을 일은 커녕 화병이 날 지경이다. 유일한 나의 바람은 그 수녀님의 말처럼 나의 뇌가 게을러져서 가짜 웃음이라도 실실거리며 웃고 싶다.

(2019. 01)

4.

기다리는 마음

눈물, 까닭모를 눈물

> 눈물, 까닭모를 눈물, 왜 흐르는지 모르겠구나
> 어떤 성스러운 절망의 심연에서 흘러나오는 눈물이
> 가슴에 솟아올라 눈에 고인다
> 행복한 가을 추수 밭을 바라보고
> 사라진 옛날을 생각하고 있노라면.

이 시는 19세기 영국의 계관시인 테니슨(Alfred, Lord Tennyson)의 시 「눈물, 까닭모를 눈물」의 첫 연이다. 이 시가 내게 위로가 되는 것은 누구나 '까닭모를 눈물'을 흘릴 때가 있다는 사실을 말해주기 때문이다. 테니슨의 경우에는 사라진 과거를 그리워하는 동시에 다가올 죽음을 생각하면 '성스러운 절망의 심연에서' 눈물이 흘러나온다고 고백한다.

반면에 미국의 작가 헌트(Morton M. Hunt)는 「눈물의 지혜(The Wisdom of Tears)」라는 수필에서 눈물은 슬픔의 발로 그 이상의 의미를 갖고 있다고 주장하였다. 그는 '아름다운 것을 볼 때나, 환희의 순간에, 때로는 걱정으로부터 해방되는 순간에도 눈물이 난다. 이런 경우에 눈물은 이성적으로 설명되지 않는다. 현대 심리학에서 주는 교훈은 갑작스러운 눈물은 마음 속 깊이 감추어져있던 비밀의 발로이다. 설명할 수 없는 눈물은 자기 성찰의 수단이며 개인적인 지혜와 내면 깊숙한 행복의 수단이다.'라고 정의하였다.

눈물 속에 이렇게 심오한 지혜가 들어있단 말인가?

그러나 내가 흘리는 눈물은 심미적인 눈물도, 인생무상의 눈물도, 인생을 달관해서 나오는 눈물이 아니다. 나이가 드니까 눈물샘이 제 역할을 못하는지 시도 때도 없이 눈물이 난다. 친구들과 옛날 얘기 하다가 눈물이 나면 그들이 나를 알기 때문에 창피하지 않지만 오랜만에 제자들을 만나서 그들과의 추억을 되살리다가 눈물이 날 때가 있다. 나는 눈을 깜박거리며 눈물을 안으로 집어넣어 보려고 하지만 아뿔싸! 그만 흘러내리고 만다. 더 민망한 것은 직원들 앞에서 업무 얘기를 하다가도 눈물이 나오는 경우다. 체면이 말이 아니어서 눈물샘을 말려버리고 싶을 정도이다.

이런 일이 반복되니까 도대체 왜 내가 울보가 되었는지 곰곰이 생각해본다.

너무 스스로를 억제하고 참고 살아온 탓인가? 언젠가 「조하리의 창(窓)과 내 마음」이라는 글에서도 밝혔지만 나의 내면은 다면적(多面的)이다. 외향적인가 하면 내향적이고, 적극적인가 하면 소극적이고, 붙임성이 있는가 하면 낯을 가리고 겁도 많고 소심하다. 80년 가까운 세월 동안에 생존 경쟁에서 살아남기 위한 분투와

인내의 옹이가 나를 지탱해주었건만 이제는 그 옹이가 더 이상 버팀목이 되지 못하고 있는 것 같다. 예컨대 너무 화가 나거나 억울하다고 느끼면 상대방에게 대들어 싸워야 하는데 내 의지와는 반대로 속절없이 눈물샘이 폭발한다.

지금 생각해도 눈물 때문에 가장 부끄러웠던 기억은 가족들과 회식하러 나갔던 횟집에서다. 며느리, 사위, 그리고 손주들 모두 열 식구가 아파트 상가 횟집에 갔는데 먼저 와서 식사를 하던 젊은 여자 둘이 술이 몹시 취해서 좁은 방안에 있는 우리 식구들은 아랑곳하지 않고 크게 떠들고 있었다. 웬만하면 그냥 넘어갔을 텐데 너무 소란스러워 식구들이 대화를 할 수가 없을 정도여서 그 여자에게 좀 조용히 얘기하라고 했더니 대뜸 당신이 뭔데 조용히 하라고 하느냐고 고래고래 소리를 질렀다. 난데없이 뒤통수를 한 대 맞은 기분이었다. 나이로 보더라도 그 여자보다 배가 많은 내게 성난 짐승처럼 대드니까 속수무책이었다. 식당주인이 끼어들어 말리기를 바랐지만 그녀는 멀거니 구경만 하였다. 찍 소리도 못하고 그 여자의 악다구니를 듣고 있으려니 나도 모르게 눈물이 솟구쳤다. 아들, 사위, 손주들 앞에서 대들어 싸울 수도 없고 혼자라면 일어서 나왔을 텐데 열 명이나 되는 식구들 앞에서 망신을 당한 생각을 하니 분하고 억울해서 눈물이 그치지 않았다. 점잖고 착하기 만한 남편과 다른 식구들은 당황해서 어쩔 줄을 모르고 꿀 먹은 벙어리가 되어 멍하니 지켜보기만 하였다.

이처럼 눈물 때문에 부끄러운 경우가 많았다. 울어서는 안 되는 장소나 사람들 앞에서 순간적으로 눈물이 방울방울 떨어질 때는 속수무책이다. 그런데 미국 로체스터대학의 심리학과 부교수인 샌더 헬드만 박사는 "눈물을 잘 흘리는 사람은 다른 이들보다 쉽게 상처를 입거나 긴장을 잘 하는 사람이다…. 눈물에는 지혜가 있다. 슬픔, 추억, 연민, 심미적 기쁨, 장엄한 광경에 대한 감동은 사랑하고 사랑받고 싶다는 숨겨진 욕구를 표현한다. 눈물을 흘림과 동시에 분노와 증오와 긴장의 끈을 놓아버리면 정신적인 건강을 회복한다. 육체적으로 안도감을 느끼게 되면 눈물이 흐르게 되고 우리의 사고가 자유로워지며 우리에게 통찰력과 이해력을 가져다준다."고 눈물의 순기능을 강조하고 미화하고 있다.

그렇다면 내 눈물은 어느 순간에 흘러나오는 것일까?

아마도 헬드만 박사의 진단처럼 나는 다른 이들보다 쉽게 상처를 입거나 긴장을 잘 하는 사람일지도 모른다. 그리고 사랑하고 사랑받고 싶다는 숨겨진 욕구를 표현하고 있는지도 모른다. '눈물을 흘림과 동시에 분노와 증오와 긴장의 끈을 놓아 정신적인 건강을 회복'하게 된다면 눈물을 흘리는 것도 건강의 신호이겠지만 시도 때도 없이 나오는 내 눈물 속에는 헬드만 박사의 이론처럼 삶의 지혜 같은 것은 없는 것 같다. 그러나 그의 이론대로 울어서 긴장을 늦추고 정신적인 건강을 회복한다면 우는 게 그렇게 부끄러울 것도 없을 것 같다. (2019. 05)

다시 젊은 시절로 돌아가라면

1970년대 말 30대 후반이었던 나는 강의와 보직에 따른 업무가 많아서 몸이 서너 개라도 모자랄 만큼 바쁘게 연구실에서 강의실로, 다시 본관 회의에 참석하러 캠퍼스를 숨 가쁘게 뛰어다니는 게 일상이었다. 하루는 교수회관 입구에서 사학과 김성식(金成植 1908~1986) 교수님과 마주쳤다. 선생님은 들어오시고 나는 나가려던 참이었는데 선생님께서 나를 붙잡고 말씀하셨다.

"안 교수, 그렇게 방방 뛰지 말아요."

"바쁜 일이 너무 많아서 어쩔 수가 없네요."

"다, 쓸데없는 일이야. 주말에 버스 타고 나와 같이 도봉산 산책이나 가지 그래."

"아휴, 선생님! 제가 그럴 시간이 어디 있어요? 집에 가면 애들이 있잖아요."

"그래요? 안 교수는 젊어서 좋겠다. 나도 다시 젊어졌으면 좋겠어요. 내게 젊음을 다시 준다면 내가 가진 모든 재산을 다 줄 수 있는데….”

선생님과 헤어져 돌계단을 내려오면서 선생님이 많이 외로우신가보다고 생각했다.

선생님은 내가 교수로 부임해서 문리과대학 교수실에서 인사를 드리자마자 나를 꾸짖으신 분이다. 여교수 옷차림이 그게 뭐냐며 내일부터 스커트 정장으로 입고 다니라고 호통을 치셨다. 나는 처음 보는 노교수의 불호령에 당황했고 기분도 나빴다. 내 딴에는 유학하면서 모은 돈으로 당시에 유행하던 몸에 붙는 판탈롱 바지 정장을 입고 멋을 내었던 것인데…. 이어서 선생님은 모름지기 교수는 품위(品位)와 품격(品格)을 갖추어야 하고 강의실에 들어갈 때도 드레스 코드에 맞게 입어야 한다고 일장 훈시를 하셨다.

그것이 인연이 되어 가끔 선생님 연구실에 초대되어 차와 다과를 대접받기도 하였고 내가 아들을 출산하고 입원 중이었을 때는 노교수님이 아침 출근 버스에서 내려 조교와 같이 내 병실에 오셔서 혼비백산하기도 하였다. 그 후에 나는 선배 교수들을 통해서 김성식 교수가 대단한 분이라는 걸 알았다. '네이버'에 선생님의 이름을 치면 다음과 같이 소개되고 있다.

> 그는 어떤 압력에도 굴하지 않고 한국의 자유민주주의 발전과 그 개화에 헌신한 당대의 일류 논객인 동시에 인도주의자로서 주위로부터 영원한 대학인(大學人)이라 칭송을 받으며 평생을 학문 연구에 전념하여 우리나라의 서양 사학의 씨를 뿌린 선구자였다.(지식백과)

더구나 김성식 교수는 박정희 독재정권을 신랄하게 비판하는 명논설을 신문에 게재하여 정치교수라는 누명을 쓰고 고려대에서 해직되었는데 선생님의 제자였던 경희대학교 설립자가 명예특별교수로 모시고 온 것이라고 했다. 깐깐하고 대쪽 같은 성품에 무더운 여름에도 강의하실 때는 항상 긴 셔츠에 정장을 하실 만큼 당신이나 제자들에게 교수의 품위를 강조하시고 손수 지키신 분이다.

요즘 김성식 교수가 생각나는 까닭은 한 달 이상 태풍 '링링'처럼 전국을 강타한 조국 법무부 장관 부부의 후안무치한 '내로남불'의 작태와 그를 비호하는 '586 운동권 세대'의 위선과 도덕 불감증을 지켜보면서 느낀 울분과 좌절 때문이다. 장관 부부는 위장전입, 사모펀드, 웅당학원 등의 의혹과 함께 그의 딸을 의학전문대학교에 보내기 위해 가짜 스펙을 여러 개 만들었다고 한다. 그중에서도 외고 2학년 때 단국대학에서 인턴으로 2주 동안 활동하였을 뿐인데 의학논문 제1저자로 이름을 올리고 조 장관 부인이 재직하는 동양대학교에서 직인을 위조하여 가짜 표창장을 만드는 등 교수로서는 감히 상상할 수 없는 탈법을 행하여 외고부터 대학, 대학원까지 시험 한 번 거치지 않고 딸을 입학시켰을 뿐만 아니라 유급을 하고도 장학금을 2년 동안 받는 등 온갖 혜택을 누렸다.

우리나라 대학 입시제도가 대입수학능력시험과 별도로 획일적인 점수 위주의 선발방식에서 벗어나 교내 외 활동, 면접 등을 활용해 학생 역량을 종합적으로 평가하는 입학사정관제가 언제부터 사회지도층 자녀들이 성적 이외의 방식으로 대학에 입학하는 편법으로 변질했는가? 그 제도는 각종 경시대회의 수상 실적, 논문 실적, 봉사 활동 등을 가산점으로 주어서 전문직 부모를 둔 경우 인맥과 '품앗이'를 통해 자녀의 스펙을 만들어 소위 명문대학 입학이 수월하였다는 것이다.

조국 장관은 80년대 사노맹 출신임을 숨기지 않고 책과 북 콘서트, 또는 트위터를 통하여 공정과 정의를 누구보다도 부르짖은 자칭 '강남좌파' 지식인이다. 입으로는 공정과 정의를 부르짖으면서 스스로는 교수의 품위를 손상시키는 행위를 자행했다. 그런 언행 불일치에도 불구하고 대통령은 그를 법무부 장관으로 임명하면서 그에 관한 소문은 아직 의혹에 불과할 뿐이지 범법한 것이 아니라고 두둔했다.

이번 사태를 통하여 소위 '운동권 출신 586 세대'의 민낯이 만천하에 드러났다는 게 중론이다. 그들은 학창 시절 좌파 이념에 경도되어 '민주화 운동'을 하며 강의실보다는 데모로 대학생활을 한 세대다. 나도 보직을 맡았던 관계로 거의 매일 운동권 학생들과 만나 입씨름을 했다. 그들은 교수들 앞에서는 착한 학생 코스프레로 경청하는 듯하다가 뒤돌아서면 도로아미타불이 되어 좌파 이념을 고수하며 데모를 선동하고 점거 농성을 하였다.

그랬던 그들이 졸업 후에 김대중 정권이 들어서자 국회와 정치권에 들어서더니 권력의 맛을 알게 되었고 노무현 정권에 이어 문재인 정권이 들어서자 '좌파 진보' 카르텔을 만들어 권력을 대물림

하기 위해 수단 방법을 가리지 않고 있다. 문재인 대통령은 취임사에서 "기회는 평등하고, 과정은 공정하고, 결과는 정의롭게" 하겠다고 천명했지만 이미 기울어진 운동장에서 어느 진보 인사의 말처럼 간신배들에 둘러싸여 현실감을 상실한 것처럼 보인다.

김성식 선생님께서 생전에 모든 것을 다 주고라도 젊어지고 싶다고 하셨지만 요즘 사태를 보시고도 그런 생각을 하실까? 만약 내가 이 시대에 20대를 보냈더라면 하위 10%에 속하는 빈민으로 대학 진학은 꿈도 꾸지 못했을 것이다. 편모슬하에서 점심을 굶으며 중·고등학교를 나왔고 23세에 겨우 입시 장학생으로 대학에 입학해서 4년 동안 과외지도를 해서 식구들의 끼니에 보탰다. 1967년 국민소득이 $142이었던 때여서 취업은 하늘의 별 따기처럼 어려웠다. 취업 걱정으로 밤잠을 설치며 졸업을 했는데 운 좋게 중등교사 자격증을 따서 교사를 거쳐 교수로 정년을 맞았다. 만약에 내 어머니가 당시의 다른 어머니들처럼 입 하나 덜자고 나를 남의집 가정부나 공장 직공으로 보냈다면 오늘의 나는 없었을 것이다.

지금의 한국 경제와 복지제도는 1960대에 비교하여 하늘과 땅 사이만큼 차이가 난다. 그런데 학생이 공부한 결과에 따라 대학 입학이 가능했던 과거와 달리 부모의 재력과 정보력, 그리고 권력 가진 사람들끼리 품앗이를 통해 명문대학에 간다니 개천에서 용이 나던 시대는 더 이상 가능하지 않게 된 것 같다. 이것은 비민주화의 극치가 아니고 무엇인가?

조국 장관 딸의 입시 특혜 의혹으로 절망하고 분노한 것은 청년들만이 아니라 자식들을 대학에 보내려는 부모들도 마찬가지다. 교수들끼리 자기 자식을 위해 합법적 수단으로 포장해 명문대 학벌과 전문직이라는 사회적 특권을 세습하려 했다는 점에서 기가 막힌다. 조국 장관은 자신에게 쏟아진 각종 의혹들에 대해 "개혁과 진보를 주장했지만 많이 불철저했다고"고 뒤늦게 사과했지만 검찰개혁을 한다고 검사들을 만나고 다니는 그의 철면피한 행동에서 진정성을 찾을 수가 없다. 오죽하면 사회의 변화에 무감각하다고 비난을 받기도 하는 교수들 3천 명이 서명을 하여 그의 사퇴를 주장하기 시작했겠는가.

만약 김성식 선생님께서 환생하셔서 '586 진보좌파'의 특권 카르텔이 사회 전반에 작동하는 21세기 한국 사회의 기울어진 운동장에서 신음하는 청년들을 보시면 대로(大怒)하셨을 것이다. 아침에 우연히 펼친 소설가 박경리 선생의 시집 『버리고 갈 것만 남아서 참 홀가분하다』에서 읽은 시가 뇌리에 남는다.

"늘/ 짐승들이 으르렁거렸다/ 늑대도 있었고 여우도 있었고/ 까치독사 하이에나도 있었지/ 모진 세월 가고/ 아아 편안하다 늙어서 이리 편안한 것을/ 버리고 갈 것만 남아서 참 홀가분하다."

(2019. 09)

목련과 벚꽃이 피던 캠퍼스

16년 만의 최악의 초미세먼지로 사흘 전부터 차량 2부제 등 저감조치가 발동했다.

다행히 오늘은 영하 10도의 추위로 미세먼지가 사라졌다. 한국의 겨울이 삼한사온(3寒4溫)이라는 기후 패턴이 이제는 삼한사미(3寒4微)로 바뀌어 황사 마스크가 없으면 외출하기도 힘든 세상에 살게 되리라고는 꿈에도 생각하지 못했다.

추위와 미세먼지 때문에 산책을 할 수 없어 서재에서 담요로 무릎을 감싸고 빈둥거리는데 라디오에서 귀에 익은 노래가 흘러나왔다. 조영식 작사, 김동진 작곡의 '목련화'를 테너 엄정행이 부른다. 이들 세 분의 얼굴이 주마등처럼 스쳐가며 요즘 방영되고 있는 드라마 '알람브라의 궁전의 추억'에서 다루어진 가상증강현실(AR)의 화면처럼 30대의 젊은 내가 흐릿하게 40여 년의 간극으로 인해 어깨가 굽고 백발로 변한 노인을 측은하게 바라본다. 어느 잡지에서 노인에 관한 문장이 인상적이어서 노트에 적어둔 것이 생각난다. "늙어가는 사람은 늘 자신 안에 시간을 담고 있다는 느낌을 가진다. 그래서 굳이 과거를 기억으로 그려볼 필요가 없을 뿐이다."

'목련화' 노래와 함께 나는 70년대 초로 시간여행을 떠난다.

목련화가 작곡될 당시의 상황이 그림처럼 선명하다. 무더운 여름날 오후였다. 방학 중이어서 다른 부서 직원들은 오후 3시에 다 퇴근하였지만 총장실에서는 김동진 교수가 작곡한 노래를 조영식 총장에게 들려주며 시간 가는 줄 모르고 있었다. 나를 비롯한 비서실 직원들은 퇴근을 하지 못한 채 찍찍 소리를 내며 돌아가는 낡은 선풍기에서 뿜어내는 더운 바람을 맞으며 언제 끝날지 모르는 두 분의 노래 연습을 귓전으로 들으며 몸을 비비꼬고 있었다. 석양이 창문을 물들일 무렵 조 총장이 우리를 방으로 불렀다. 그는 얼굴이 상기된 채 김동진 교수에게 다시 한 번 노래를 불러달라고 청하며 우리에게 들어보라고 했다. 우리는 최초로 '목련화' 노래를 듣는 행운(?)을 가졌지만 김동진 교수의 갈라진 목소리로 부르던 그 노래가 국민의 사랑을 받는 가곡이 될 줄은 당시에는 상상하지 못했다.

얼마 후 '목련화'는 신임 교수였던 테너 엄정행 씨가 불러 국민의 애창곡이 되었다. 목련화는 경희대학교의 교화(校花)다. 조영식 총장은 학교 정문을 들어오자마자 보이는 대학의 건학 이념인 '문화세계의 창조'라고 새겨진 교시탑을 비롯해 본관 앞, 도서관 앞과 교수회관 입구 등 캠퍼스 곳곳에 목련을 심고 석조로 된 본관 둘레를 비롯해서 사범대로 가는 길목에는 벚나무를 심었다. 내가 비서실에 근무하는 5년 동안 조 총장은 출근과 동시에 캠퍼스 조경 사업을 직접 진두지휘하느라고 약속하고 찾아온 손님들을 오래 기다리게 해서 원성(?)을 샀다. 그런 그의 집념과 노력으로 캠퍼스는 봄이면 지금의 창경궁 다음으로 젊은 연인들의 데이트 장소가 되어 꽃구경하러 온 사람들로 몸살을 앓았다.

겨울 추위가 물러갈 무렵 목련꽃 망울은 봄의 전령이었다.

꽃망울이 촛불처럼 켜지는가 싶다가 어느새 봉오리가 활짝 열리면 캠퍼스가 환해졌다.

그리고 꽃이 떨어질 무렵이 되면 벚꽃이 팝콘처럼 터졌다. 벚꽃이 만개하면 캠퍼스는 마치 눈에 덮인 듯 흰 꽃대궐로 변해 학생들은 물론 외부에서 온 사람들이 본관 앞 잔디 위에서 사진들을 찍으며 봄의 향연을 즐겼다.

그들 속에 나도 있었다. 업무 관계로 여기저기 바쁘게 뛰어다니면서도 어쩌다 제자들을 만나면 찰칵 사진을 찍었다. 그 제자들 중에는 이 세상 사람이 아닌 나의 애제자 관수도 있다. 우연히 본관 앞에서 만난 풀브라이트 교수로 와 있던 파커 박사와 관수 그리고 내가 흐드러진 벚꽃들 사이에서 활짝 웃으며 찍은 사진이 빛바랜 앨범에서 시간이 정지된 채 남아 있다. 관수는 80년 대 초 캐나다로 유학가서 백혈병으로 요절한 장래가 촉망되던 청년이었다.

해마다 벚꽃이 필 때면 사진 속의 관수가 생각이 났다.

가난했지만 영특해서 영문학을 전공하고 장래 동양사학자가 되겠노라는 담대한 꿈을 안고 풀브라이트 장학금을 받아 캐나다 토론토대학으로 유학을 갔었다. 그런데 백혈병에 걸려 교민들의 성금으로 골수 이식을 받았지만 얼마 살지 못하고 가버렸다. 그가 죽은 후 그의 지도교수가 그의 장례식 사진을 보내주어 많이 울었다. 사진 속에는 백발이 성성한 노교수가 황량한 벌판에 있는 그의 무덤에 흙을 덮고 있었다. 동양에서 왔던 청년의 죽음까지 직접 관장해준 그분의 제자 사랑에 감동했다.

시간이 어떻게 가는지도 모를 만큼 바쁘게 살았지만 요절한 관수는 벚꽃과 함께 내 머리에 여전히 남아있다. 미국 시인 하우스만(A.E. Housman)이 쓴 「지금은 가장 아름다운 벚나무(Loveliest of Trees, the Cherry Now)」라는 시에서 스무 살의 시인은 꽃이 활짝 핀 벚나무가 '부활의 흰 가운을 입고' 있다고 생각하지만 50년 후인 70세에는 '흰 눈이 덮인' 벚나무를 보게 되리라고 상상한다. 인간의 수명은 유한한데 벚나무로 은유되는 자연은 영원히 순환한다는 자연의 섭리를 시인은 명상한다.

경희대학교가 배출한 걸출한 문인들이 개교 60주년을 기념하여 낸 문집의 제목도 『내 사랑 목련화』이다. 그들은 제각기 경희 캠퍼스의 아름다운 자연이 그들의 상상력 또는 창의력에 얼마나 많은 영향을 미쳤는지를 토로하고 있다. 설립자는 학생들의 인성을 가르치기 위해서는 캠퍼스가 아름다워야 한다는 지론을 갖고 평생동안 나무와 꽃을 심고 가꾸었다. 그분도 이제는 가고 없지만 그의 수고로 수많은 사람들이 캠퍼스의 아름다운 사계절을 즐기고 있으니 그의 노력은 헛되지 않았다.

정년퇴임을 하여 학교를 떠나게 되었을 때도 교수직을 그만둔다는 사실보다 아름다운 캠퍼스와 내 연구실을 떠나야 하는 게 더 슬펐다. 40여 년 동안 봉수대, 임간교실, 인공호수, 그리고 사범대 올라가는 길 등 내 발길이 닿지 않은 데가 없는 캠퍼스를 떠나는 것은 곧 내가 젊음의 광장에서 밀려나야할 만큼 늙었다는 것을 의미하는 것이었다.

라디오에서 흘러나오던 엄정행 교수의 노랫말이 아직도 귀에 맴돈다.

"그대처럼 우아하게 그대처럼 향기롭게/ 오늘도 내일도 영원히 나 값있게 살아가리…."

이 노래를 작사, 작곡한 분들은 모두 유명을 달리하고 언젠가 내 차례가 오겠지만 나는 얼마나 값있게 살아왔는지 자문한다. 내 안에 있는 다른 내가 고개를 가로 젓는다. 너는 세속의 때가 묻은 채 17세기 시인 앤드류 마벨(Andrew Marvell)의 표현처럼 '등 뒤로 날개달린 시간의 마차가 서둘러 가까이 오는 것을 들으며' 여기까지 흘러왔을 뿐이라고.

참, 덧없는 세월이다.

(2019. 1)

대중탕 토크쇼

5월 초의 날씨가 장미대선 후보들의 선거전만큼 뜨겁다.

요즘 늙은 우리 세대들조차 세 사람만 만나면 누구를 찍어야 하느냐며 선거 이야기로 대화가 시작된다. 미국의 역대 대통령 선거 투표율은 겨우 50%대를 유지하는데 비해서 우리나라 역대 투표율이 70%를 넘기고 있다니 이는 정치에 대한 국민들의 높은 관심을 반영한다.

지난 일요일 아침 체육관에 가서 운동을 하고 시설 안에 있는 목욕탕에 들어갔다.

온탕과 냉탕, 사우나 시설까지 있어서 언제나 입욕객들이 많다. 물도 깨끗해서 일부러 목욕만 하러 오는 노인들도 많다. 탕에 들어가니 벌써 여남은 명의 노인들이 큰소리로 대통령 선거에 대하여 열띤 토론을 하고 있었다. 그들은 나와 비슷한 나이거나 60대 후반쯤 되는 후덕한 몸매를 가진 할머니들이었다. 나는 탕의 구석에 앉아 그들의 이야기에 귀를 기울였다. 60대 후반의 뚱뚱하고 쌍꺼풀이 두꺼운 여자가 토론(?)을 주재하고 있었다.

"누구를 뽑아야 앞으로 이 나라가 잘 될 것 같수? 지난번 박근혜를 찍었는데 감옥에 갔으니 이번에 누굴 찍어야 할지 모르겠어. 도대체 마음 가는 사람이 있어야지."

"그러지라. 나는 노령연금 많이 준다는 후보한테 찍을 겨. 우리 옆집에 사는 아흔 살 먹은 노인은 아들이 재산을 다 말아먹어 오갈 데가 없어져 부렸다네."

그 말에 쌍꺼풀 할머니가 큰소리로 대꾸한다.

"왜 바보처럼 그랬대? 집은 죽을 때까지 끼고 살아야지. 모기지를 하면 평생 밥걱정, 병원비 걱정을 안 해도 되었을 텐데…."

"모기지가 뭐시다냐?"

"아, 그것도 몰라? 집을 은행에 잡히면 돈이 나오는 거여. 자식들 믿으면 안돼요. 그리고 대선 후보들이 노인연금 많이 준다는 선심 공약을 믿지 마슈. 다 포퓰리즘이라구. 차라리 노인들보다 젊은이들 일자리 만들어주는 게 좋지."

"그랴, 우리는 얼마 안 있으면 죽을껀디 젊은 것들 취직이나 잘되게 하는 사람 찍을 겨. 그래야 결혼도 하고 애도 낳지."

탕에 있던 깡마른 할머니기 끼어든다.

"내가 다시 젊어진다면 결혼하지 않을 꺼유. 왜 사서 고생해유. 그 지긋지긋한 시집살이 또 허라구? 암, 난 절대 결혼하지 않고 애도 안 낳겠수."

"아니, 왜 그랴? 자식 농사는 잘 지었잖어?"

"그러면 뭘 해? 여행갈 때는 부모 쏙 빼놓고 저들끼리 가는데…."

"별걸 다 샘낸다. 요즘 애들이 누가 부모랑 같이 가려구 해? 이혼 안 하고 즈이들끼리 잘 살아주는 것만으로 감사해야지. 너무 욕심이 많구먼."

잠자코 듣던 뚱뚱한 노인이 불쑥 끼어든다.

"대통령이 없으니까 경제가 더 잘 돌아간다는구먼. 대통령되면 또 감옥에 갈지도 모르는데 뭣 때문에 대통령 하려구 저 XX들이래? 나도 찍을 사람 하나도 없더라. 그 X이 그 X이야." 그 말에 쌍꺼풀이 거든다.

"더불어민주당을 찍으면 이북에 마구 퍼줄 것 같구, 국민의 당을 찍자니 그놈의 상왕인가 뭔가 제2의 최순실이 될 것 같구, 박근혜 당은 막가파식이니 그렇구…."

"맞아, 맞아, 대통령 없어도 나라가 잘 돌아간대. 수출도 잘 되구 주가도 올랐다든대. 그리구 돈 먹는 하마 같은 국회의원, 시의원, 구의원들이 하는 일이 뭐유? 우리 세금만 축내지. 숫자를 반으로 팍 줄여야 돼."

노인의 말에 이구성성으로 맞장구를 쳤다.

"인터넷에 이런 얘기가 있답디다. 의사, 변호사, 정치인이 탄 배가 바다에 침몰했는데 단 한 사람만 구조할 수 있대. 누구를 구했겠어?"

"아! 그거 나두 들었구먼. 정치인을 구했잖아. 바닷물이 오염될까봐 제일 먼저 구조해야한데."

탕에 있던 사람들이 왁자지껄 웃음을 터트렸다. 목욕탕 토크쇼의 방청객이었던 나는 그들의 유식함에 놀랐다. 대부분 살림만 하던 할머니들 같이 보이는데 TV에서 대선후보자들의 토론을 지켜보아서인지 정치에 관한 식견이 많아 보였다. 아니면 카카오톡으로 많은 정보를 공유하는 시대가 되어 노인들도 돌아가는 이치를 꽤 뚫고 있는지도 모르겠다.

하긴 지난가을부터 촛불 광장과 태극기 집회에 70대의 내 대학 동창들도 각자의 소신에 따라 빠지지 않고 참여했다고 한다. 이 나라의 풀뿌리 민주주의가 정착된 듯하여 자부심도 느끼지만 대선이 끝난 후에도 정치에 대한 지나친 관심 때문에 국민들이 여전히 편 가르기를 한다면 국론 분열로 인한 사회 혼란이 계속될까 우려된다.

(월드코리언뉴스: 2017. 5. 8)

봄비를 기다리는 마음

얼음이 녹고 개구리가 겨울잠에서 깨어난다는 경칩이다.

자연은 어김없이 순리대로 겨울이 가고 봄이 오는데 대한민국 국민들은 작년 가을부터 시작된 매서운 탄핵의 바람 때문에 몸을 움츠리고 있다. 조만간 탄핵이 인정되든 기각되든 결정이 날 테지만 촛불집회와 태극기집회로 반쪽이 난 민심을 어떻게 수습할지 아무도 예측할 수가 없다.

내우외환에 시달리는 나라를 이끌 정신적 지도자가 부재한 이 시대에 우리가 기댈 곳은 어디인가? 아침 신문에서 우리나라 사람들이 우울증뿐만이 아니라 각가지 정신질환에 시달리고 있다는 기사를 읽었다. 문득 30여 년 전 미국에 몇 달 체류하는 동안에 겪었던 일이 생각난다. 1988년 1월 나는 안식년을 얻어 미국 네바다주립대학으로 떠났었다. 거미줄 같은 인간관계 때문에 숨 막힐 정도로 스트레스가 쌓여서 연구 목적보다는 혼자 있고 싶었다.

가정주부 노릇을 비롯해서 강의, 연구, 보직 등으로 혼자만의 시간이 절대적으로 부족했었는데 다행히 한 학기가 허락돼 아이들이 어렸지만 혼자 떠났다. 그런데 내가 갈 대학 소재지가 하필 사막 한가운데 있는 리노(Rino)라는 카지노 시티에 있었다. 리노는 다운타운을 벗어나면 발이 푹푹 빠지는 모래벌판에 가시나무(sage brush)들만 듬성듬성한 황량한 곳이었다. 다행히 학교 근처에 있는 스프링클러가 돌아가는 공원 잔디 위에는 노란 민들레꽃들이 피어 덜 을씨년스러웠다.

학교에서 공원을 가로 질러가면 내가 기거하는 스튜디오 아파트가 있었다.

한 달쯤 지나고부터는 그 아파트에 사는 게 무서워졌다. 부엌을 공유하는 입주민들이 내 눈에는 비정상적인 사람들로 보였기 때문이다. 모두 혼자 사는 사람들이었는데 어쩌다 부엌에서 마주치면 붙잡고 놓아주지 않고 계속 말을 걸어왔다. 잘 알아들을 수도 없었지만 행색이 남루해서 무슨 일이라도 저지를 것 같은 눈빛과 말투가 무서웠다. 정신이 약간 이상한 사람들 같아서 마주치기가 싫었다.

게다가 대학 연구실에서 시간을 보내며 영시 청강도 하고 가끔씩 한국역사와 문화에 대해 특강을 했는데 시간이 지나면서 유학생들을 통해 알게 된 사실은 교수들 대부분이 이혼했거나 동성애자들로 정상적인 결혼생활을 하지 않고 있다고 했다. 한동안 친하게 지냈던 철학과 여교수가 어느 날부터 보이지 않아서 이유를 물었더니 실어증에 걸려 정신과에 입원했다고 했다.

비정상적인 사람들 속에 섞여 있다는 생각이 들면서부터는 학교에서도, 아파트에서도 마음이 편치 않았다. 빨리 귀국하고 싶었다. 너무 끈끈한 인간관계에서 벗어나고 싶어서 도망 나왔는데 이곳은 이상한 사람들의 집단 같았다. 당시 베스트셀러였던 『미국 정신의 종말(The Closing of the American Mind)』의 저자 앨런 블룸(Allan Bloom) 교수도 미국의 극단적인 개인주의가 가정의 붕괴와 사회적 병리현상을 초래했다고 진단했다.

귀국해서 나는 대학신문에 씨줄과 날줄로 직조된 옷감처럼 정(情)의 실로 수평, 수직으로 연결된 우리나라 사람들의 인간관계가 건강하다는 글을 기고했다. 그런데 작금의 우리나라 사람들이 1988년 내가 만났던 미국 사람들의 정신질환을 답습하고 있는 것 같다. 우울증, 분노조절장애, 공황장애, 트라우마 등의 용어들이 정신과 의사가 아닌 일반 사람들의 입에서 술술 나온다. 과거에는 있는 줄도 몰랐던 정신질환들이 유행처럼 번지는 이유를 정신과 전문의 하지현은 『대한민국 마음 보고서』에서 외로움 탓이라는 진단을 내렸다.(중앙선데이, 2017.3.5) 가문, 지연, 학연을 중시하던 집단문화가 사라지고 '극단적인 개인주의'라는 바이러스가 우리에게도 침투한 것이다.

젊은이들은 가족들과의 소통이 단절되고 자기만의 방에 갇혀 혼자 SNS를 즐긴다.

직장에서도 구성원들과 어울리기보다 혼자 밥 먹고, 혼자 술 마시는 혼밥, 혼술족이 늘어나고 있다. 자식들은 노부모를 모셔야한다는 의무감이 사라지고 노인들도 손주를 돌봐주지 않고 혼자 사는 것을 택하여 독거노인들이 급증한다.

20세기의 대표적인 시인 엘리엇(T.S. Eliot)은 그의 유명한 시 『황무지(The Waste Land)』에서 인간의 고립과 소외, 그리고 성적 타락으로 인해서 정신적으로 황폐한 현대인의 의식을 묘사했다. 이 시의 주인공은 "라일락꽃을 죽은 땅에서 피워내고, 추억과/ 욕망을 뒤섞으며, 봄비로/ 메마른 뿌리를 움트게 하는/ 봄(특히 4월)은 잔인하다고" 선언하고 차라리 겨울의 눈으로 덮인 망각 속에 남아 있고 싶다고 했다.

필자도 2017년의 봄이 두렵다. 이번 봄에는 우리나라의 미래가 갖가지 대립으로 쑥대밭이 될 것인가 아니면 국민이 이성을 되찾아 소통을 하여 대립으로 갈라진 국가를 통합할 것인지 결정될 것이기 때문이다. 다행히 엘리엇은 433행이나 되는 『황무지』의 끝에 사막화된 현대인들의 마음에 단비를 예고하는 천둥의 목소리를 빌려 다음과 같은 메시지로 구원의 가능성을 열어준다. "Datta(give=주라), Dayadhvam(sympathize=공감하라), Damyata(control=자제하라)"

엘리엇의 계시처럼 이기심과 개인주의로 메마르고 각박해진 우리들의 마음에 생기를 주는, 아니 분노와 광기로 갈라진 민심을 어루만져 줄 봄비를 간절히 고대한다.

(월드코리언뉴스: 2017. 3. 5)

인생의 정점

- 드라마 '눈이 부시게'

5월의 마지막 일요일 아침 모처럼 마음의 여유를 갖고 산책을 나갔다.

오늘따라 활짝 핀 장미꽃들이 오월의 여왕답게 화려한 자태를 뽐내고 있었다. 중랑천 건너편에는 서울의 큰 축제로 자리매김한 '장미축제' 준비가 한창이어서 산책길을 따라 천막들이 옹기종기 자리를 잡고 일찍부터 행사준비 요원들이 초록 조끼를 입고 분주하게 움직이는 모습이 보였다. 걸음을 멈추고 장미꽃들을 바라본다. 어른 주먹만큼 큰 장미부터 앙증맞은 아기 주먹 같이 작은 붉은 장미까지 노랑, 분홍 등 각가지 색깔의 꽃들이 아침의 신선한 공기로 갓 세수한 여학생처럼 청초하다. 2년 전에 산책로에 아치를 만들어 줄장미를 심었는데 어느새 붉은 꽃들이 나무 기둥을 타고 자연산 장미커튼을 만들어 동산을 완성하였다.

투명한 햇살을 받은 꽃들로 눈이 부시다.

'눈이 부시다'라는 생각과 함께 지난 3월 온통 나를 사로잡았던 드라마 '눈이 부시게'가 생각난다. 배우 김혜자 씨가 그 드라마의 주연이라는 사실을 알고 처음부터 끝까지 시청했다. 나와 비슷한 나이인 데다가 외모도 자연스럽게 늙어가고 맡은 역할마다 너무 천연덕스럽게 연기하는 그녀의 드라마를 빼놓지 않고 볼 만큼 나는 그녀의 광팬이다.

처음에는 드라마 내용을 이해하기가 힘들었다.

어떻게 바닷가에서 주운 시계추를 돌려 스물다섯 살 처녀가 갑자기 70대의 할머니로 바뀔 수가 있단 말인가. 그런 혜자의 변신에 개연성이 없어 보였다. 더구나 혜자가 짝사랑하는 청년 준하에게 뜬금없이 '등가 교환의 법칙'이라며 "뭔가를 갖고 싶으면 그 가치만큼 뭔가를 희생해야 돼. 모든 일에는 그 만큼 대가가 따르니까."라며 세상을 다 살아온 노인처럼 위로를 건네는 장면에서 서로 이가 맞지 않는 톱니가 돌아가는 느낌이 들었다.

그래도 김혜자 브랜드를 믿고 시청을 했는데 종영을 2회 앞두고서야 드라마의 본말이 드러났다. 12회에 치매요양병원에 입원 중인 할머니들이 퍼즐 게임을 하고 있고 혜자가 알츠하이머로 그 병원에 입원 중이었다. 치매 노인들이 입원해 있는 병원에서 일어나는 사건들을 통해 드라마는 이 시대 노인들이 치매뿐만 아니라 가난, 사기, 우울증, 자살 등에 노출되는 굴곡진 삶을 여과 없이 보여주었다. 까칠한 멋쟁이 할머니는 미국으로 이민간 아들에게 편지를 보내지만 답장이 없자 그곳에서 일하던 준하가 아들 대신 답장을 써서 보내준다. 그녀는 모텔에서 살고 있는 독거노인이었다.

아마도 아들이 미국으로 이민 갈 때 집까지 팔아 전 재산을 주었을 것이다. 미국에 있는 줄만 알았던 아들네가 귀국해서도 엄마와 연락을 끊고 살고 있다는 사실을 발견한 그녀는 한강에 투신한다.

혜자는 병원에서 시계 할아버지만 보면 사납게 대들었는데 그 시계는 정보부에서 남편을 고문했던 형사가 훔친 남편의 시계였다. 그리고 절름발이 아버지는 혜자의 아들이고 미장원에서 손이 부르트도록 일하던 어머니는 며느리였다. 그들이 항상 슬픈 표정으로 갑자기 노인으로 변한 딸을 바라보던 것은 일종의 알리바이였다. 치매에 걸린 혜자의 시선으로 뒤엉킨 과거와 현재가 혼재되어 시청자들을 혼란에 빠뜨렸던 것이다.

눈이 내리는 겨울 날 혜자가 사라졌다는 연락을 받고 아들이 찾으러 다니는데 혜자는 스웨터만 입은 채 추위를 아랑곳하지 않고 눈을 쓸고 있었다. 교통사고로 다리를 절게 된 아들이 넘어질까봐 습관적으로 눈을 쓸고 있었던 것이다. 그제야 등교할 때면 눈을 쓴 사람이 엄마인 줄 알게 된 아들은 혜자를 안고 화해의 눈물을 흘린다. 마지막 장면에서 혜자는 신혼 초에 남편과 아들과 함께 즐거웠던 한때를 기억해낸다. 그러자 그녀 앞에 환하게 웃는 남편의 환영이 나타났다. 평범하지만 행복했던 그녀의 신혼생활은 신문기자였던 남편이 고문에 못 이겨 사망하는 바람에 졸지에 미망인이 되었고 그녀는 먹고 살기 위해 동네 미장원을 운영하며 생활을 꾸려간다. 게다가 어린 아들마저 교통사고로 다리를 절게 되자 아들에게 겉으로는 애정 표현을 하지 않고 독하게 길렀다. 그

장면이 나의 어머니와 너무 비슷하였다. 내 어머니도 전쟁통에 남편을 잃고 청상이 되어 육남매를 먹이고 입히느라고 어린 우리들에게 따뜻한 시선 한 번 주시지 않았다.

어른이 되어서야 그런 어머니를 이해하게 되었지만 어려서는 매몰찬 어머니가 원망스러울 때가 많았다. 마찬가지로 드라마 속의 아들도 그런 어머니를 용서할 수가 없었다. 그런데 알츠하이머에 걸린 엄마가 눈을 쓸며 "우리 아들이 눈길에 미끄러질까봐 눈이 오면 쓸어요."라고 토로하는 장면에서 나의 어머니와 겹쳐서 펑펑 울었다. 내 어머니도 말년에 치매가 걸려 엄하던 모습은 간곳없고 천진난만한 어린애가 되어 이불을 뒤집어쓰고 안방과 응접실을 오가며 밤낮이 뒤바뀐 생활을 하시다가 돌아가셨다. 남들은 예쁜 치매라고들 했지만 좀체 이를 드러내고 웃으신 적이 없는 어머니의 변화는 우리 형제들을 너무 슬프게 하였다.

드라마 속의 혜자는 그녀의 인생에서 가장 행복했던 결혼생활을 회상하며 '눈부시게' 아름다운 순간을 경험한다. 그리고 인생의 종점에 선 그녀가 시청자들에게 당부한다. "내 삶은 때론 불행하고 때론 행복했습니다. 삶이 한낱 꿈에 불과하다지만 그럼에도 살아서 좋았습니다…. 어느 하루 눈부시지 않은 날이 없었습니다. 지금 삶이 힘든 당신, 이 세상에 태어난 이상 당신은 이 모든 걸 매일 누릴 자격이 있습니다. 대단하지 않은 하루가 지나고 또 별거 아닌 하루가 온다 해도 인생은 살 가치가 있습니다. 후회만 가득한 과거와 불안한 미래 때문에 지금을 망치지 마세요. 오늘을 살아가세요. 눈이 부시게. 당신은 그럴 자격이 있습니다. 누군가의 엄마였고, 누이였고, 딸이었고, 지금은 나였을 그대들에게."

인생의 마지막 고지에 올라선 나도 과거를 뒤로하고 갈 때가 머지않았다.

아무리 백세시대라 해도, 그리고 노인 복지가 좋아졌다고 해도 요즘 독거노인들의 문제는 사회적인 이슈가 될 만큼 심각하다. 여전히 복지의 사각지대에서 당장의 끼니 걱정과 질병 때문에 하루하루가 고통의 연속인 노인들이 많다. 노인들이 질병과 우울증으로 자살하거나 돈 때문에 가족을 죽이고 자살하는 끔찍한 사건들이 하루가 멀다 하고 언론에 보도된다. 죽음을 택할 수밖에 없던 그들에게 '눈부신' 인생은 한낱 판타지에 불과할 것이다.

'눈이 부시게'라는 드라마처럼 어두운 쪽방에서 힘들게 사는 사람들도 밖으로 나와 잠시라도 찬란한 5월의 햇볕을 쪼이면 좋겠다. 아름다운 장미꽃과 기름 바른 듯 윤이 나는 나뭇잎들이 바람에 하늘거리는 주변을 돌아보면 마음의 변화를 일으켜 '개똥밭에 굴러도 이승이 좋다'는 옛말을 기억하게 되지 않을까. 드라마가 끝나고 김혜자 씨는 신문 기자와의 인터뷰에서 이렇게 말했다. "살아보니 사랑하고 사랑받는 기억만 남았다"고. 사랑하고 사랑받는 건 비단 노인에게만 중요한 게 아니다. 살아있는 모든 존재는 — 사람들의 발길에 짓밟히는 길가의 잡초마저도 — 사랑을 먹고 살다가 사라지는 게 자연의 섭리가 아닐까. (2019. 05)

스승의 날 유감(有感)

어제 저녁 딸네 집에서 저녁 식사를 하며 딸에게 자랑스럽게 말했다.

"월요일부터 금요일까지 내 저녁 식사 준비는 하지 마라."

"왜요, 엄마?"

"스승의 날이라고 제자들이 저녁 초대를 했는데 모두 거절할 수가 없어서 다 참석한다고 했거든."

"엄마 나이에 어떻게 계속해서 저녁 외출을 해요? 그러다 또 아프면 어쩌시려구요?"

스승의 날이 있는 5월은 생일같이 기다려진다. 오랫동안 만나지 못했던 제자들을 만날 수 있다는 기대 때문이다. 73학번, 77학번, 79학번, 81학번, 82학번, 86학번 등 제자들이 몇 명씩 모여 스승의 날을 전후해서 나를 초대한다. 모두 쉰 살이 넘어 예순을 바라보는 그들과 만나 소주잔을 기울이며 교수 시절을 반추해보는 것이 내게는 큰 기쁨이다.

1980년대에는 스승의 날에 강의실에 들어가면 교탁 위에 학생들이 놓아둔 카네이션과 손편지들이 수북이 쌓여 있고 강의 시작 전에 모두 일어나서 '스승의 은혜'를 합창을 했다. 그런 광경을 보고 있노라면 눈시울이 뜨거워지며 마음속으로 내가 이런 대접을 받을 자격이 있는가? 나는 그들을 위해 무엇을 해주고 있는가? 라는 자문과 함께 선생이라는 내 천직에 대한 자부심과 소명의식을 동시에 느꼈다.

퇴직한 지 오래 되었지만 나는 아직도 학생들이 보내준 손편지와 이메일을 상자에 간직하고 있다. 가끔 꺼내어 읽으며 지금 그들은 어디에서 무엇을 하며 살고 있는지 궁금해지고 모두 잘 살고 있기를 기도한다. 그런데 금년부터 시행되는 소위 '김영란 법'이라는 청탁 금지법 때문에 대학 캠퍼스가 혼란에 빠졌다는 기사를 읽었다. 학생과 교수들이 혼란을 느끼는 이유는 청탁금지법에 대한 해석이 다양해서란다. 최근 서울대병원 현직 교수들이 퇴임하는 은사에게 준 선물이 청탁금지법에 저촉돼 처벌받은 사실이 알려져 학생들이나 교수들이 황당해하고 있다. 교육부 지침에 따르면 학생회장이나 학급반장 등 학생 대표가 교사에게 주는 꽃은 무관하나 학생 개개인이 교사에게 주는 꽃은 청탁금지법에 저촉된다고 한다.

'스승의 날' 제정 목적은 교권을 존중하고 스승을 공경하는 사회적 풍토를 조성하여 교원의 사기를 진작시키고 사회적 지위를 향상할 목적으로 지정된 것으로 알고 있다. 그런데 일부 공직자, 언론사, 사학재단 이사진 등이 부정한 청탁과 함께 촌지를 주고받은 악습을 고치겠다고 만든 청탁금지법이 교사와 제자 사이에 나누었던 정(情)이 뇌물처럼 취급받게 된 현실이 너무 서글프다.

그렇잖아도 교권침해 사례가 지난 5년 동안에 연평균 4,700 건이 넘는다고 한다.(연합뉴스 2017. 5.13) 교사에 대한 폭언과 욕설이 14,775건, 폭행이 461건, 성희롱이 459건, 학부모 등 교권 침해가 464건이라니 이런 상황에서 어떻게 교사의 사기를 높이고 학생들이 선생님을 존경하는 사회적 풍토가 조성될 수 있겠는가?

이렇게 교권이 무너지고 있는 현실에서 빈대 한 마리 잡기 위해 초가삼간을 태우듯이 청탁금지법을 '스승의 날'에도 적용하여 학생들이 자기가 좋아하거나 존경하는 선생님에게 카네이션 한 송이도 드리지 못하게 한다는 것은 동방예의지국(東方禮儀之國)이라고 칭송받던 나라에서 상상도 할 수 없는 작태이다.

나는 80년대부터 10년 간 한국으로 연수받으러 온 외국인들을 위하여 '한국의 역사와 문화' 특강을 했다. 특강 첫 시간에는 반드시 우리나라의 문화의 예절이 유교의 영향을 많이 받아서 부모를 공경하는 효(孝) 문화와 웃어른을 섬기는 미풍양속을 소개하였다. 특히 '군사부일체(君師父一體)'를 강조하여 임금과 스승과 아버지는 한 몸처럼 가장 공경해야 하는 웃어른이라고, 내가 어렸을 때는 스승의 그림자도 밟아서는 안 된다고 배웠다고 말하면 외국인들의 눈이 휘둥그레졌다. 그러면서 자기들도 한국에서 교수가 되고 싶다면서 부러워했다.

학생들과의 소통을 무엇보다도 중요하게 생각했던 내가 지금까지 교단에 있다면 청탁금지법으로 사제관계가 무너진 현 사태에 대하여 어떤 생각이 들까? 우선 자긍심과 소명의식이 사라질 것 같다. 아무리 한 자녀 시대라고 하지만 가정에서나 학교에서 인성(人性)교육을 우선해야 한다는 것이 내 생각이다. 4차 산업혁명 시대에 지식은 계속 쌓이고 진화한다. 그러나 변하지 않는 것은 인성교육의 중요성이다. 학생들에게 선생님(어른)을 공경하고 타인을 배려하는 인간성의 함양이 공교육의 목표가 되어야 하지 않을까?

이번 주에 만나기로 약속한 제자들과의 해후가 기대된다. S는 얼마나 머리칼이 더 빠졌을까? Y는 살이 더 쪘을까? 그리고 예의 바른 H는 흰 머리가 더 늘었겠지? 평생 교단에 있다가 은퇴한 나는 행복한 노인이다. '아, 옛날이여! 스승이 존경받던 시절은 다시 돌아올 수 없나요?'

(월드코리언뉴스: 2017. 5. 15)

시월의 어느 멋진 날

I.

눈의 실핏줄 터진 이유가 단백질 부족 때문이란다. 하루에 달걀 한 개씩을 꼭 먹으라는 약사의 말을 듣고 아침에 삶은 달걀을 먹은 게 체한 후부터 계속된 체기가 추석이 지나고 2주 이상 죽을 먹어도 낫지 않았다. 아파트 상가 병원에 계속 다녔지만 소용이 없었다. 그 사이 체중이 2kg이 줄어 어지러움을 느낄 정도가 되었다. 결국 경희의료원 소화기내과에 진료예약을 했고 담당 의사도 췌장이 의심된다고 위내시경과 복부초음파를 받아보라고 처방을 내려 어제 저녁 6시 죽을 조금 먹은 후 금식을 하고 오늘 아침 8시 남편이 운전하는 타를 탔다.

걷기도 힘들 만큼 기운이 없어 멍하니 차창을 내다보며 가고 있는데 라디오에서 바리톤 김동규의 '시월의 어느 멋진 날'이 흘러나왔다. "눈을 뜨기 힘든 가을보다 높은/ 저 하늘이 기분 좋아/ 휴일 아침이면 나를 깨운 전화/ 오늘은 어디서 무얼 할까/ 창밖에 앉은 바람 한 점에도/ 사랑은 가득한 걸/ 널 만난 세상 더는 소원 없어 / 바램은 죄가 될 테니까…."

내 귀에는 남의 얘기일 뿐이다. 시월이 가는지 오는지도 모르고 소화불량으로 고생하고 있는데 높아가는 가을 하늘이 보일 리가 없다. 그러고 보니 어느새 시월도 중순이다. 그럼에도 불구하고 몸과 마음은 따로 노는 건지 이 노래를 들으니 젊은 날의 싱싱했던 내 모습이 떠오른다. 그래, 나도 한때는 눈 뜨면 설레는 날들이 있었지. 만날 사람들과 해야 할 일들을 생각하면 성취 욕구가 샘처럼 솟아나 통통 튀는 새우 같았던 때도 있었지.

정오쯤 되어서야 검사를 받고 의사가 처방을 내렸다. 다행히 췌장은 이상이 없다고 했다. 그러나 위는 나이 탓도 있지만 오랫동안 먹은 진통 소염제 때문에 위벽이 얇아져 소화 기능이 약해졌다고 한다. 한 달 치의 약을 타고 병원 문을 나서니 갑자기 시장기가 밀려온다. 설렁탕집에 들어가 남편과 설렁탕을 시켜 깍두기 국물을 부어 후루룩 후루룩 마시니 기분이 좋아진다. 아, 살 것 같다. 오랜만에 배부른 내 얼굴이 '시월의 어느 멋진 날'의 표정이다.

II.

시월도 끝물이다. 열흘 이상 시릴 만큼 파랬던 하늘에서 비가 내리고 바람이 부는 아침에 양평 삼봉리에 있는 조영식 학원장님 묘소에 성묘하러 떠나는데 휴대폰에 메시지가 떴다. 영문과 16회 동기가 간암으로 사망했다고 삼성의료원 영안실에서 오후 2시에 만나자는 문자다. 지난해 모였을 때도 같이 술을 마셨는데 웬 간암? 자기 자랑이 많은 친구였지만 유쾌해서 잘 어울렸다. 게다가 몇 년 전에 내게 딸의 주례를 부탁해서 서주기도 했는데 유명을 달리했다니 믿어지지가 않았다.

요즘 부쩍 주변 지인들의 병치레와 사망 소식을 자주 듣는다. 70대 중반을 넘었으니 그럴 만도 하지만 여전히 그런 일이 나와 멀게 느껴진다. 며칠 전에는 초등학교 동창인 추리소설 작가가 중환자실에 있다는 소식을 들었다. 한 달 전쯤 사무실에 '특급배송'이라는 붉은 글씨가 선명한 소포를 받았는데 그가 쓴 『내 영혼과 추억 속의 사람들』이라는 책이었다. '영혼에 엄청난 영향을 끼친 분들, 잊을 수 없는 추억의 사람들, 당장이라도 만나보고 싶은 얼굴들, 내 기억에 박혀 틈틈이 꺼내보는 얼굴들' 38명을 정리하여 쓴 책에는 내 이름도 있었다. 그는 표지 이면에 손글씨로 빨리 만나자고 채근하는 편지까지 써놓았다. 그러나 위내시경과 복부초음파 등 검사를 받는 등 힘든 나날을 보내느라고 답장을 미루다가 이메일을 보냈는데 그 또한 답이 없었다. 보통 때 같으면 내 편지 받자마자 득달같이 연락할 친구인데…. 일주일 후에 전화를 했더니 그의 딸이 전화를 받았다. 그가 탁구 치다가 심장마비를 일으켜 지금 연세의료원 중환자실에 누워 있다는 것이다. 죽음의 그림자가 나를 비롯해 내 가까운 사람들에게 서서히 드리워지고 있다는 것을 느낀다.

학원장님 묘소가 있는 산은 단풍나무들이 많아서 가랑비를 맞아 더 붉게 타고 있었다. 곱게 깔린 잔디 가운데 모셔진 무덤에 올라가 참배하고 한강을 내려다보며 산과 강과 자연은 유구한데 인간은 태어나는 순간부터 죽음의 고지를 향해 행진하고 있다는 생각이 들었다. 문득 18세기 영국 시인 토머스 그레이(Thomas Gray)가 쓴 「시골 묘지에서 쓴 비가(悲歌)」의 한 구절이 떠올랐다.

저 무성한 느릅나무 밑 주목(朱木)의 그늘 아래
잔디가 수많은 부패하는 덤으로 솟아오른 곳에
각기 자기의 좁은 방 속에 누워
마을의 소박한 선조들이 잠들고 있다.
……
명문(名門)의 자랑과, 권력의 영화(榮華)
그 모든 아름다움과, 부(富)가 준 그 모든 것을
피할 길 없는 그 시간이 꼭 같이 기다린다
영광의 길은 오직 무덤으로 갈 뿐이다.

같이 온 J교수가 소주나 한 잔 하자고 재촉한다. 그렇다. 산 사람은 여전히 헛된 명예와 권력을 좇는 파리처럼 앞으로 내닫는다. 그런 사람들 중의 하나가 되어 오늘도 나는 일행과 같이 살아있음을 증거하기 위해 대낮부터 소주잔을 기울였다. 오늘도 '시월의 어느 멋진 날'로 기억되리라.

Ⅲ.

바리톤 김동규씨가 부른 '시월의 어느 멋진 날에'의 원곡은 시크

릿 가든의 '봄의 야상곡(Serenade to Spring)'에 한경혜 씨가 가사를 붙인 노래라고 한다. 노래 가사 자체는 계절적인 의미와 상관이 없이 사랑에 빠진 남자의 행복한 고백이라고나 할까. "휴일 아침이면 나를 깨운 전화/ 오늘은 어디서 무얼 할까/ 창밖에 앉은 바람 한 점에도/ 사랑은 가득한 걸/ 널 만난 세상 더는 소원 없어/ 바램은 죄가 될 테니까…." 그리고 마지막 부분에서 화자는 "살아가는 이유, 꿈을 꾸는 이유/ 모두가 너라는 걸/ 네가 있는 세상 살아가는 동안/ 더 좋은 것은 없을 거야/ 세월의 어느 멋진 날에."라고 끝을 맺는다. 화자가 사랑을 고백하는 시점이 시월의 어느 날일 뿐이다.

불행히도 내가 결혼한 시월은 멋진 날이 아니었다. 다음은 1969년 10월 31일 내 결혼식 날에 쓴 일기의 한 구절이다.

> 신부화장이랍시고 마사지를 하고 덕지덕지 분칠을 한 내 얼굴은 전연 나와 다른 이방인의 것인 것 같았다. 드레스를 입고 베일을 쓰고 생화를 꽂은 내 모습이 낯설었다. 오후 2시 20분 드디어 신부 입장. 웨딩마치가 울렸을 때 가슴이 쿵 내려앉으면서 눈물이 핑 돌았다. 왜 그랬을까? 나의 인생은 여기서 끝나고 마는 것일까? 둘이 모두 빈털터리 가난뱅이면서 겉은 남 못지않게 꾸며서 결혼식을 했다. 그런데도 이 빈 마음, 허전한 마음, 모든 것이 끝난 지금 미련이 남아서는 아닐 텐데 이 공허함은 웬일이냐?

50년 전의 일기를 읽으니 만감이 교차한다. 인생은 날씨와 같다고 누가 그랬던가.

내 결혼 생활은 맑은 날보다는 흐린 날, 비 오는 날, 천둥치는 날들이 더 많았던 것 같다. 일기는 예보라도 할 수 있지만 인생은 예보가 없었다. 삶의 무게가 버거워 뛰쳐나가고 싶었을 때도 있었지만 그런 나를 붙잡은 것은 자식들이었다. 자식들이 컴퍼스의 가운데 똑바로 선 기둥처럼 나를 빗나가게 해주지 않은 중심축이었다. 그런 자식들이 품을 떠난 지금은 같이 늙은 남편만이 서로의 버팀목이 되고 있다. 늙으면 기억의 회로가 막혀 망각의 축복(?)을 받는 건가. 사랑해서라기보다 어쩔 수 없이 50년을 살아왔다고 생각했던 나의 결혼기념일이 '시월의 어느 멋진 날'로 기억되기 시작했으니 말이다.

(2019. 10)

아버지의 유전자

"내가 미쳤지, 미쳤어! 나이 생각은 하지 않고 그렇게 마시다니…."

어젯밤 밤새도록 흔들리는 머리를 감싸 쥐고 몸을 뒤챘다. 나이를 잊고 분위기에 휩쓸려 과음한 것은 오랜만이었다. 허물없는 친구들과 후배들이 어울려 조촐하게 저녁 식사만을 하기로 한 모임이었다. 그런데 첫잔은 소맥(소주+맥주)부터라는 J교수의 제안으로 시작된 폭탄주가 목으로 술술 넘어갔다. 불쾌지수가 높은 바깥 기온과는 달리 한정식 집은 목에 스카프를 둘러야 할 만큼 서늘해서 술이 취하지 않았다. 식당 종업원이 끝날 시간이라고 채근할 때까지 마셨다. 거기서 끝나고 헤어졌어야 했다.

거나해진 P교수가 생맥주 한 잔만 더 하자는 바람에 끌려갔다.

근처에 맥주집이 보이지 않아서 들어간 곳이 노래방이었다. 하필 신발까지 벗고 슬리퍼로 갈아 신어야 하는 고급스러운 노래방에서 몇 년 만에 춤까지 추면서 노래를 불렀다. 후배들 앞에서 조

신하게 처신해야 한다는 철 든 생각은 오늘 아침에야 들었다.

술자리에 가게 되면 나는 늘 입버릇처럼 달고 다니는 말이 있다. 우리 아버지에게서 물려받은 유산이 두 가지인데 그 하나는 가난이었고, 다른 하나는 술 마시는 유전인자라고. 내가 어렸을 때 돌아가신 아버지에 대한 기억의 대부분도 퇴근 후의 술 취한 모습이다. 술주정을 하신 게 아니라 평소에는 과묵했던 아버지가 술을 마시고 퇴근하면 연년생으로 태어난 딸들에게 눈깔사탕을 사오시거나 겉으로 애정 표현을 잘 해주셨기 때문이다.

추운 겨울이면 어머니가 만들어주신 김치말이 메밀묵을 후르르 마시며 막걸리를 즐기셨고 많이 취해서 돌아오셨던 어느 날엔가는 양은냄비를 뒤집어 놓고 젓가락으로 장단을 치며 '아주까리 선창 밑에….'를 흥얼거리시기도 했다. 어머니 말씀에 의하면 아버지는 목청도 좋아 노래를 좋아하고 잘 부르셨다고 한다. 그 유전자를 물려받은 남동생이 젊었을 때는 배호의 노래 모창을 아주 잘했다.

93세까지 장수하신 고모님은 단양 산골에 사셨는데 연세가 많으셨는데도 페트병에 담긴 소주를 부엌에 감추어두고 홀짝홀짝 마셨다. 사촌들이 그 연세에 웬 술이냐고 못 마시게 성화를 했기 때문이었다. 안주는 물이었다. 고모님이 술 한 모금 마시고 물 한 모금 마시는 습관은 나도 닮아서 밤에 혼술을 할 때면 안주는 별로 먹지 않는다. 돌아가시기 전에 찾아뵌 나를 고모님은 "야, 안태백아!"라고 불러서 식구들이 웃었다. 외모도 나는 고모를 많이 닮았다고 했다.

아버지의 유전자 덕분에 알코올 분해 효소가 많아서 젊었을 때는 어지간히 마셔도 얼굴이 붉어지지도 않고 취하지도 않았다. 60년대 초 대학에 입학해서 남학생들과 명동 학사주점에 가면 여자가 거의 없었다. 남학생들의 술주정을 받아주기도 했다. 술이 약한 남편과 연애할 때도 그는 한 잔만 마셔도 얼굴이 빨개지고 견디기 힘들어 했지만 나는 끄떡없이 굽이 높은 구두를 신고 집으로 왔다.

현직에 있을 때도 술 마시는 장점(?)을 십분 활용하였다. 보직 때문에 저녁 식사 자리가 일주일에 한두 번은 있었다. 초면인 경우 초대받은 사람들은 내가(이름 때문에) 남자려니 하고 나왔다가 여자인 걸 알고는 실망의 눈빛이 되었다. 그러다 술잔이 거듭되면 나의 술 실력에 놀랐다. 어느 국회의원은 내게 자기 후원회 회장을 맡아달라고 할 정도로 남자들과의 대작에 전혀 꿀리지 않는 주량을 자랑했다.

나의 음주는 학생들과의 소통에도 한몫해서 학기가 끝나 종강파티를 할 때면 지하의 맥주집을 통째로 빌려서 몇십 명의 학생들과 파도타기까지 하는 여자 교수로 명성(?)이 났다. 그리고 평생 큰소리로 부부 싸움을 하지 않고 남편과 해로할 수 있었던 비결도 술의 덕이라고 생각한다. 나라고 남편과 갈등이 왜 없었겠는가. 더구나 홀시어머니를 모시고 살았기 때문에 파생되는 갈등이 많았다. 그럴 때면 친구들과 술 마시며 넋두리하고 시어머니와 남편 흉을 실컷 보다보면 내 마음 속에 있는 다른 내가 나를 힐난했다. "너는

뭘 잘 했는데? 이렇게 술 마시고 다니는 며느리를 좋아할 시어머니가 어디 있냐? 남편이 착하니까 너 같은 여자를 데리고 사는 게 아니냐?"고. 그런 생각이 들면 나를 짓눌렀던 억울함과 속상했던 일들이 내 탓일 수도 있다는 반성의 마음이 들어서 집에 돌아오면 아무 일도 없었던 것처럼 씻고 잤다.

여자가 음주를 즐기는 건 괜찮지만 추태를 부릴 정도로 마시면 안 된다.

나는 여학생들에게 술 마시고 남자 등에 업혀 갈 정도라면 아예 마시지 말라고 경고하곤 하였다. 그리고 술에 취하면 자기 자랑만 하거나, 남의 흉을 보거나, 또는 자신의 신세 한탄을 하는 여러 유형의 사람들을 보는데 모름지기 술은 즐겁게 마셔야 한다는 게 나의 주론(酒論)이다. 적당한 음주는 이성(理性)이 지배했던 감성(感性)코드를 작동시켜 아집(我執)의 틀을 깨고 속내를 드러내는 용기가 생겨 상대방과의 친교가 쉬워진다.

이제는 집에서 반주 정도로 즐기지만 내 딸은 엄마 나이에 그렇게 자주 술을 마시느냐고 성화다. 나는 술 마시지 않고 무슨 재미로 사느냐고, 그리고 소화를 위해서 적당히 마시는 거라고 큰소리를 치지만 내심으로는 걱정이 되기도 한다.

하루 종일 물을 마시며 아버지의 유전자의 위력을 생각한다. 요즘은 유전자 변형으로 온갖 새로운 형질의 물질을 만들어내는 시대에 살고 있으니 알코올 분해 효소를 제거하는 유전자도 만들어내는 시대가 되지 않았을까? 그러나 나는 아버지의 유전자를 타고

난 것을 다행으로 생각한다. 만약에 술의 힘이 아니었으면 살아오는 동안 옹이처럼 박힌 상처들과 화해할 방법이 없었을 것이다. 나는 아직도 과음으로 흔들리는 머리를 감싸 쥐고 서른두 살에 돌아가신 아버지에게 꾸벅 절을 한다.

"아버지 덕으로 평생 술을 마시고도 이렇게 오랫동안 살고 있네요."

(문학시대 2017 여름호)

아홉수

"경(庚)의 해는 끝자리가 '0'인 해로서 우리나라를 둘러싼 커다란 일이 많이 일어났습니다… 100년 전의 경술국치(1910), 6·25전쟁(1950), 4·19혁명(1960), 새마을운동(1970), 5·18민주화운동(1980), 소련과 수교(1990), 남북정상회담(2000)…."이라는 글을 어느 신문에서 읽었다.

우연의 일치일까. 2020년의 새해 한 달이 지나면서 중국 우한에서 발원한 신종 바이러스 전파로 시작된 '코로나19'의 공포가 온 나라에 들불처럼 번지고 있다. 사람들이 느끼는 공포의 수준은 몇 년 전에 겪은 '메르스' 사태를 훨씬 능가한다. 더구나 지역 감염으로 이어지면서 하루에 100명 이상의 확진자가 속출하고 있어 사람들의 왕래가 끊어진 거리는 유령의 도시처럼 변하고 국가의 경제적 손실은 물론 개인의 사생활이 마비되고 있는 형편이다. 이런 재난이 왜 2020년 초반에 시작되었나?

'0'자로 시작되는 해가 내게는 '아홉수'가 된다. 우연인지 필연인지 아홉수가 되는 해에는 내게는 잊히지 않는 사건들이 있다. 그래서 나는 '0'으로 시작되는 해가 두려웠다. 작년 말에도 아홉수를 어떻게 잘 넘길 것인가를 염려하면서 조심 또 조심하자고 속으로 다짐을 했다. 하필 연말 송년회에서 만난 명리학 전문가를 자처하는 후배가 나더러 2020년은 좋지 않을 것 같다고 해서 더 걱정이 되었다. 내가 죽을 운인가? 아니면 남편이?

작년부터 명절 차례를 며느리에게 넘기고 우리 부부가 아들네 집으로 갔다.

이번 설날 새벽에도 아들네 집에 가려고 아파트를 나섰다. 지하철을 타고 신도림역에 내리면 아들이 차를 갖고 나오기로 되어 있었다. 겨울 날씨치고는 춥지 않았다. 나는 남편보다 앞서 걷고 남편은 내 뒤를 따랐다. 그날따라 남편 구두가 땅을 질질 끄는 느낌이었다. 아무리 바빠도 뛰거나 서둘지 않는 사람이어서 나는 앞서 걷다가 뒤돌아보며 따라올 때까지 기다렸다가 다시 걸었다. 어느 순간 쿵! 하는 소리가 들렸다. 뒤돌아보니 남편이 넘어져 있었다. 남편에게 달려가 일으키려고 했으나 내 힘으로는 어림도 없었다. 마침 지하철 타러 가던 사람들 몇이 달려와서 "119를 불러드릴까요?"라고 물었다. 나는 대수롭지 않게 괜찮다고 그냥 가시라고, 일으켜만 달라고 말했다. 모든 일이 순간적이어서 어리둥절한 상태로 남편을 부축하여 집으로 왔다.

남편은 정신이 나간 듯했다. 그는 오른팔을 움직일 수가 없다고 말했다.

나는 아들에게 남편의 낙상을 전화로 알렸다. 차례를 마친 아들과 며느리 그리고 손주들이 왔지만 세배 받을 경황도 없이 아들은 남편을 응급실로 모시고 갔다. 거의 저녁 무렵에 돌아온 남편은 오른팔을 붕대로 칭칭 감고 부목을 대고 있었다. 어깨뼈가 부러졌다는 것이다.

연휴가 끝나 정형외과에 연락했지만 환자가 밀려 오후 6시에나 진료가 가능하단다.

마음이 급해 가까운 지인의 힘을 빌려 진료를 앞당겨 오후 2시에 병원에 가서 진료를 받았는데 어깨의 인대를 감싸는 뼈가 바스러져서 인공관절로 바꿔야한다는 진단이었다. 남편은 수술 전에 필요한 검사를 하고 오후 늦게 입원을 했다. 정신없이 하루를 보내고 딸이 아버지를 간호하겠다고 해서 혼자 집으로 왔다. 나는 이미 몸과 마음이 따로 놀 정도로 지쳐 있었다.

남편이 없는 집안이 횅했다. 갑자기 뭔가 커다란 게 빠져나간 느낌이었다.

미우니 고우니 해도 50년을 해로한 남편의 빈자리가 클 수밖에. 나는 남편이 집에 있는 것처럼 그의 방문을 활짝 열어놓았다. 그가 입원해 있는 열흘 동안 식탁에 앉아 밥을 먹지 않았다. 그가 아침저녁으로 해주던 설거지와 쓰레기 분리수거 등 할 일이 많았다. 분리수거를 해보지 않아서 허둥거리고 어느 날엔가는 밤중에 경고음이 삐-삐- 소리가 나서 집안을 돌아보아도 찾을 수가 없었다. 음식물 처리기에서 나는 소리인가 하고 보니 그건 꺼져 있었다. 겁이 나서 남편에게 전화를 했다. 수경 재배하는 상자에 물이 떨어졌다는 신호일 거라고 했다. 상자에서 베어다 주는 채소를 먹긴 했지만 물을 어디로 주어야하는지는 몰랐던 것이다.

남편이 퇴원을 하고 돌아오니 집안일이 늘어나서 많이 힘들다. 남편 몫이었던 설거지와 분리수거, 화분 물주기 등 할 일이 태산이다. 아홉수를 톡톡히 치르고 있다. 아니, 나대신 그가 횡액을 당한 건 아닌가 하는 생각조차 들면서 이만한 게 천만다행이라고 자위하고 있다. 만약 뇌진탕이라도 당했다면 어쩔 뻔했냐는 사람들의 말로 위로를 삼는다.

지난 80년 가까운 세월을 돌아보면 용케도 살아남았다는 생각이 든다.

한국전쟁이 나던 해가 아홉 살이었다. 그해 아버지가 돌아가신 후부터 겪은 우리 가족의 시련은 말로 표현할 수가 없다. 요즘 한국 영화 역사의 새 장을 열게 되었다는 아카데미 상 4개 부분에서 수상한 영화 '기생충'을 나는 영화관에 가서 보지 않았다. 사람들의 주거 공간인 '집'이 주인공 같은 그 영화를 보고 싶지 않았던 이유는 마흔 살 가까이 되어 내 집을 장만할 때까지 이사 다니며 겪었던 수모들을 떠올리고 싶지 않았기 때문이었다. 봉준호 감독의 쾌거에 안 볼 수가 없어서 집에서 TV를 통해 '기생충'을 보았다.

영화를 본 후에 나는 떫은 감을 먹은 듯 입안이 텁텁하고 찜찜해서 애꿎은 소주를 들이켰다. 귀국 인터뷰에서 봉 감독은 "빈부격

차라는 현대사회 문제를 1cm도 피하지 않고 처음부터 엔딩에 이르기까지 정면 돌파하려 했다"고 말했다. 물론 현대의 빈부 양극화는 1960~70년대의 양극화와 비교하면 질적으로 차이가 있다. '기생충'은 중산층의 몰락 과정을 그린 영화이지 빈곤 자체를 다룬 영화가 아니다. 그 시대에는 국민 대다수가 절대 빈곤 속에 허덕였으니까. 그러나 '기생충'이라는 영화는 나의 잊고 싶은 아픈 상처에 소금을 뿌렸다. 그래서 그를 향해 "야, 봉준호! 너는 절대 빈곤이 어떤 건지나 알아?"라고 삿대질이라도 하고 싶었다.

통유리를 통해 햇살이 환히 비치는 지상의 부잣집, 좁은 창을 통해 햇빛이 조금 들어오는 반지하방, 그리고 해가 완전히 차단된 좁다란 통로로 연결된 어둠뿐인 지하실이라는 공간을 통해 빈부의 격차를 극명하게 보여주고 있는 그 영화는 셋방살이를 전전하던 유년의 기억(가능하면 잊고 싶은)을 소환했다. 영화에서 폭우로 인해 지하 변기가 넘쳐나듯이 내게도 셋방살이의 은유는 푸세식 변소다. 여름이면 장맛비로 넘쳐나고, 겨울이면 꽁꽁 얼어 앉기도 불편한 푸세식 변소 앞에서 신문지 쪼가리를 들고 순서를 기다리던 다가구 주택의 가난한 군상들 속에 나도 끼어 있었다.

점심 도시락 없이 중·고등학교에 다닌 나는 만성빈혈로 고생하였다.

여름날 운동장 조회에서 쓰러지거나 무용시간에 졸도하는 나를 보다 못한 선생님들의 주선으로 부잣집 입주 가정교사로 갔다. 당시에는 드물었던 2층집 계단을 올라갈 때 난간을 붙잡고 겨우 올라가는 내 모습을 이상하게 생각한 주인 의사가 수상하게 여겼는지 나를 진찰해서 왼쪽 난소에 계란만한 혹을 발견했다. 안주인은 임신한 것으로 오해하고 뜨악한 시선으로 나를 곁눈질하는 바람에 두 달 만에 그 집을 나왔다. 그러나 돈이 없어 일 년 동안 수술하지 못했다. 비료공장 세탁부로 다니시던 어머니가 매일 눈물바람을 하는 바람에 같이 일하던 동료들이 십시일반으로 돈을 모아 산부인과도 아닌 외과에 가서 손이 발이 되도록 빌어(수술비의 절반 밖에 없었으므로) 난소를 제거했다. 입원해 있는 동안 링거를 맞지 못해 입술이 타들어가 껍질이 벗겨졌다. 1960년 열아홉 살 때였다.

1970년 스물아홉 살 되던 해에는 상계동 달동네에서 신혼살림을 시작했다.

오랫동안 연애를 했지만 남편이 그토록 가난한 줄은 모르고 어머니의 반대를 무릅쓰고 결혼을 감행했는데 오히려 덤터기를 쓰고 말았다. 결혼과 동시에 그가 운영하던 시곗줄 공장이 망하고 내가 생계를 책임져야 할 처지가 되어버린 것이다. 그리고 1980년 서른아홉 살에는 자궁적출 수술을 받고 과로와 스트레스가 겹쳐 목디스크와 요통으로 6개월 동안 휴직을 해야 했다.

하여튼 아홉수가 낀 해에는 몸 수가 나쁘거나 자잘한 사건이 나를 힘들게 했다.

인생이라는 고해(苦海)를 항해하노라면 당연히 '길흉화복(吉凶禍福)'이 따르게 마련인데 왜 사람들은 굳이 '아홉수'라는 말을 쓰게 되었을까? 박경리 선생의 소설 『토지』에서도 "사람마다 아홉수가 사납지."라는 표현이 있는 걸 보면 이런 미신(?)은 아주 오래전부터 우리나라 사람들의 의식 속에 자리 잡고 있었나 보다. 살만큼 살아왔는데도 불구하고 여전히 '아홉수'에 대한 두려움에서 벗어나지 못하고 있는 내가 딱하다.

(2020. 02)

여름과 글쓰기

금년 여름에도 어김없이 더위 때문에 곤욕을 치르고 있다.

나이가 들수록 더위를 참기가 힘들어서 거의 외출을 못하고 있다. 습도가 높은 한여름의 무더위는 두려움 그 자체다. 많은 사람들도 더위로 인한 불편을 겪겠지만 나는 일상생활이 불편할 만큼 여름나기가 힘들다. 우선 밥맛이 없어진다. 식욕이 떨어지니 먹는 양이 줄어 체중이 줄고 기력이 떨어진다. 그리고 불면증이 더 심해진다. 수면유도제를 먹고도 잠을 설쳐 새벽 산책하는 습관도 지킬 수가 없다. 그 다음 문제는 피부질환이다. 접촉성 피부염이나 비립종이라는 좁쌀 같은 것들이 얼굴에 돋아나 피부과에 가도 별 방법이 없다고 찬바람이 나면 저절로 사라진다고 한다. 제일 심각한 것은 두뇌 활동이 둔해진다. 더위 때문인지 멍한 상태가 지속된다.

그래서 글을 쓰려고 해도 생각이 정리되지 않고 헝클어진 실타래 같다.

책상에 앉아서 인터넷 검색을 하며 시간을 보내다가 포기하고 만다. 전업 작가도 아니고, 원고 청탁 받은 일도 없는데 뭔가를 써야한다는 강박관념에 사로잡혀 있는 내가 비정상이지 싶다. 아마도 방학 중에 논문을 써내야 했던 습관이 남아서 그런지 모른다. 이제는 그럴 필요가 없는데도 스스로를 괴롭힐 만큼 강박증에서 헤어나지 못하는 내가 우습다.

며칠 전 서점에 가서 책 제목만 보고 산문집 두 권을 샀다. 하나는 스웨덴의 소설가가 쓴 산문집『다시 쓸 수 있을까』인데 부제가 '77세에 글을 잃어버린 작가 테오도르'다. 금년 내 나이와 같다. 다른 하나는 조지 오웰의 『코끼리를 쏘다』라는 산문집이다. 그 책에 '나는 왜 쓰는가' 라는 산문이 들어 있었다.

휴가 중에 이 책들을 읽었다. 저자 테오도르 칼리파티데스는 그리스 태생으로 스웨덴으로 이민 간 소설가이다. 그는 40권 이상의 책을 출판하였는데 77세가 된 어느 날 정신적 에너지가 완전히 소진된 것을 느끼고 이제는 작가로서 은퇴할 때라고 결심하게 된다. 뮤즈(시와 음악의 신)에게서 버림받았다고 느낀 그는 "아예 쓰지 않는 것보다도 후지게 쓰는 것이 두려워" 절필하고 글 쓰던 방을 비우고 방황한다. 자신의 정체성과 삶의 목적이 글쓰기와 불가분의 관계에 있는 작가에게 이런 위기는 치명적이다. 그는 고국인 그리스에서 있었던 자신의 과거와 결혼, 그리고 스웨덴으로 이민 와서 정착하는 과정 등을 거슬러 올라가며 그의 정신적, 현실적 방황을 차근차근 되짚어본다.

우선 그는 고국을 떠난 지 50년 만에 아테네로 돌아가서 난민으로 지저분하고 궁핍해진 그리스의 곳곳을 돌아본다. 그러면서 '기억이 사라지면 글을 쓸 수 없다'는 미국 작가의 말을 떠올린다. 고향에 돌아와 보니 일가친척들과 친구들은 거의 죽고 이모와 친한 친구 둘이 살아있었다. 그는 이모네 집에서 무엇이 또는 누가 그를 그 자신으로 되돌려놓을까를 탐색한다. "나는 무엇인가 내 안에서 일어나기를, 나의 기억 가운데 어느 부분이라도 깨어나기를 바라면서 다시 사방을 둘러보았지만 화면이 희뿌연 옛날 영화를 보는 느낌이었다. 기억은 힘을 잃어버리고 말았다. 그래서 글을 쓸 수 없었던 것이다. 나는 묵은 호두처럼 안이 비워졌다"고 한탄한다. 그러나 그가 다녔던 학교를 방문하여 그를 열렬히 환영하는 학생들을 통해 자신의 정체성을 되찾고 스웨덴으로 돌아와 50년 만에 그리스어로 처음 이 산문집을 썼다고 한다.

『동물동장』과 『1984년』이라는 소설로 유명한 조지 오웰은 「나는 왜 쓰는가」라는 산문에서 자신은 '아마 대여섯 살 때부터 커서 작가가 되리라는 걸 알았다'고 고백하고 있다. 그리고 전업작가가 될 때까지의 과정을 밝히는 이유를 다음과 같이 말했다.

> 작가의 어린 시절 성장 과정을 전혀 모르면 그의 동기를 가늠하기 어렵다. 글의 주제는 작가가 사는 시대에 따라 결정되기 마련이다. 적어도 우리 시대 같은 격동과 혁명의 시대에는 그렇다. 작가는 글쓰기를 시작하기도 전에 이미 특정한 정서적 태도를 갖게 되고, 거기서 결코 완전히 벗어나지 못한다.

그러면서 오웰은 산문을 쓰는 동기를 네 가지로 나누었다.

첫째, 더없는 자기중심주의: 똑똑해 보이고 싶고, 세간에 회자되고 싶고, 사후에도 기억되고 싶고, 어렸을 때 나를 무시했던 어른들에게 복수하고 싶은 욕망.

둘째, 미학적 열정: 외부 세계의 아름다움에 대한 인식, 또는 단어와 그것의 적절한 배열이 주는 아름다움에 대한 인식.

셋째, 역사적 충동: 사물을 있는 그대로 보고, 진상을 발굴해서 후세를 위해 보존해두려는 욕망.

넷째, 정치적 목적: 세계를 특정 방향으로 밀고 가고, 어떤 유형의 사회 실현에 매진해야 하는지에 대한 남들의 생각을 바꾸려는 욕망.

위의 네 가지 동기들 중에 나는 '무엇 때문에 쓰고 싶은가?'라는 자문을 해보지만 대답을 할 수가 없다. 오히려 이 책들을 읽고 나니 자극을 받기보다 글쓰기가 더 두려워진다. 그들은 시대는 다르지만 유명한 소설가들이다. 그러나 나는 노년에 들어서 취미로 쓸 뿐이다. 가끔 내 수필이 실린 책을 딸에게 주고 며칠 있다가 읽었느냐고 물어보면 딸은 읽었다는 말은 하지 않고 시큰둥하게 "엄마는 맨날 허리 아프다면서 왜 그런 걸 써요?"라며 딱하다는 듯이 나를 본다. 내 자식들은 내가 쓴 글조차 읽지 않는 모양이다. 그들이 그럴진대 다른 사람들이 내 글에 무슨 관심을 갖겠는가. 우물 안 개구리 같은 좁은 세계에서 허둥지둥 살아온 뒷방 늙은이에게 무슨 깊이 있는 글감이 나오겠는가.

그런데도 나는 쓰고 싶다. 나이가 들수록 나의 잊힌 뒷모습을 기억해서 기록하고 싶다. 내 세대가 그랬듯이 힘들게 버티어낸 내 삶에 의미를 부여하고 싶다. 80년 가까운 세월 동안에 겪어야 했던 소소하지만 힘겨웠던 기억들을 스토리로 재구성하고 싶은 것이다. 아팠던 과거도 시간의 화학작용을 거치면 미화되어 좋은 추억으로 남는 경우가 많다는 것을 글을 쓰며 발견했다. 지금의 나를 있게 만든 동력은 무엇이었는지, 긴 세월 동안 내가 얻은 것과 잃은 것은 무엇이었는지, 그리고 내게 직・간접으로 도움을 준 사람들은 누구였는지를. 그리하여 언젠가 내가 이 세상에서 사라졌을 때 내 자식들은 내가 남긴 글을 읽으며 더 이상 존재하지 않는 나를 좀 더 이해하게 될지도 모른다.

조지 오웰은 「나는 왜 쓰는가」의 말미에 '좋은 산문은 유리창과 같다'고 했다. 소설과 달리 작가 자신의 삶을 여과 없이 투명하게 보여주는 유리창 같은 글이 산문이라는 뜻이리라. 나도 나를 솔직하게 드러내는 유리창 같은 글을 쓰고 싶다. 무더위 때문에 외출도 못하고 선풍기 앞에서 유명한 작가들의 산문집들을 읽었으니 이번 여름을 허비한 것 같지는 않다. 그리고 나의 뇌도 더위를 먹어 사고의 기능이 잠시 멈춘 것뿐이지 기억이 사라진 것은 아니다. 매미소리가 잦아들고 아침저녁으로 소슬바람이 불게 되면 내 기억의 창고가 열리겠지?

(2019. 08)

향일암을 향해

희수를 맞아 딸네 식구들과 여수 여행을 했다.

여수는 오래전부터 가고 싶었던 곳이다. 무소유를 실천하셨던 법정스님의 수필에서 겨울이면 동백꽃을 보러 가셨다는 글을 읽었기 때문이었다. 남편과 둘이서만 가려고 했었는데 딸이 늙은이 내외만 가서는 안 된다며 손녀들의 학교까지 빼먹고 사위도 휴가를 내서 가족 여행이 되었다.

여수에 점심 무렵에 도착한 우리는 맛집으로 소문난 소머리 국밥 집에서 빈속을 채우고 그랜저를 렌트했다. 여수는 서울보다 기온이 4~5도는 높아 흡사 봄날처럼 따뜻했다. 바닷바람이 시원하게 느껴질 정도였다. 엑스포 광장에서 이순신 장군이 전라좌수사였을 때 객사였다는 진남관이 보였다. 남해안 일대에서 활약한 충무공의 행적과 애국충정을 기록한 좌수영대첩비가 있는 여수의 상징은 동백꽃과 이순신 장군이었다. 우리는 우선 거북선 모형으로 만들어진 이순신 기념관에 가서 당시 배 안의 병사들의 모습을 보고 예약한 펜션이 있는 돌산도로 향했다.

돌산도는 바다에서 여수반도에 불어오는 바람과 파도를 막아주는 큰 섬이라 하는데 바닷가를 끼고 호텔과 펜션들이 줄이어 있었다. 짐을 풀고 밖으로 나가 둘러보니 이곳은 아직 가을의 절정인 듯 단풍 든 나뭇잎들을 떨구지 않았고 길가 텃밭에도 채소와 국화꽃들이 그대로 피어있었다. 겨울에도 눈을 보지 못했다고 유년 시절을 이곳에서 보낸 사위가 말했다.

딸은 어둡기 전에 돌산도 관광의 첫 번째인 해상케이블카를 타야한다고 재촉했다.

나는 그냥 주변을 걷고 싶었지만 이미 예약했다고 등을 떠밀었다. 인터넷으로 '크리스털'을 예약했다는 딸의 말이 무슨 뜻인지 모르고 줄을 섰다. 기다리는 사람들이 '일반'과 '크리스털'로 나뉘어 서있었는데 일반은 자주 가고 오는데 크리스털은 띄엄띄엄 오갔다. 한참을 기다려 남편과 나는 크리스털을 타고 바다를 가로질러 가는데 발밑으로 보이는 푸른 바다가 보여 오금이 저렸다. 감히 바다 밑을 보지 못하고 하늘과 주변의 풍경에만 시선을 주었다. 돌산대교와 거북선대교를 중심으로 바다가 포근하게 감싸 안은 여수 시내의 풍경이 정다웠다.

나는 이 도시에 마음을 빼앗겼다. 나중에 딸에게서 들으니 케이블카의 바닥이 투명 유리로 되어 '크리스털'이라 하고 가격도 더 비싸다는 것이었다. 나는 무서워 발밑을 보지 못했으니 딸의 배려가 소용없게 되었다. 하여간 케이블카에서 내려 손님을 실어 나르는 미니버스를 타고 오동도에 가려고 했지만 오후 5시에 끝났다는 것이다. 할 수 없이 우리는 돌아가는 케이블카를 타기 전에 라이브 공연을 보았다. 김연자의 빠른 템포의 '아모르파티'가 나오니까 주변의 중년 여자들이 모두 일어나 몸을 흔들며 흥겨워했다. 나에게도 저런 시절이 있었던가 싶었다.

저녁에는 여수의 대표 음식이라는 하모 샤브샤브 집에 가서 식사를 했다.

사위는 여수에 올 때마다 먹고 싶었지만 기회가 없었다면서 딸과 함께 맛있게 먹었다. 그러면서 다음날의 일정을 얘기했다. 오동도는 꼭 가봐야 하는 데고 애들은 바닷가에 있는 레일바이크를 타고 싶어 한다면서 향일암은 계단이 많고 높아 내가 올라가기에는 무리라고 딸은 얘기했다. 내 친구들에게서 향일암 얘기를 많이 들어서 나도 올라가고 싶었다. 비록 일출은 보지 못해도 그곳에 가서 우리 가족의 안녕을 부처님께 간절히 빌고 싶은데 그 많은 계단을 관절염으로 고생하는 내가 올라갈 수 있을까? 결국 그만두기로 그 자리에서는 결정했다.

다음날 아침 일찍 일어나 나는 바닷가를 따라 산책을 했다.

시선을 어디로 두어도 바다가 보였다. 잔잔한 바다에는 커다란 어선들이 바다를 지휘하는 장군처럼 한가운데 버티고 작은 고깃배들은 여기저기 흩어져 고기를 잡고 무엇을 양식하는지 곳곳에 점찍은 듯 가지런히 사각형으로 표시된 곳들이 많았다. 경치가 좋은 이곳은 펜션과 호텔 촌이 되어 있었다. 이른 아침인데도 이미 공사를 하고 있는 곳도 적지 않았다. 그만큼 관광객이 많이 늘어났다는 의미겠지. 그러나 한편으로는 자연을 훼손하면서 숙박 시설을 늘리는 사람들의 물욕에 언짢아졌다. 바닷가 산책길 빈 터에는 아직도 푸른 이파리의 고구마와 무, 그리고 대파가 심어져 있었고 담장에는 노란 국화꽃들이 흐드러지게 피어있어 그나마 시골의 정취를 느낄 수 있었다. 아침 식사는 펜션 아래층에 있는 식당에서 갈치조림과 간장게장을 먹었다. 간장게장이라면 사족을 쓰지 못하는 나는 밥 한 그릇을 다 비웠다.

오전 일정은 오동도 탐방이었다. 어느 쪽을 가든지 바다가 있고 절벽이 있어 내려가면 바닷물이 손에 닿을 듯한 오동도는 동백나무 천국이었다. 원시의 모습은 사라졌지만 잘 정돈되고 산책로가 여러 갈래가 있어 걷기 좋았다. 전망대에 올라가보니 여수라는 도시는 천혜의 자연을 품은 곳이라는 생각이 들었다. 그러기에 이순신 장군도 백의종군할 때 이곳에 내려와 농사짓고 말을 키웠다고 하지 않는가. 그러다가 왜군이 침략하자 이곳에서 왜적을 일망타진하였다는 '이순신' 장군 이름을 곳곳에서 볼 수 있었다. 심지어 '이순신'이라는 식당까지 있었다.

어제에 이어 이번에도 여수의 대표 음식이라는 장어탕 집에 갔다.

기름기가 많아서 나는 별로 당기지 않았지만 김치 맛은 최고였다. 특히 마늘김치라는 걸 처음 먹었는데 입안에서 톡 쏘는 맛이 일품이었다. 딸 내외는 택배로 보내달라고 주문까지 했다. 늙은이들 때문에 더 많이 돌아다니지 못하고 펜션으로 돌아와 쉬었다. 손녀들은 여수의 맛있는 장어, 간장게장, 갓김치에는 관심이 없고 고기를 먹고 싶다고 했다. 그래서 마지막 날 저녁을 갈비집에 가서 먹었다. 우리 내외는 이미 지쳤다.

내일은 푹 쉬기로 하고 일찍 잠자리에 들었는데 공교롭게도 남편과 나는 새벽 4시에 깨어 다시 잠들지 못했다. 남편이 내게 향일암을 보지 않고 갈 수는 없지 않느냐고, 애들 잘 때 샤워하고 일찍 향일암을 가자고 제안을 했다. 자기는 지팡이를 갖고 왔으니 그걸 집고 올라가면 된다면서. 마음속으로 갈등하던 참에 남편의 권유에 힘을 얻어 애들 일어나기 전에 씻고 짐을 다 챙겼다. 잠에서 깬 딸도 엄마가 가겠다면 모두 가는 게 좋겠다고 서둘러 준비를 했다. 사위가 택시를 타고 우리는 뒤따라 향일암으로 향했다. 길은 마치 오래전에 가 본 대관령 갈 때처럼 꼬불꼬불했다.

이른 아침이었는데도 차들이 많았다. 목적지에 닿기 전에 이미 차들이 움직이기 힘들만큼 많아져서 주차를 걱정하니까 사위가 탄 택시 기사가 반찬가게 앞에 세우고 반찬을 사주면 된다고 꿀팁을 주었다. 딸은 반찬가게에 주차하고 김치를 주문하였다. 남편은 뒤에 남아있기로 하고 우리는 향일암을 향해 걷기 시작했지만 이미 사람들의 엉덩이만 보일만큼 관광객들이 많았다. 나는 딸이 왼쪽에서 부축하고 오른손에는 지팡이를 짚고 걷기 시작했다.

향일암 입구에는 함부로 '말하지 말라', '듣지 말라', '보지 말라'라는 뜻의 돌부처들이 서 있었다. 기차 시간에 늦지 않으려면 서

둘러야 한다는 생각에 옆에 무엇이 있는지 보지도 않고 걸었다. 한 사람이 겨우 지나는 바위틈을 지나고 멀리 바다가 그림처럼 나타났다. 전국적으로 일출로 가장 유명해서 새해만 되면 일출을 보기 위해 많은 사람들의 발길이 멈춘다는 곳에서 잠시 숨을 고르며 사진을 찍었다. 등에 땀이 흘러내렸다. 그래도 멈추지 않고 올라갔다. 딸은 천천히 가라고 하였지만 마치 무엇에 이끌리듯 관음전에 도착했다. 나는 연꽃 속에 든 초 두 개를 사서 아들과 사위 이름을 쓰고 불을 켜 유리로 된 상자에 넣고 관음전으로 들어갔다. 그리고 사배를 했다. 눈물이 쏟아졌다. 무슨 의미의 눈물인지 모르지만 부처님 앞에만 서면 돌아가신 친정 엄마가 생각난다. 청상으로 평생을 자식들을 위해 일구월심 부처님께 의지해서 살다 가신 엄마 얼굴이 부처님 용안과 오버랩 되었다.

사배를 마치고 나오니 마치 개선장군이 된 기분이었다. 계단이 많아 엄두를 내지 못했던 향일암에 올라 가족의 안녕을 빌었다는 안도감 때문이었을까.

집에 돌아와서 가장 기억에 남는 건 역시 향일암이다. 만약에 안 갔다면 느끼지 못했을 충만함을 지금도 느끼고 있다.

(2018. 11)

코로나19와 트롯 팬덤

일요일 아침 침대에 누워 스마트폰으로 미스터트롯 진 임영웅의 노래를 듣고 있었다. 집콕하게 되면서부터 임영웅의 찐팬이 되어 무료하면 그의 노래를 즐겨 듣는다. 그때 아들이 전화를 했다. 주말이면 집에 와서 아직 거동이 불편한 남편을 도와주는데 오늘은 회사 일이 밀려 출근 중이라고 했다.

"엄마, 회사 동료가 그러는데 121동에 확진자가 생겼대요. 외출도 하지 마시고 조심하세요."

"어떡하니? 이젠 목욕탕에도 못가겠네. 아무튼 조심할게."

사랑제일교회에서 확진자가 8백여 명 넘게 나와서 심기가 불편했는데 그곳에서 멀지 않은 우리 아파트에도 감염자가 생겼다니 더 움츠려든다. 얼마나 더 기다려야 마음 놓고 외출할 수 있을까? 2020년은 인류 모두에게 아주 불행한 해로 기억될 것이다.

한국은 지난달까지만 해도 코로나 방역을 선방한 나라로 칭송받았었는데 오늘 신규 확진자가 4백 명을 넘었다. 중앙방역대책 본

부장은 '전국적으로 대유행 위기를 앞둔 심각한 상황'이라고 확산 속도를 분석하면서 사회적 거리두기 3단계를 적용할지를 검토 중이고 오늘 자정부터 실내외 마스크 착용이 의무화된다고 발표하였다. 외신들도 한국의 코로나 재 확산을 보도하며 통제 불능 상태를 우려하고 있다. 시시각각 스마트폰에는 확진자가 발생한 장소를 알려주는 문자가 뜨니 불안이 가중된다.

공산 사회도 아닌 자유민주주의 국가에서 마음대로 나가다닐 수 없게 되었다. 눈에 보이지도 않는 바이러스 때문에 행동의 자유를 억압당한다는 사실이 참기 힘들다. 자유를 무엇보다도 사랑하는 유럽 사람들은 정부의 방역 대책이 개인의 자유를 억압한다고 시위까지 벌이고 마스크도 쓰지 않는단다. 오늘 인터넷에는 8월 23일 현재 세계의 코로나 바이러스 감염자가 2천 3백만 명을 넘었고 사망자도 80만 명이 넘었다고 전한다. 게다가 영국의 면역학 권위자는 '코로나는 종식이 안 될 것이며 인류와 영원히 함께할 것'이라고 예측하고 WHO는 제2의 팬데믹이 시작되어 1~2년 안에 끝날 것 같지 않다고 경고하였다.

늙으면 가뜩이나 웃을 일이 없고 매사에 심드렁해지는데 코로나19 때문에 행동의 제약까지 받으니 숨이 막힐 지경이다. 책도 읽히지 않는다. 아니 읽으려 해도 머리에 들어오지 않는다. 더워서 산책도 못하니 짜증이 머리끝까지 난다. 이럴 때 마음대로 할 수 있는 건 텔레비전 리모콘을 가지고 채널을 돌리는 것이다. 뉴스나 시사 프로그램이 나오면 얼른 채널을 돌려버린다. 무소불위의 권력을 휘두르는 정부와 여당의 횡포가 지겹고 이를 물고 늘어지는 야당의 작태도 거슬린다. 스트레스 받지 않고 시간을 보내기는 노래가 나오는 방송뿐이다. 어느 날 종편 TV에서 우연히 임영웅이 부른 '어느 60대 노부부 이야기'를 들으며 나도 모르게 눈물이 주르르 흘러내리는데 노래한 가수도 눈시울이 빨개졌다. 그의 감성에 매료된 이후부터 나는 매주 목요일 밤에 방송되는 '사랑의 콜센타'를 놓치지 않고 시청한다.

사랑의 콜센타에 노래를 신청하는 사람들은 10대부터 80대까지 다양한 연령대들이다. 그들은 여섯 명의 미스터트롯 중에서 가장 좋아하는 가수와 통화하며 노래를 신청한다. 가수들의 노래는 세대의 벽을 허물고 공감대를 형성한다. 특히 노년층 시청자들은 각기 애틋한 사연을 말하고 미스터트롯의 노래를 듣고 위로를 받는다. 코로나19로 인해 마음대로 바깥출입도 못하는 노인들의 유일한 오락은 나처럼 텔레비전 앞에서 그들의 노래를 듣는 것뿐이리라.

이런 트렌드를 반영하듯이 조선일보 주말섹션(2020.8.22)에서 '실버 덕질(노년 팬이 스타에 심취하는 것)'에 대해 전면을 할애했다. 할머니가 "아흔 평생 처음 짝사랑에 빠졌다"는 바람에 딸이 그 가수의 팬 미팅 암표를 사서 모시고 갔다거나 부산에 사는 주부는 음원사이트에 접속해 임영웅 노래를 스밍한다. '스밍'은 '스트리밍(streaming)'의 준말로 음원이나 동영상을 실시간으로 재생하는 것을 뜻한다는 사실도 알게 되었다.

50대 이모씨는 자기 어머니가 탤런트 김영옥씨가 그랬던 것처럼 포천의 임영웅 어머니 미장원에 갔다가 허탕 치고 온 것을 뒤늦게 알게 되었다고 한다. 뿐만 아니라 스마트폰도 못 쓰던 어머니가 '덕질'에 빠져 태블릿으로 유튜브를 보신다며 몇 년 전 아버지가 별세하여 우울증이 있었는데 얼마나 밝아졌는지 모른다고 말했다.

혼자 사는 70대의 내 동생도 아침에 일어나 잠들기 전까지 유튜브로 정동원의 노래를 듣느라고 전화해도 받지 않다가 후에 전화를 걸어온다. 트로트의 원조인 이미자 씨의 노래 중에 '노래는 나의 인생'이라는 제목처럼 코로나 팬데믹이 세상을 들불처럼 휩쓸고 있는 요즈음 많은 사람들에게 트롯이 '나의 인생'이 되고 있다. 그 이유는 트롯의 멜로디뿐만 아니라 가사가 우리네 인생사이기 때문일 것이다.

지난 목요일 밤에는 TV조선에서 '미스터트롯 대국민 감사콘서트' 실황 중계를 보았다.

코로나19 때문에 몇 차례 연기되었던 공연을 방역을 철저히 하고 모든 관객들이 마스크를 쓰고 입장시키는 번거로움을 거쳤는데도 공연 내내 관객들의 우레와 같은 박수와 호응은 놀라웠다. 예매도 하늘의 별따기처럼 어려웠다던데 입장객마다 자신의 '원픽' 이름이 새겨진 LED 형광등을 흔들며 응원하고 있었다.

가장 인상적인 장면은 미스터트롯 여섯 명 중 가장 나이가 어린 정동원 군이 부른 '여백'이라는 노래였다. 그는 음악적 재능과 끼를 타고 난 것 같았다. 어린 나이임에도 불구하고 얼마나 처연하게 부르는지 심장이 멎는 듯했다.

"내 손에 주름이 있는 건/ 길고 긴 내 인생에 훈장이고/ 마음에 주름이 있는 건/ 버리지 못한 욕심에 흔적/ …전화기 충전은 잘 하면서/ 내 삶은 충전하지 못하고 사네/ 마음에 여백이 없어서/ 인생을 쫓기듯 그렸네/ 마지막 남은 나의 인생은/ 아름답게 피우리라."

그 노랫말은 모든 걸 내려놓고 살겠다고 말하면서도 '마음의 여백이 없어서' 여전히 쫓기듯 살고 있는 내 삶을 대변해주는 듯했다. 나의 이중성을 반성하는 계기가 되는 트롯이 있으니 나 같은 노인네들의 숨통을 열 수 있을 것 같다.

(2020. 8)

한국시 번역의 대가 케빈 오록 교수를 추모하며

10월 24일 오전 친한 후배 여교수의 전화를 받았다.

"안 교수님! 오록 교수님이 돌아가셨대요. 은평구 성모병원 장례식장으로 모셨다는데 문상을 가야지요?"

전화를 끊고 바깥을 내다보니 가을 하늘이 오록 신부님의 눈빛처럼 파랗다.

작년 11월 뇌졸중으로 쓰러져서 대학병원 중환자실에서 일 년 가까이 투병하시다가 성골롬반 외방선교회 신부들이 요양병원으로 모신 후 작고하셨다. 코로나19로 아무도 면회가 허락되지 않아 문병가보지도 못했다. 신부님 한 분만이 가끔씩 찾아뵈었다고 한다.

다음날 나는 지하철을 세 번 갈아타며 은평구 성모병원으로 갔다.

때 이른 추위로 스산해진 가을바람이 옷 사이로 스며들어 몸을 움츠리고 장례식장에 들어서니 직원이 체온을 재고 주소를 적은 다음에 입장을 시켜주었다. 코로나19로 인한 사회적 거리두기 때문에 넓은 홀에는 상복을 입은 사람들 몇 명만이 오갈 뿐 을씨년스러웠다.

오록 교수의 시신을 모신 방 앞에는 내가 보낸 조화를 포함해서 네 개 밖에 없었다.

선생님이 한국 번역문학에 기여한 공로를 생각하면 이럴 수는 없어! 라고 생각하며 영안실에 들어가니 그곳에도 불과 열서너 명의 문상객들만 있었다. 신부님 서넛, 중년 여신도들 댓 명, 그리고 영문과 제자들 몇 명이 전부였다. 오록 교수 조카들도 코로나 팬데믹 때문에 아일랜드에서 오지 못했다. 나중에 도착한 후배 여교수는 입관식에 참석했지만 나는 제자들이 따라주는 소주를 마시며 43년 전 처음 오록 교수를 만났던 때를 회상했다.

오록 교수와 나는 입사동기(?)다. 1977년 8월 문리과대학 교무실에서 당시 학장이던 조병화 교수가 신임교수들을 소개하는 자리에서 그를 처음 보았다. 나는 유학에서 돌아와 시차도 극복하지 못한 상태였는데 내 건너편에 영화배우 록 허드슨처럼 잘생긴 '코 큰 남자(오록 교수는 당신을 항상 그렇게 불렀다)'가 앉아 있었다. 게다가 그는 나와 같은 영어영문과 소속이고 전공도 나와 같은 영시라는 것이었다. 당시에는 그가 가톨릭 사제인 줄도 몰랐다.

부임 초기에는 오록 교수와 마주칠 일이 별로 없었다. 나는 강의와 보직에 얽매어 바쁜 나날을 보내고 있었기 때문에 유일한 만남은 교수회의 할 때뿐이었다. 그런데 그가 한국말을 너무 잘해서 영어를 쓸 필요가 없어지니 우리는 임의롭게 서로 농담을 건네는 사이로 발전했다. 후에 알게 된 사실은 그는 아일랜드 태생으로 1964년 선교를 목적으로 한국에 왔다가 한국시에 매료되어 연세대에서 한국문학 박사 과정을 밟고 있다는 것이었다. 1982년 그가 외국인 국문학 박사 1호가 되던 날 돈암동 성골롬반 본회에서 축하 파티가 열렸을 때 나와 후배 여교수도 초대되어 신부님들과 어울려 마시고 놀던 기억이 아직도 생생하다.

그는 지난 40여 년 간 최인훈의 『광장』과 이문열의 『우리들의 일그러진 영웅』을 비롯하여 서정주 시선집과 윤선도의 「어부사시사」 등을 번역하여 영국과 미국의 유수 출판사에서 출간한 책이 수십 권에 이른다.

『조선시대의 한국시집(The Book of Korean Poetry)』으로 제25회 대산문학상(번역 부문)을 수상했을 때도 참석하여 찍은 사진들이 내 디지털 앨범에 저장되어 있다. 그리고 『나의 한국: 갓 없이 40년(My Korea: Forty Years without a Horsehair Hat)』이라는 자전적인 책도 발간했다.

케빈 오록(Kevin O'Rouke) 교수는 어느 월간지와의 인터뷰에서 한국의 번역 풍토와 한국 문학 전반에 대하여 솔직한 의견을 피력했다. 그는 '풍부한 우리 전통 시가에 대한 무관심과 시를 잘 읽지도 즐기지도 않는 문화적 척박함, 또한 번역된 책을 세계 여러 사람과 나누려는 적극적인 노력과 전략이 부족한 점, 그리고 무엇보다 노벨상 등 해외 문학상에 집착하는 행태가 한국 문학계를 더욱 빈약하게 만들고 있다'고 신랄하게 비판했다.(월간중앙: 2016년 12월호)

한국시 번역에 평생을 바친 오록 교수 앞에만 서면 나 자신이 한없이 작게 느껴졌다. 영시를 공부한 사람으로서 시 번역이 소설 번역보다 얼마나 힘든 작업인지 잘 알기 때문이었다. 특히 고려시대의 이규보와 조선시대의 김삿갓의 시조를 좋아한 그는 그들의 시조를 번역, 출판하였다. 그가 그들의 시조가 얼마나 아름다운지를 얘기할 때면 나는 벙어리가 되었다. 나의 무지(無知)가 부끄러워서다. 이처럼 우리의 고전문학을 세계에 널리 알려준 분인데 작별 인사도 없이 영혼의 안식처로 훌쩍 떠나버려서 황망하기 이를 데 없다.

코로나19 팬데믹 때문이기는 하지만 오록 교수가 평생 동안 한국의 번역문학에 기여한 공로에 비해 한국 문단이 그를 너무 소홀하게 보내드리는 것 같아 마음이 아프다. 나는 선생님의 운구 앞에서 기도했다.

"선생님! 당신이 한국문학, 특히 고시조 번역에 기여하신 공로는 영원히 기억될 것입니다. 우리 문화와 문학을 사랑해주셔서 고맙습니다! 끝으로 선생님이 좋아하시던 아일랜드 시인 예츠(William Yeats)를 추모한 오든(W.H. Auden)의 시 한 구절로 당신의 업적을 기립니다."

시(詩)로 밭을 갈아/ 저주를 포도밭으로 만들고
고뇌의 환희 속에서/ 인간의 실패를 노래하세요.
사막 같은 가슴에서/ 치유의 샘이 솟게 하시고
시대의 감옥에 갇힌
자유인에게 찬미하는 법을 가르쳐주십시오.